本书获得广州市人文社科重点研究基地"现代产业新体系研究基地"资助

暨南大学产业经济研究院
"产业转型升级"丛书

丛书主编：胡军

广州市数字经济发展报告

李 杰 余壮雄 主编

暨南大学出版社
JINAN UNIVERSITY PRESS

中国·广州

图书在版编目（CIP）数据

广州市数字经济发展报告/李杰，余壮雄主编 . —广州：暨南大学出版社，2021.5
（暨南大学产业经济研究院"产业转型升级"丛书/胡军主编）
ISBN 978 - 7 - 5668 - 3142 - 2

Ⅰ.①广⋯　　Ⅱ.①李⋯ ②余⋯　　Ⅲ.①信息经济—经济发展—研究—广州　　Ⅳ.①F492.3

中国版本图书馆 CIP 数据核字（2021）第 076209 号

广州市数字经济发展报告
GUANGZHOUSHI SHUZI JINGJI FAZHAN BAOGAO
主　编：李　杰　余壮雄

出 版 人：张晋升
责任编辑：颜　彦　刘　蓓
责任校对：周海燕　王燕丽　黄亦秋
责任印制：周一丹　郑玉婷

出版发行：暨南大学出版社（510630）
电　　话：总编室（8620）85221601
　　　　　营销部（8620）85225284　85228291　85228292　85226712
传　　真：（8620）85221583（办公室）　85223774（营销部）
网　　址：http：//www.jnupress.com
排　　版：广州市天河星辰文化发展部照排中心
印　　刷：广州市穗彩印务有限公司
开　　本：787mm×1092mm　1/16
印　　张：12.75
字　　数：306 千
版　　次：2021 年 5 月第 1 版
印　　次：2021 年 5 月第 1 次
定　　价：52.80 元

前　言

新一代信息技术革命催生了数字经济的崛起。数字经济已然成为世界各国建设现代化经济体系的重要引擎，也是我国经济发展的必由之路。为了更高效地推动中国经济数字化转型，本报告将视角聚焦于广州市。广州市在数字经济领域走在全国前列，在数字金融、数字贸易和数字政务等方面取得了显著的成效，积累了丰富的经验，对全国数字经济发展起着引领和示范作用。本报告详尽地剖析了广州市数字经济的发展战略及发展环境，并从数字经济的发展近况和重点发展领域出发，勾勒出广州市数字经济发展全景图。

报告由李杰老师和余壮雄老师共同指导，拟定写作思路和分析框架，由陈碧燕、赖静谊、池方圆、林素兰、杨一娉、杨梦霞、王统统七位同学负责撰写，最后李杰老师和余壮雄老师统稿、定稿。报告一共分为四个部分：广州市数字经济发展总报告、国内外数字经济发展经验启示、广州市数字经济发展重点领域、广州市数字经济发展战略探讨。具体的结构和内容安排如下。

广州市数字经济发展状况分析为本书的第一章。该章对广州市数字经济的发展环境和发展现状做了总括性的分析，描绘了广州市数字经济发展的整体图景。该章首先梳理了数字经济的内涵及其特征，对数字经济产业链构成及技术基础进行了阐述；接着重点分析了广州市发展数字经济的已有成效，从数字经济规模、数字产业化、产业数字化及公共服务数字化四个方面呈现广州市数字经济发展的强劲势头，并描述了其战略布局；最后总结了新形势下广州市数字经济发展所面临的机遇和挑战。

数字经济发展经验启示分为国际篇、国内篇两章。随着数字技术在经济领域的不断渗透，部分国家或地区在发展数字经济上积累了丰富的经验，涌现出了众多成功的案例。第二章介绍国际数字经济发展的最新进展和经验启示，选取了美国、英国、欧盟、俄罗斯、新加坡五个数字经济全球领先的国家和地区，依次分析了各国、各地区现阶段数字经济发展概况和举措。该章首先对各国、各地区的数字经济实力和战略规划进行阐述，接着重点剖析各国、各地区数字经济的重点发展领域及举措，最后总结其独具特色的成功经验，为我国发展数字经济提供宝贵的借鉴和效仿先例，有助于我国在数字经济探索过程中少走弯路，加速追赶。

第三章，即数字经济发展经验和启示的国内篇。该章从北京、上海、深圳三个城市发展数字经济的独特实践角度出发，对其发展近况、政策举措、重点领域等方面进行了全景式研究，为广州市发展高质量的数字经济提供借鉴经验。该章依次对各个城市进行分析，围绕数字基础设施、数字贸易、数字金融、数字创新、数字政务等重点领域分析了各城市数字经济竞争力，并结合各城市在各领域的战略规划、实践举措及其取得的成效，归纳其成功的经验，为广州市创新数字经济发展模式提供思路。

广州市数字经济发展重点领域分为三个独立的章节：数字金融、数字贸易和数字政务。数字金融是广州市数字经济的典型业态之一，金融业的数字化转型是推动经济数字化转型的重要引擎。该章主要分为四节进行阐述：第一节侧重于对数字金融内涵的界定，明确了其所涉及的领域及发展特点。第二节立足于中国的经济环境，梳理了中国发展数字金融的重要节点、政策环境及风险挑战。第三节聚焦广州市数字金融的发展概况，从战略规划、发展意义、应用实例及潜在约束进行详细分析。第四节提出相应的对策建议。

第五章，即数字贸易领域。发展数字贸易是我国提高数字经济国际竞争力的重要手段，对推动形成国内国际双循环的发展格局具有重要意义。该章首先阐明了数字贸易的内涵及其特征，介绍了国内外数字贸易发展现状、发展趋势及发展意义。接着聚焦广州市数字贸易发展全景，从贸易基础、技术基础、政策制度及标杆案例等方面进行全面的论述，并总结了发展过程中存在的不足之处。最后对广州市发展数字贸易面临的机遇与挑战做进一步的剖析，并提出具体的应对策略。

第六章，即数字政务专栏。数字政务是数字经济发展的助推剂，为数字产业发展创造良好的营商环境。该章着重描述了广州市的数字政务发展全貌，具体的结构安排如下：第一节，从理论层面厘清数字政务的内涵及其表现形式。第二节，基于数字政务的统计数据及建设成效，估判我国数字政务发展水平，并论述存在的问题。第三节，将视角聚焦广州市，从发展战略、发展模式、网上政务服务能力及典型案例等角度切入，探讨广州市数字政务发展水平和创新模式。第四节，总结出广州市在发展数字政务过程中存在的问题，并提出对策建议。

本书的最后一章探讨广州市数字经济发展战略。该章基于前述章节的经验总结及现状分析，就广州市经济的数字化转型提出七点建议：第一，从信息基础设施建设、重大科技设施建设和融合基础设施建设三个方面，夯实广州市的数字化基础设施基础；第二，从新一代信息技术的发展环境、融合使用、核心研发以及创新应用四个方面着手，推动广州数字化技术发展；第三，加速传统制造业和服务业的数字化升级，推动新兴信息技术产业和数字内容产业的发展；第四，探索智慧城市治理模式，打造数字化政府；第五，以培育人才、引入人才、留住人才为抓手，积累数字人力资本，提升劳动力的数字能力；第六，从数据确权、安全可控以及信息道德三个方面，巩固广州市网络安全体系；第七，加强广州市各区间的协作配合，提高与国际数字化合作的广度与深度。

CONTENTS 目录

前 言 ……………………………………………………………………… 1

第一章 广州市数字经济发展状况分析 …………………………………… 1
第一节 数字经济的内涵 ……………………………………………… 1
第二节 广州市数字经济发展条件 …………………………………… 6
第三节 广州市数字经济发展概况 …………………………………… 14
第四节 广州市数字经济发展的机遇与挑战 ……………………… 24

第二章 国际数字经济发展的最新进展和经验启示 ……………………… 27
第一节 美国——数字经济实践的先驱者 ………………………… 28
第二节 英国——打造世界一流的数字经济 ……………………… 35
第三节 欧盟——建立数字单一市场 ……………………………… 41
第四节 俄罗斯——数字经济的强劲追赶者 ……………………… 45
第五节 新加坡——打造世界首个"智慧国" ……………………… 50

第三章 国内数字经济发展的最新进展和经验启示 ……………………… 56
第一节 北京市——建设全球数字经济标杆城市 ………………… 56
第二节 上海市——打造国际数字经济网络的重要枢纽 ………… 67
第三节 深圳市——打造全国数字经济创新发展试验区 ………… 79

第四章 广州市数字经济发展专栏一：数字金融 ………………………… 89
第一节 数字金融内涵 ……………………………………………… 89
第二节 国内数字金融的发展概况 …………………………………… 94
第三节 广州市数字金融的发展概况 ……………………………… 98
第四节 广州市数字金融发展的对策建议 ………………………… 112

第五章　广州市数字经济发展专栏二：数字贸易 ················· 115
　第一节　数字贸易内涵 ··············· 115
　第二节　国内外数字贸易发展情况 ··············· 118
　第三节　广州市数字贸易发展情况 ··············· 124
　第四节　广州市数字贸易发展的机遇与挑战 ··············· 129

第六章　广州市数字经济发展专栏三：数字政务 ················· 136
　第一节　数字政务内涵 ··············· 136
　第二节　国内数字政务发展现状 ··············· 140
　第三节　广州市数字政务发展现状 ··············· 153
　第四节　广州市数字政务发展的制约因素及对策建议 ··············· 163

第七章　广州市数字经济发展战略 ················· 168
　第一节　数字化支撑 ··············· 168
　第二节　数字化技术 ··············· 173
　第三节　数字化产业 ··············· 177
　第四节　数字化治理 ··············· 183
　第五节　数字化人才 ··············· 185
　第六节　数字化安全 ··············· 187
　第七节　数字化合作 ··············· 189

参考文献 ················· 191

第一章 广州市数字经济发展状况分析①

当前，全球数字经济发展如日中天。以数字技术为核心驱动力的数字经济，正不断催生经济发展新业态、新模式。数字经济在各国国民经济中的地位不断提升，已经成为拉动经济增长的新引擎。经过近年的发展，中国已成为世界数字经济发展浪潮中的中坚力量，处于国内发展"第一梯队"的广州，当前也呈现出良好的发展态势，凭借自身积累的特有优势，叠加不同层面的政策助力，广州市城市数字化转型与变革稳步向前推进。在新形势下，广州一定会把握机遇、顺势而上，抢占数字经济发展的制高点，争当城市数字化变革的引领者。

本章主要对广州市数字经济的发展环境和发展现状做总括性的分析，并描绘出广州市数字经济发展的整体图景。本章的结构安排如下：第一节，梳理数字经济的内涵及其特征，对数字经济产业链构成及技术基础进行阐述；第二节，从产业政策和营商环境两个角度着手，重点分析广州市数字经济发展的外部条件；第三节，主要分析广州市发展数字经济的已有成效，从数字经济规模、数字产业化、产业数字化及公共服务数字化四个方面呈现广州市数字经济发展的强劲势头，并描述其战略布局；第四节，总结新形势下广州市数字经济发展所面临的机遇和挑战。

第一节 数字经济的内涵

一、数字经济的概念界定

（一）数字经济的由来

"数字经济"一词起源于20世纪末，由美国经济学家泰普科斯特（Don Tapscott）在1996年出版的《数字经济：网络智能时代的希望与危险》（*The Digital Economy：Promise and Peril in the Age of Networked Intelligence*）一书中首次提及，书中详细描述了互联网对经济社会的影响，"大多数经济活动将以数字的形式表示，如'0'和'1'……对于数字的有效管理，将有助于提高经济的生产力"。其实早在"数字经济"这一专有名词出现之前，美国已经出现了"数字经济现象"——20世纪90年代世界经济发展平平，但美国经

济却呈现强劲的发展势头，保持着低失业率、低利率、高增长的发展态势，在此期间，美国的信息技术产业的劳动生产率持续增长，相关产品的价格不断下降，信息技术产业在国民经济中所占份额逐步上升，对经济增长的拉动作用日益明显。信息技术产业的研发投入不断增加，就业规模也不断扩张，信息技术产业得到空前发展。美国商务部将此现象概括为"数字经济"[①]。

自美国借助数字经济的强大推力，成为世界经济发展竞争中的佼佼者后，越来越多的国家和地区将目光投向数字经济领域，数字经济浪潮迅速在全世界范围内席卷开来，各国纷纷将此作为推动本国经济增长的重要手段。日本政府于 2001 年提出"e-Japan 战略"，其通商产业省早在 1997 年首次使用"数字经济"一词；澳大利亚于 2009 年将数字经济描述为"由 ICT 技术形成的经济与社会活动的全球网络"；英国是欧洲数字经济的领导者，该国于 2009 年发布的"数字英国"计划是数字化首次以国家顶层设计的形式出现；加拿大政府在 2016 年基于数字技术的角度将数字经济描述为"由数字技术的使用构成商品的生产、分配和消费，并从根本上决定商品本身质量的一些活动"。从各个国家对"数字经济"一词的描述中，可以得出一个结论，数字经济改变了社会原有的分工协作的方式，使人类的经济活动范围进一步拓展。

（二）数字经济的概念界定

从人类经济社会发展史来看，数字经济是继农业经济、工业经济之后的更高阶段的经济形态。推动数字经济发展，是新时代发展的需要，是大势所趋，并为构建人类命运共同体提供了难得的机遇。

从数字经济的运作方式和过程来看，数字经济是一个广泛应用数字技术的经济系统，数字技术的广泛应用给社会的经济、政治、文化发展带来了根本性的变化。市场经济各参与主体通过网络和新一代的信息通信技术，以较低的成本实现资源最大限度的调用，避免资源在迂回生产过程中的浪费。数字经济良好的运行模式会为企业、消费者、政府和其他社会群体创建一个各方共赢的局面，同时加速重构了经济发展与政府治理之间的全新合作形态。

我国政府在 2016 年二十国集团杭州峰会通过的《二十国集团数字经济发展与合作倡议》中将数字经济定义为"以使用数字化的知识和信息作为关键生产要素、以现代信息网络作为重要载体、以信息通信技术的有效使用为效率提升和经济结构优化的重要推动力的一系列经济活动"[②]。之后在 2017 年 3 月 5 日召开的十二届全国人大五次会议上，"数字经济"被首次写入政府工作报告，2019 年党的十九届四中全会提出将数据作为生产要素参与收益分配，这标志着我国正式进入数字经济建设时代。

二、数字经济的特征

数字经济不仅带来了人类社会的沟通交往方式、组织生活方式的巨大变革，还进一步

[①] 美国商务部编，姜奇平等译：《浮现中的数字经济》，北京：中国人民大学出版社，1998 年。
[②] 中华人民共和国网络安全化和信息化委员会：《二十国集团数字经济发展与合作倡议》，2016 年 9 月 20 日。

地提供了一种新的生产方式，在这种生产方式下，社会生产效率和交易效率得到了大幅度的提升，数字经济正成为传统经济转型升级的重要推力和全球经济发展的新动能。相较于传统经济，数字经济主要具有以下三个特征：

（一）数据化

大数据的应用是数字经济最主要的特征。如同农业经济时代的土地和劳动力，工业经济时代的资本、技术、资源等，数据是数字经济时代关键的生产要素。知名咨询公司麦肯锡（McKinsey & Company）在报告中提及："数据，已经渗透到当今每一个行业和业务职能领域，成为重要的生产要素。人们对于海量数据的挖掘与运用，预示着新一波生产率增长和消费者盈余浪潮的到来。"[①] 在数字经济时代，数据将成为企业和国家之间竞争的核心资产，是未来经济社会运转的"新石油"。

随着互联网及新一代信息技术的开发应用和普及，人类社会无时无刻不在产生新的数据，人们的每一次出行、消费、交往都会形成一股带有个人标签的数据流，通过对这些数据的收集、整理和处理，不仅可以观察到微观个体的消费行为及特征，还可以进一步挖掘、分析并发现宏观社会经济的总体运行规律，从而可以利用规律，更好地组织社会生产、消费、投融资等经济活动。

（二）平台化

互联网平台是数字经济得以实现的基础要素。依托"云＋网＋端"新基础设施，由平台搜集汇总信息并实现供给方和需求方的精准匹配，降低交易成本，互联网平台已经成为全新的主流商业模式。经济参与者之间信息交流不再为工业化时代供应链体系中的行业巨头的垄断所阻隔，也不会因为信息不对称造成摩擦性障碍，参与者之间信息交流的时空距离缩短。信息畅通不仅大大降低了沟通成本，提升了交易的效率，还可支持大规模合作的形成。

信息的公开透明使得企业规模不再成为企业信用的绝对衡量因素，各行业、各种类型的企业可以通过接入互联网平台，获得直接面向消费者并为其提供个性化服务的机会，市场对中小型企业、小微企业的包容性、接纳程度提高，为其创新发展提供了适宜的土壤，保障了数字经济的可持续发展。

例如，平台经济下的购物模式对消费者和商家都给予了巨大的好处。对于消费者来说，平台购物模式相较于以往更加方便、快捷，不仅省去了较高的时间成本和鞋底成本，还扩大了产品的可选范围，方便消费者货比三家，实现效用最大化；对于商家来说，实体店和网店的同时开设实现了"线上销售＋线下销售"的全渠道融合，管理者能够实时掌握企业的市场表现情况，并及时做出调整，进一步缩短市场变化的反应时间，市场敏感度提升。特别是对于小规模商家而言，省去了为提高知名度而进行大规模实体店扩张的门店运营费用，可集中更多的资金优化产品组合以满足消费者多元化的消费需求。

---

① 数字经济发展研究小组、中国移动通信联合会区块链专委会、数字岛研究院：《2019—2020 中国城市数字经济发展报告》，2020 年 5 月。

（三）普惠化

"通用型技术"进步的特点表现在其对于整个社会是具有普惠性的。数字技术作为一项通用型技术，其不断进步开拓了人类社会更广阔的发展空间。在信息技术的驱动下，数字经济时代呈现出一种"人人参与，共建共享"的特点。越来越多的人有机会参与数字经济建设的过程，并分享数字经济发展的成果。数字经济的普惠性可以从普惠科技、普惠金融、普惠贸易三个方面来看。

在科技领域，以云计算为代表的"按需服务"的业务形态，使得经济活动的参与个体能够以较低的成本轻松获得所需要的软硬件产品、网络资源以及存储资源，无须像以往那样要为资源的获取和使用付出高昂的代价，这让科技服务能够在社会各阶层各群体中得到更快速度、更广覆盖面、更好效果的普及。根据阿里研究院测算，云计算的使用可以使企业 IT 使用的成本降低 70%，创新效率提升 3 倍。

在金融领域，以大数据技术为核心的新一代信用评分体系的建立对普惠金融的实现起到了至关重要的作用。金融企业通过各种渠道挖掘客户的信息资源，包括互联网金融机构内积累的信息，以及外部渠道采集的信息，并对这些数据进行统计、计算，对每个差异化个体进行风险评估和风险预测，进而为其提供"量身定制"的金融信贷服务，这样不仅能够让客户在自身实际可接受的范围内获得资金支持、生产投入，发挥金融资源服务实体经济的本质作用，还能提高金融企业对风险预测、风险控制以及风险治理的能力。

在贸易领域，数字经济开拓了全球贸易新局面，让越来越多的国家和地区从贸易中获得经济效益的提升。最具代表性的案例是，跨境电子商务的快速发展给予了全球各类贸易主体参与贸易并从中获利的机会，贸易规则更加完善，贸易秩序也更加公平公正。一方面，商户有机会将产品和服务销往世界各地；另一方面，消费者可以直接与全球的商户进行沟通互联，享受多种多样的产品和服务，使自身多样化的消费需求得到满足，实现效用的提升。

三、数字经济产业技术构成

（一）数字经济产业链构成

一般而言，数字经济可以划分为数字产业化和产业数字化两大部分。其中，数字产业化是数字经济的主体产业应用，是数字经济的基础部分，处于产业链的中上游。对数字产业化进一步细分，可以分为信息及知识的数字化和数字产业化，其中，电力能源设施的运维、光电通信设备的制造，半导体新材料产业的生产革新，以及数学、计算机算法、电子信息技术理论的创新应用为信息及知识的数字化提供了可以实现的途径。产业数字化对应的则是数字经济的融合应用部分，处于数字产业链的下游，是与国民经济其他产业以及政府的社会化治理体系相结合的创新应用，通过数字技术应用拓展与跨界融合实现社会运转效率的提升。所以，数字经济产业链主要分为上游信息及知识的数字化、中游数字产业化、下游产业数字化三个环节（见表 1-1）。

表 1-1 数字经济产业链构成

产业链环节	产业性质	产业类别	参与主体
上游	基础性产业	材料设备供给：电力能源设施的运维、光电通信设备制造、半导体新材料制造等 计算机技术创新：数学理论、计算机算法、电子信息及相关技术理论创新应用等	政府、高校、科研机构、企业研究机构
中游	主体性产业	数字化设备制造：集成电路、电子信息制造业、智能硬件、智能终端产业的研发制造 数字内容服务：网络通信服务、软件开发和技术服务、卫星传输服务、数字安全以及虚拟现实、人工智能、大数据、云计算等	企业
下游	融合性产业	智慧制造：智慧农业、工业智造、工业互联网等 智慧服务：数字金融、数字贸易、数字会展、电子商务等 社会治理形式数字化：数字政府、数字政务、智慧城市等	企业、政府、民众等

资料来源：笔者整理。

（二）数字经济关键技术领域

数字经济的关键技术主要包括大数据、云计算、人工智能、区块链、5G通信、物联网、下一代互联网、软件服务以及智能硬件（见表1-2）。目前，这些重大关键技术正应用于经济社会的各个领域，服务于农业、工业、服务业以及政府政务、城市治理等方面，推动着社会的数字化转型。

表 1-2 数字经济关键技术构成

技术类别	关键技术领域
大数据	数据采集、数据预处理、数据存储及管理、数据分析及挖掘、数据展现及应用、数据回流等
云计算	虚拟化技术、分布式海量数据存储、海量数据管理技术、编程方式、云计算平台管理技术等
人工智能	统计机器学习、神经网络、深度学习、自然语言处理、基于规则的专家系统、物理机器人、机器人流程自动化等
区块链	分布式账本、共识机制、非对称加密技术、智能合约等
5G通信	增强移动宽带（eMBB）、超高可靠超低时延通信（URLLC）、大连接物联网（mMTC）等

（续上表）

技术类别	关键技术领域
物联网	射频识别（RFID）技术、无线传感器网络（WSN）技术、网络通信技术、嵌入式系统技术、云计算等
下一代互联网	IPv6 规模部署
软件服务	以操作系统、数据库、中间件、通用办公软件等为代表的基础软件；以智能制造、卫星传输、区块链、新一代信息服务软件为代表的行业应用软件；以数字政务、智慧城市为代表的便民类应用软件；软件开发过程中的辅助、支撑性软件
智能硬件	人机交互技术：视觉（AR/VR）、神经电信号（脑机接口）驱动等

资料来源：笔者整理。

第二节　广州市数字经济发展条件

一、广州市数字经济发展的产业政策分析

在国家政策的引导下，各地政府纷纷将发展数字经济作为推动区域经济健康发展的新动能，积极响应号召，接连出台与数字经济相关的政策举措，不断探索新领域。广东省作为国内经济发展第一强省，自然成为探索改革发展道路的"排头兵"。广东省是国内最早一批布局数字经济的省份之一，早在 2003 年，广东省信息产业厅就印发了《广东省电子商务认证机构资格认定和年审管理办法（暂行）》，旨在规范电子商务认证机构的运营管理，保证数字证书的安全性、可靠性、权威性，促进省内电子商务市场的健康发展。2010年以后，国内电子商务进入了高速发展的黄金时期，广东省政府审时度势，陆续出台有关加快电子商务发展、培育跨境电商经济新动力的产业政策，推动了广东省第三产业的数字化转型。2018 年，广东省开始布局数字经济的顶层设计及数字化治理，出台了《广东省数字经济发展规划（2018—2025 年)》和《广东省"数字政府"建设总体规划（2018—2020 年)》，指明了广东省数字经济发展整体方向，并前瞻性地布局区块链产业，还对政府的数字化治理给出了指导性的策略意见。近年来，广东省以制造业数字化转型及构建现代服务业为重点建设方向大力发展数字经济，密集性地出台了加快信息基础设施建设、全方位布局数字经济各细分领域，努力打造数字经济产业集群的政策措施，为数字经济发展提供了良好的政策制度环境。

广州市作为广东省的省会，担当着广东省数字经济发展"开拓者"的重任。近年来，广州市紧抓粤港澳大湾区建设的战略机遇，结合创建珠三角产业集群等重点工作，制定并出台了一系列政策文件，逐渐形成全方面、多层次的政策体系，旨在通过优化营商环境，

建设高科技产业园区，布局 IAB、NEM① 等重点产业，促进软件行业、智联汽车、超高清视频、工业互联网、智慧医疗等领域发展。

2020 年以来，广东省推进粤港澳大湾区建设领导小组、广州市人民政府接连出台《广州人工智能与数字经济试验区建设总体方案》《广州市加快打造数字经济创新引领型城市若干措施》，目的在于发挥人工智能和数字经济"双引擎"拉动作用，将广州市建设成为全国乃至全世界数字经济发展的引领者。除了省、市级层面的统一布局以外，各区也积极行动，根据本区域的实际情况和发展特点，出台了相应的发展举措，支持区域内特色产业的发展，形成了各区协调联动、精准发力的发展局面。黄埔区制定的 IAB 产业系列政策受到全国广泛关注；南沙、增城、越秀、荔湾等区分别出台了人工智能、大数据、智能网联汽车、工业互联网等领域的专项政策，继续培育特色产业。目前，广州已基本建成涵盖信息基础设施、数字产业化、产业数字化和公共服务数字化等领域的产业链、资金链、人才链，制定了推动数字经济载体建设、深化融合发展等较为完善的政策体系，对推动数字经济发展及现代化产业体系的构建起到了重要作用。广东省及广州市近年发布的有关发展数字经济政策文件见表 1 - 3。

表 1 - 3 广东省及广州市关于促进数字经济发展的相关政策汇总

序号	所属类别	政策名称	发布时间
		省级层面	
1	综合	《广东省建设国家数字经济创新发展试验区工作方案》	2020 年 11 月
2		《广东省培育数字经济产业集群行动计划（2019—2025 年)》	2019 年 10 月
3		《广东省数字经济发展规划（2018—2025 年)》	2018 年 4 月
4	数字产业化	《广东省 5G 基站和数据中心总体布局规划（2021—2025 年)》	2020 年 7 月
5		《广东省加快 5G 产业发展行动计划》	2019 年 5 月
6		《广东省大数据标准体系规划与路线图（2018—2020)》	2018 年 9 月
7		《广东省信息基础设施建设三年行动计划（2018—2020)》	2018 年 8 月
8		《广东省新一代人工智能发展规划》	2018 年 8 月
9	产业数字化	《广东省深化"互联网＋先进制造业"发展工业互联网的实施方案及若干扶持措施》	2018 年 3 月
10	数字治理化	《广东省"数字政策建设"总体规划（2018—2020 年)》	2018 年 10 月

① IAB 产业包括新一代信息技术产业、人工智能产业、生物医药产业；NEM 产业指新能源、新材料产业。

（续上表）

序号	所属类别	政策名称	发布时间
		市级层面	
11	综合	《广州市加快打造数字经济创新引领型城市若干措施》	2020 年 4 月
12	数字产业化	《广州人工智能与数字经济试验区建设总体方案》	2020 年 2 月
13		《广州市加快推进数字新基建发展三年行动计划（2020—2022 年）》	2020 年 7 月
14		《广州市加快 5G 发展三年行动计划（2019—2021 年）》	2019 年 10 月
15		《2019 年广州市 5G 网络建设工作方案》	2019 年 6 月
16		《广州市公用移动通信基站规划建设指导意见》	2019 年 4 月
17		《广州市关于加快超高清视频产业发展的行动计划（2018—2020 年）》	2018 年 12 月
18		《广州市加快发展集成电路产业的若干措施》	2018 年 12 月
19		《广州市信息基础设施建设三年行动方案（2018—2020 年）》	2018 年 8 月
20		《广州市关于开展型数字家庭行动推动 4K 电视网络应用于产业发展工作方案》	2017 年 12 月
21		《广州市促进大数据发展实施意见》	2017 年 1 月
22	产业数字化	《广州市直播电商发展行动方案（2020—2022 年）》	2020 年 3 月
23		《广州市深化"互联网＋先进制造业"发展工业互联网行动计划》	2019 年 1 月
24		《广州市先进制造业发展及布局第十三个五年规划》	2017 年 3 月
25	数字治理化	《广州市政府信息共享管理规定实施细则》	2016 年 6 月
26		《广州市电子政务信息安全管理办法》	2013 年 1 月

资料来源：笔者根据广东省人民政府官网、广州市人民政府官网发布文件整理。

二、广州市数字经济发展的营商环境分析

　　营商环境的概念由世界银行于 2003 年首次提出，我国在 2016 年发布的"十三五"规划中提出要"营造优良营商环境"，具体包括"营造公平竞争的市场环境、高效廉洁的政务环境、公正透明的法律政策环境和开放包容的人文环境"①。可见，营商环境主要是指包括企业和个人在内的市场主体在经营活动的整个生命周期中所面临和接触到的市场、政务、法治和人文方面的外部因素及条件的加总。良好的营商环境是一个地区发展的金字招牌，是企业生存发展的肥沃土壤，是加速要素集聚的强大磁场。

　　国家发展改革委员会发布的《中国营商环境报告 2020》显示，在营商环境评价涉及的 18 项指标中，广州市获评"标杆城市"。其中，"获得电力""跨境贸易""办理破产"

① 中华人民共和国中央人民政府：《中华人民共和国国民经济和社会发展第十三个五年规划纲要》，2016 年 3 月 17 日。

"市场监管"这 4 项指标均入选"最佳实践";"用地清单制"则入选"一省一案例"改革集萃。2018 年以来,广州市先后实施营商环境 1.0、2.0、3.0 改革,一项项措施力度大、魄力足,成效显著。

接下来,本报告基于中国战略文化促进会等 4 所机构联合发布的《2019 中国城市营商环境指数评估报告》中关于城市营商环境中硬环境和软环境的划分,对广州市营商环境做出分析与评价。其中,硬环境具体包括生态环境、交通设施环境;软环境具体包括市场环境、创新创业环境、国际化和法制化环境等。

(一)生态环境宜人

广州地处亚热带,横跨北回归线,全年平均温度 22.6℃,极端最低温度 0℃,最高温度 39℃,气候宜人,属于典型的亚热带季风气候。广州长夏暖冬、温润多雨、光热充足,适合植物生长,因此一年四季草水常绿、花卉常开,有"花城"的美称。广州年降雨量约 1 884.8 毫米,平均相对湿度 78.2%。4—6 月为雨季,8—9 月天气炎热,台风活动较频繁,10—12 月气温适中,是旅游的最佳季节。广州宜人宜居的生态环境,为城市增添了一抹明亮的色彩,吸引着越来越多的各界精英人才、有潜力的企业在此落户,开展研发、投资、贸易、经济交流等活动。

(二)交通设施环境安全便利

广州是我国重要的中心城市、综合门户枢纽、国际商贸中心,汇聚了大量的人流、物流、资金流、数据流等社会生产资源。要素的流动速度和效率对一个地区的经济社会发展起着重要的作用,目前,广州市已经建立起涵盖海、陆、空的,全方位的立体运输交通网络格局,包括民用机场、港口、铁路枢纽、公路站场以及集疏运网络等。"十三五"规划中将建设北京、上海、广州等国际性综合交通枢纽上升至国家层面的发展战略,广州市紧抓发展契机,现阶段综合交通运输体系发展处于全国领先水平,基本具备了区域间以民航、干线铁路、海港、干线公路为依托,区域内以城际铁路、公路、内河航运为支撑,枢纽内以城市轨道为骨干的辐射服务能力。

广州港自古以来就是中国对外贸易的窗口,现阶段已与全球范围内的 100 多个国家及地区的 400 多个港口有海运贸易往来,截至 2020 年末,广州港全港集装箱班轮航线总数已达 165 条,其中外贸班轮航线 120 条。广州港出海航道南段现已达到 10 万吨级集装箱船和 15 万吨级集装箱船(减载)双向通航,航道宽度 385 米,水深 17 米的通航标准。2020 年港口货物吞吐量 63 643.22 万吨,其中集装箱吞吐量 2 350.53 万个标准箱,同比增长 1.5% 和 1.2%,广州港货物吞吐量、集装箱吞吐量排名稳居世界前列。

广州白云国际机场是国内三大门户复合型枢纽机场之一,航线网络已覆盖全球五大洲的 230 多个通航点,其中国际及地区航点超 90 个。广州白云国际机场现拥有航线 845 条,其中国际航线 175 条,国内航线 670 条,2019 年全年旅客吞吐量突破 7 300 万人次,其中国际及地区旅客吞吐量超 1 850 万人次。2020 年因疫情影响,广州白云国际机场全年旅客吞吐量 4 376.81 万人次,同比下降 40.4%。

广州铁路枢纽是华南地区重要的特大型铁路枢纽,拥有京广铁路、广深铁路、广茂铁路、广珠铁路、南广铁路、贵广铁路和京广高铁、广深港高铁，以及广珠城际、广佛肇城际。2020年广州铁路客运量为0.87亿人次，货运量为1 792.98万吨。

广州公路枢纽拥有京广澳高速、大广高速、二广高速、广深高速、沈海高速、济广高速等高速公路，2020年广州公路客运量为1.81亿人次，货运量为46 965.85万吨。

全方位、多层次的交通运输网络为广州市城际交流提供了强大的基础设施保障。此外，广州市内也已经形成了由公共汽车、电车、出租车、地下轨道交通及轮渡为主体的现代城市综合交通体系，2019年月均公共交通客运量5.13亿人次，其中超60%由轨道交通承运，完善的公共交通系统为广大人民群众提供了"安全、便利、舒适"的出行环境，使人们能够更好地投入城市的生产生活。

（三）市场环境活力十足

广州作为中国的"南大门"，是粤港澳大湾区和泛珠江三角洲经济圈的核心城市，同时也是"一带一路"的枢纽城市，具有较高的城市化水平，辖区范围较大，经济发展空间潜力巨大。

2020年广州市在疫情影响下，仍实现了地区生产总值25 019.11亿元，同比增长2.7%，人均地区生产总值达163 470元，按平均汇率折算为23 700美元。广州市以电子产品制造业、汽车制造业、石油化工制造业为支柱产业，其中以电子信息制造业和汽车制造业为主体的先进制造业水平较高，发展速度较快。

广州市2019年常住人口1 530.59万人，人口密度约为2 059人/平方公里，其中超过70%的人口为外来人口，在册登流动人口超600万。庞大的人口规模，为广州市各行各业的正常运转与发展提供了强有力的智力和劳力保证。

广州市本地消费力较强，经济活力较高。在国内贸易方面，全市社会消费品零售总额屡创新高，2019年同比上涨8.4%，2020年受疫情影响同比下降3.5%。2019年全市限额以上批发零售业通过公共网络实现商品零售额比上年增长12.9%，拉动社会消费品零售总额增长1.7个百分点，占社会消费品零售总额的13.9%，2020年受疫情影响，居民购物模式发生转变，网络零售额大幅增长，2020年全市限额以上批发零售业通过公共网络实现商品零售额比上年增长32.5%，拉动社会消费品零售总额增长5.0个百分点，占社会消费品零售总额的21.0%。在对外贸易方面，2019全年商品进出口总值9 995.81亿元，同比增长1.9%，2020年受疫情影响，全年商品进出口总值9 530.06亿元，同比下降4.8%。在疫情来临之前，广州市外贸市场一直处于活跃的状态，得益于传统商业和跨境电商的同时并举，被誉为"中国第一展"的广交会自20世纪50年代开始就一直在广举行，传统的对外贸易优势明显，再加上近年来跨境电商的快速发展，更低的交易成本为广州带来了更广阔的市场空间。此外，商事登记制度改革，以及总部经济招商政策，提供了创新创业及高端经济发展的良好政策环境。

（四）创新创业环境良好

自2014年国务院总理李克强在达沃斯论坛上作出"大众创业、万众创新"的讲话之后，全国各地纷纷掀起了"大众创业""草根创业"的新浪潮，广州作为经济大省的省会城市，自然成为"双创"浪潮中的弄潮儿。由界面新闻发布的《2020 中国城市创新竞争力排行榜》从创新投入、创新成果、创新主体三个维度对全国城市的创新竞争力进行比较，广州市在这三个维度的得分分别位居全国第 14 位、第 4 位、第 4 位，具有较强的创新竞争力。根据清华大学启迪创新研究院发布的关于城市双创环境评价的指标体系，可以将创新创业环境进一步细分为政府政策、产业发展、人才供给、研发环境、金融服务、市场氛围及创新知名度等方面。

政府政策方面，广州市政府一直走在改革的前沿，积极推出切合实际发展需求的产业发展、人才引进政策，建立高新技术产业开发区及科技创新中心，支持搭建创新平台和科技企业孵化基地，建设"创业创新 + 孵化投资"相结合的新型众创空间，为中小微科技型企业提供创业引导、持股孵化等服务。此外，广州市政府还积极设立企业发展奖励基金等激励机制，进一步完善知识产权保护体系，不断加强对中小投资者的保护，深化"审批环节做减法，企业服务做加法"行政体制改革，扫清企业生存发展道路上不必要的阻碍，创造适合企业茁壮成长的政策环境。

产业发展方面，广州市拥有 41 个工业大类中的 35 个，是华南地区工业门类最齐全的城市，具备完善的产业体系、夯实的产业基础，其产业发展的综合实力以及配套能力均居于全国前列。现拥有纺织服装、美妆日化、箱包皮具、珠宝首饰、食品饮料五大传统优势产业集群，近年来还积极培育了智能汽车、超高清视频显示、高端装备制造等千亿级产业集群，全市产业发展态势良好、布局不断优化。广州在发展初期主要通过承接劳动力密集型的加工制造业，融入国际产业分工体系，虽在其中占有一席之地，但长期依靠低技能要求、低附加值的产业分工无法实现持续增长，也不可避免地陷入低端锁定的困境。为此，广东省政府通过"双转移"战略推动产业结构的调整和产业升级，明确了产业发展新方向。近年来，广州市顺应新一轮科技革命和产业变革趋势，积极抢抓以大数据、云计算、人工智能等技术为代表的新一代信息技术发展机遇，进一步推进"制造业 + 服务业"两业融合，"工业化 + 信息化"两化融合，积极探索数字技术赋能传统产业转型的新路径、新模式，不断推进数产融合进程，努力建设全球数产融合标杆城市。

人才供给方面，广州集聚了华南地区最优质的教育资源，拥有中山大学、华南理工大学、暨南大学、华南师范大学等多所双一流学科建设知名高校，同时还拥有被誉为华南"智核"和人才"宝库"的广州大学城。广州汇聚了大量优质的科研、创新人才资源，为实现产学研用深度融合提供智力保障；与此同时，广州市还出台多项政策鼓励港澳青年来穗创新创业，助力青年追梦圆梦，积极打造高黏性的三地青年生态圈，促进三地优势互补和协同发展，为广州乃至整个大湾区的创新创业发展提供源源不断的智库和动力支持。

研发环境方面，截至 2019 年底，广州全市拥有各类科研机构 185 个，研发人员 22.9 万人，R&D 人员折合全时当量[①] 15.06/万人年，R&D 经费内部支出[②] 677.74 亿元，同比增长 13%，研发强度为 2.87%[③]，高于全国平均水平（2.23%）。2019 年，广州市新增高

[①] R&D 人员折合全时当量是指报告期 R&D 人员按实际从事 R&D 活动时间计算的工作量，以"人年"为计量单位。

[②] 内部支出是指报告期调查单位内部为实施 R&D 活动而实际发生的全部经费。

[③] 研发强度 = R&D 经费支出占 GDP 比重。

新技术企业 3 709 家，总数达到 12 100 家，同比增长 2.59%。与此同时，广州市国家科技型中小企业入库达 9 283 家，位居全国城市第一；新增 2 家国家级企业技术中心，累计拥有国家级技术中心 29 家。2020 年全年广州共申请专利 28.2 万件，同比增长 59.3%，专利授权 15.6 万件，同比增长 48.7%，其中发明专利授权 15.1 万件，同比增长 23.37%，专利合作条约（Patent Cooperation Treaty，PCT）国际专利申请 1 785 件，同比增长 10%。截至 2020 年底，全市拥有有效发明专利 7.1 万件，同比增长 22.41%，广州每万人发明专利拥有量达 46.6 件，居于全国领先水平，相较于上一年增加 7.4 件。[①] 广州市全市全年获中国专利金奖 2 项、优秀奖 44 项；广东专利奖金奖 8 项、银奖 12 项、优秀奖 36 项、发明人奖 8 项；2020 年粤港澳大湾区高价值专利培育布局大赛中广州市获得 12 个奖项，全省排名第一。世界知识产权组织发布的《全球创新指数 2020》结果显示，深圳—香港—广州科技集群位居全球第 2 位。截至 2020 年底，全市有效注册商标 151 万件，同比增长 20.8%。总体来看，广州市创新驱动发展力量持续增强，不论是在创新投入方面、创新主体培育方面还是在创新成果转化方面，广州皆处于全国领先水平，创新资源储备丰富。

金融服务方面，广州市企业直接融资和间接融资环节通畅，二者相辅相成。广州拥有上海证券交易所南方中心、深圳证券交易所广州服务基地、全国股转系统（新三板）华南基地、广东股权交易中心等资本市场平台，专注于服务科技企业上市，服务优势显著。截至 2019 年底，广州地区银证保法人金融机构达 45 家，银行业机构服务实体经济水平不断增强，2019 年广州本外币存贷款余额达 10.62 万亿元，同比增长 11.2%，增速在全国大城市中排名第二位。[②] 此外，广州市科技局与 23 家银行密切合作建立科技型中小企业信贷风险损失补偿资金池，整合多方资源优势，为科技企业提供优质金融服务，部分合作银行还积极响应政府号召，为科技型企业推出"科技贷"普惠金融产品，助力科创型企业更上新台阶。庞大的金融服务体系为创新创业主体提供了资金和服务保障，安全便利的融资渠道提高了双创主体的资源可获得性，为广州的创新创业主体注入强大动力。

市场氛围及创新知名度方面，广州市创新创业平台不断壮大，创新主体活跃度高。以番禺区广州大学城为例，区政府积极牵头，携手高校合作建设科技企业孵化器。截至 2019 年底，广州大学城拥有各类创新创业空间达 14 个，国家级众创空间 4 个，校内外创新创业空间达 4 万多平方米，在创团队 400 多支，创新创业项目超 500 项。从中诞生了有米科技、九尾科技、探迹科技等一批知名企业。大学城所展现出的活跃氛围和增长势头映射了整个广州的创新创业市场——创新创业氛围浓厚，创新创业优质生态圈不断扩大，并向周边呈现虹吸效应，创新发展之城蓄势腾飞。

（五）国际化、法治化环境稳步提升

广州一直以来都是中国对外通商的重要窗口，有"千年商都"的美誉。近年来，广州以更加积极主动姿态接连亮相国际舞台，对外开放水平不断提高，城市影响力不断提升。

---

① 广州市市场监督管理局：《广州知识产权发展与保护状况（2019 年）》，http://scjgj.gz.gov.cn/zwgk/zwwgk/jggk/content/post_5817784.html，2020 年 5 月 6 日。

② 许涤龙主编：《广州金融发展报告（2020）》，北京：中国金融出版社，2020 年。

广州通过承办亚运会、国际金融论坛（IFF）、"读懂中国"广州国际会议、世界港口大会、广州亚洲美食节等一系列高层次的重要活动，吸引了来自世界多个国家的嘉宾出席，活动探讨议题引起广泛关注。此外，广州市委、市政府主动率团参加达沃斯论坛、博鳌亚洲论坛，向世界各地的精英、各行各业的领军人物推介这座美丽宜人又蕴含着机遇与挑战的城市，使广州的城市知名度得到显著提升。

同时，广州对外的招商模式、对象及政策，相较以往都发生了重大的变化，正逐步实现招商模式从"广撒网式"向"精准锁定"转化，招商对象从"传统产业"向"战略性新兴产业"转化，招商政策从"碎片化扶持"向"系统化产业生态圈构建"转化。2019年全年新设立外商直接投资（Foreign Direct Investment，FDI）企业3 446家，投资项目总数1 110个，实际使用外资金额71.43亿美元，同比增长8.1%，增速高于全省4.6个百分点；历年累计引进FDI企业近4万家，实际使用外资金额累计超1 000亿美元。但客观来说，国际大都市必须在全球具有知名度和参与权，与北京、上海相比，广州在这一点上表现稍显逊色。下一阶段，广州应进一步增强国际曝光度，全面梳理并整合城市创新体系、招商体系和产业体系，形成更清晰的整体战略，不断提升对国际优质企业的吸引力及国际化发展水平。

经济是硬实力，法治是软实力。法治化的营商环境是降低企业不确定性冲击、保持经营活力的保障。近年来，广州不断深化营商环境改革，全力打造法治化营商环境"广州样本"，通过制度创新重点解决市场主体反映的痛点难点；开展"减时限增便利"，为企业全生命周期服务；践行"无事不扰"原则，减少行政干预。截至2020年10月，广州公安已实现193项公安行政审批事项100%网办，其中190项办事"不用跑"；134项行政许可共计4 502天的法定时限压缩至196个工作日，办理时限压缩率达95.65%，可即办率8成以上，行政审批速度全国最快。法制环境的进一步优化和改善，增强了广州对世界主要投资的吸引力，世界500强企业纷至沓来，2019年新增落户企业5家，如采埃孚亚太集团与广州市花都区签署投资协议，阿斯利康中国南部总部落户广州，ABB集团公司与广州市黄埔区下属国企合作开展光伏、储能智慧能源示范项目，全球航运业龙头马士基集团拟在广州市南沙区打造国际集拼物流基地等，落户广州的世界500强企业总数已达306家。在重大项目对外商投资规模显著的拉动作用下，广州市投资总额5 000万美元以上的大型外商投资项目共183个，涉及合同外资合计297.44亿美元，增长31.5%，占全市合同外资总额的75.2%，近60%的规模以上工业总产值及增加值由外资企业创造。除此之外，外资企业占外贸总额的50%，成为广州经济发展和产业结构优化的重要力量。

在此基础上，广州应坚持市场化、法治化、国际化方向，在全球坐标中明确改善营商环境的意义和价值，持续扩大开放，与国际规则对接，与国际先进水平对标，给市场主体以稳定的预期，用更优质的服务打造适合企业生长的营商环境，不断激发市场潜力，培育发展新动能。

第三节　广州市数字经济发展概况

一、广东省数字经济发展现状

随着各级政府关于支持数字经济发展相关政策的落地实施，广东省 5G、大数据、4K 电视、人工智能等新一代信息技术产业快速增长，助推全省数字经济蓬勃发展。广东省是数字经济大省，2019 年全省数字经济规模达 4.9 万亿元，同比增长 13.3%，超过 GDP 同期增速 7 个百分点，数字经济总产值占全省 GDP 的 45.3%，位列全国第一。其中，广州市和深圳市数字经济规模均超亿万元。近年来，广东省产业数字化正加速推进，2019 年产业数字化规模达 3.18 万亿元，较上年增幅达 18.8%，工业数字化转型逐步推进。同时，数字化治理能力显著提升，数据价值化步伐加快，数字经济吸纳就业数量持续攀升。

中国信息通信研究院广州分院发布的《粤港澳大湾区数字经济发展与就业报告（2020年)》的数据显示，广东省已建成 5G 基站 70 万个，占全球比重近 7 成，连接超过 1.8 亿个终端，数字基础设施建设成果显著。在吸纳就业方面，2019 年广东省数字经济领域就业岗位达 2 642 万个，占总就业人数的 37.0%。从全行业就业总量上看，2019 年广东地区新业态领域就业岗位达到 1 102 万个，新模式拉动灵活就业人员约 961 万人，约占全国共享经济领域提供服务人数的 1/8。[1]

2019 年广东省 21 个城市数字经济发展呈现出明显的梯级分布，发展增速表现出明显的区域分化特征（见表 1-4）。其中，深圳和广州位列第一梯队，是广东省数字经济发展的核心引擎；东莞、惠州、佛山、珠海以超千亿元的规模位列第二梯队，正处于快速发展时期，是广东省数字经济发展强大的生力军；中山、江门、肇庆等 15 个城市位列第三梯队，仍处于发展起步与追赶阶段，发展潜能需进一步挖掘。此外，肇庆、茂名、揭阳、梅州与东莞的数字经济增速超过全国平均水平（15.6%）；广州、湛江、云浮、江门、阳江、佛山、深圳、珠海与韶关的数字经济增速均在 10% 以上，处于较快增长区间内；汕头、清远、惠州、潮州、汕尾、河源、中山的数字经济增速较缓，甚至出现负增长现象。

表 1-4　广东省各市数字经济发展梯级分布

梯级	数字经济规模	城市
第一梯队	亿万级	深圳市、广州市
第二梯队	千亿级	东莞市、惠州市、佛山市、珠海市
第三梯队	80 亿～900 亿元	中山市、江门市、肇庆市、韶关市、茂名市、揭阳市、梅州市、湛江市、云浮市、阳江市、汕头市、清远市、潮州市、汕尾市、河源市

资料来源：《粤港澳大湾区数字经济发展与就业报告（2020 年)》。

---

① 中国信息通信研究院广州分院：《粤港澳大湾区数字经济发展与就业报告（2020 年)》，https：//www. thepaper. cn/newsDetail_forward_6397342，2020 年 11 月 26 日。

二、广州市数字经济发展现状

近年来，广州市加快谋划推动数字经济发展，全面贯彻实施创新驱动发展战略，各级政府积极落实各项扶持政策，优化地区营商环境，不断推动产业转型升级和新旧动能转换。现阶段，广州市数字经济发展已经取得明显的成效，数字经济保持了较快的增长，各领域数字经济稳步推进，质量效益明显提升。

（一）数字经济规模不断扩张

2019 年，我国数字经济总体规模达到 35.8 万亿元，[①] 占 GDP 总量的比重上升至36.2%，相较于 2018 年，提高 1.4 个百分点，数字经济对国民经济增长的带动作用不断强化并凸显。广州与北京、上海、深圳、杭州同属于国内数字经济发展的"第一梯队"，当前正经历快速发展的新阶段。2019 年广州市软件和信息服务业总营收达 4 280 亿元；规模以上计算机、通信和其他电子设备制造业产值达 2 091.65 亿元，智能装备和机器人产值约为 1 310 亿元；超高清视频与新型显示相关产业实现制造业产值约 1 800 亿元，增速超5%，预计未来新型显示相关产业产值将突破 2 500 亿元；全年全市限额以上批发零售业网络零售额达 1 327.67 亿元，同比增长 12.9%，拉动社会消费品零售总额增长 1.7 个百分点；同年，限额以上住宿、餐饮业通过网络实现餐费营收同比增长 1.7 倍，贡献了全市餐费营收增长率的 83.6%。[②] 居于全国领先水平。

（二）数字产业化各行业稳步发展

1. 信息通信基础设施建设水平领先

2018 年以来，广东省政府、广州市政府陆续出台有关地区信息基础设施建设的行动方案，《广州市信息基础建设三年行动方案（2018—2020 年）》明确提出，到 2020 年底，全市累计新增光纤宽带接入用户 138 万户，光纤宽带接入用户占比达 100%，100M 以上光纤接入用户占比提升至 90%；新建小区贯彻新国标、20 户以上自然村、城中村光纤改造实现 100% 覆盖，实现 4G 信号全覆盖、5G 大规模商用，实现全光网城市，基本建成网络强市。

在相关部门的积极引领和带动下，广州市信息基础设施建设成效显著。广州市不断加快 5G 网络建设进度，丰富 5G 技术应用场景，截至 2020 年末，广州市累计建成 5G 基站4.8 万座（含室外站、室内分布系统和共享站点），全年新增 2.8 万座，，实现中心城区和重要区域的 5G 网络覆盖，在 5G 基站建设数量上全省第一，全国领先。2020 年新增 5G 用户约 540 万户，累计超 640 万户。截至 2020 年第三季度，广州市固定互联网宽带接入端口数达 1 320.8 万个，FTTH/O 端口数达 1 229.6 万个，光纤接入用户数达 555.9 万户，移

---

① 中国信息通信研究院：《中国数字经济发展白皮书（2020 年）》，http：//www.caict.ac.cn/kxyj/qwfb/bps/202007/t20200702_285535.htm，2020 年 7 月 3 日。

② 广州市统计局：《2019 年广州市国民经济和社会发展统计公报》，http：//tjj.gz.gov.cn/tjgb/qstjgb/content/post_5746648.html，2020 年 3 月 6 日。

动宽带用户数达 2 767.1 万户，均位居全省第一。① 此外，广州还拥有国家级超算中心，并配置天河二号系统，综合科技水平和运算速度在全国乃至全球遥遥领先。

广州市先后荣获首批"宽带中国"示范城市、"中国城市信息化 50 强"第二名、"中国智慧城市发展应用评估创新奖"、全国重点城市两化融合发展水平第一名、"2019 亚太区领军智慧城市"和"2019 中国领军智慧城市"等称号。领先的信息通信基础设施建设水平，丰富了新基建融合应用的场景，为广州市打造全国人工智能赋能城市治理标杆城市提供了技术载体和服务保障。

2. 新一代信息技术产业不断扩张

伴随着移动互联网、智能终端、大数据和云计算等为代表的新一代信息技术的"演化裂变"，传统的电子信息产业正向新一代信息技术产业"代际变迁"。不同于原先以制造业为主的发展导向，新一代信息技术产业以更具技术含量、可产生更高附加值的软件和技术服务为主，从更关注硬件设备转变为更关注软件数据，这一转变更有利于信息技术产业的可持续发展。新一代信息技术的基本特征主要包括网络互联的移动化和泛在化、数据处理的集中化和云端化、信息服务的个性化和智能化，而实现信息化和工业化深度融合的"互联网＋"发展模式是新一代信息技术产业的集中体现。新一代信息技术产业对社会经济增长的拉动作用日益显著，逐渐成为国家和地区产业发展的核心竞争力。

现阶段，广州市重点发展的新一代信息技术产业以超高清视频及新型显示、集成电路、新一代信息通信（含 5G、量子通信、卫星导航）、新一代互联网、工业互联网、车联网及物联网、云计算及大数据、人工智能、区块链、新一代信息技术服务业等产业为主，2019 年全市新一代信息技术相关产业实现总营收 4 283 亿元，占全市 GDP 的 18.13%，总营收是 2015 年的 1.9 倍，年均增速为 17.38%。

在超高清视频及新型显示方面，广州市正努力打造"世界显示之都"，并取得了令人瞩目的建设成绩：研发出国内首台超高清超高速摄像机、成为全球 4K 超高清视频板卡最大的供货商、新型显示模组市场占有率蝉联全球第一、4K 电视销量领跑全国。广州先后承办了中国超高清视频（4K）产业发展大会、世界超高清视频（4K/8K）产业发展大会、建成了首个国家广电标准（AVS2）应用示范社区、18 个 4K 电视网络应用示范社区、首批省市共建超高清视频产业基地。2018 年出台了《广州市关于加快高清视频产业发展行动计划（2018—2020 年）》，提出构建超高清视频全产业链的整体计划，推动重大项目顺利部署，乐金 8.5 代 OLED 面板、超视堺 10.5 代液晶显示器已于 2019 年顺利投产，广州首条全柔 AMOLED 模组生产线于 2020 年底投产。

在集成电路方面，广州市实施"穗芯"计划，粤芯 12 英寸晶圆项目顺利投产，填补广州制造业"缺芯"空白。

在量子通信和卫星导航方面，广州市聚集了全国近 20% 的卫星导航企业，拥有海格通信、中海达、南方测绘、泰斗微电子、广州润芯等一批在国内卫星导航通信领域保持着技术领先地位的高科技企业，组成北斗产业的"广州军团"。

---

① 广州市人民政府：《广州 5G 基站数全省第一》，http://www.gz.gov.cn/xw/jrgz/content/mpst_7030274.html，2021 年 1 月 15 日。

在工业互联网建设方面，广州市加快企业"上云上平台"进程，截至 2020 年 4 月，21 个工业互联网标识解析二级节点接入国家顶级节点（广州），涵盖 17 个行业（标识注册量 12 亿个，日均解析量 286 万次），在全国 5 个顶级节点中领先。广州市还陆续引进树根互联、阿里云、航天云网、海尔、东土科技等 20 多家国内知名的工业互联网平台，培育中设智控、机智云、裕申、中和、中船互联等多家本地工业互联网平台。[①]

在人工智能和大数据方面，根据广州市工业和信息化局发布的 2020 年广州市人工智能和大数据入库企业名单，共有 131 家人工智能企业和 121 家大数据企业入库。据不完全统计，广州市现有人工智能和大数据入库企业 560 余家，2019 年营业收入近 800 亿元，先后有 30 家企业被评为省大数据骨干企业，占全省的 63.8%，有 12 家企业被评为广东省人工智能骨干企业，占全省的 42.8%，已逐步形成多层次、多领域的人工智能创新融合应用发展生态体系。

在区块链方面，广州市近两年密集出台了多项政策支持区块链产业发展，区块链企业数量增长势头强劲。截至 2019 年底，广州市从事区块链相关业务的公司有 14 487 家[②]，仅 2019 年新增 4 926 家，主要分布在天河区、白云区、黄埔区和南沙区，业务方向主要集中在金融服务、区块链底层技术研究、物联网、电子存证应用等方面，占总业务量的比例超 50%。广州积极挖掘区块链应用潜能，目前已经在智慧城市、税务、政务、司法、教育、金融、体育、医疗等领域实现了区块链场景应用的落地，应用效果逐渐显现。

在软件及信息技术服务业方面，广州市内已基本形成"双核—双区—多点"的产业布局，包括发展较为成熟的天河软件园，以及新生力量黄埔区软件产业园，同时琶洲人工智能与数字经济试验区集聚了大量知名的互联网企业，将成为带动全市软件产业发展的重要力量。2000 年广州市软件产业整体规模约为 30 亿元，截至 2019 年底，全市软件产业规模已增长至 4 280 亿元，20 年间增长了 140 倍，年平均增速超过 30%，远超其他行业。其中信息技术服务收入占软件业务收入比重超 70%，同比提高 7 个百分点，大数据、云计算等新一代信息技术服务收入增速均超过 21%；信息安全产品业务收入增长 22.0%，高于软件行业平均增速 3.2 个百分点，其中工控安全业务收入增长 26.3%，有力支撑工业互联网产业快速发展。截至 2020 年 6 月，广州市规模以上软件企业约 2 300 家，其中有 7 家跻身国家软件企业百强，8 家位列中国互联网百强，39 家成为国家规划布局重点软件企业，33 家在主板和海外上市。此外，成功培育 6 个"互联网+"小镇，拥有广州腾讯、思科、阿里巴巴移动事业群、网易等多家行业骨干企业。2020 年前三季度，全市软件和信息服务业营业收入 3 595 亿元，同比增长 12.0%，数字创意产业预计年内营收增长超 10%。

现阶段广州市软件产业业务范围主要涉及网络游戏、移动互联网、家居定制、工业软件、通信导航、区块链、人工智能以及 5G + 物联网等领域。其中，网络游戏和移动互联网领域的发展已趋于成熟，拥有一批年均增速超 30% 的原创游戏开发企业。接下来将围绕信息技术的创新应用，从操作系统、工业软件、区块链等核心关键技术方面做出突破

---

① 广州市发展和改革委员会、广州市工业和信息化局：《广州市数字经济发展情况》，http://www.gz.gov.cn/zwgk/cssj/content/post_5609280.html，2019 年 11 月 26 日。

② 使用"天眼查"App 查询而得。

尝试。

2020 年 7 月，广州市获工信部批复创建全国首个设计仿真工业软件适配验证中心，开启打造国家工业软件产业发展高地的新征程。广州是华南地区工业综合实力最强、技术创新度最高、基础设施配套最完善的城市，已经打造了汽车、智能装备等千亿级产业，集成电路、医药制造等百亿级产业集群。近年来，制造业结构优化升级以及企业数字化转型引致的对工业软件的旺盛需求，极大程度地拉动了工业软件产业增长。2019 年广州市工业软件收入 108.46 亿元，同比增长 18.9%，其中研发设计类软件收入 12.78 亿元，占比11.78%，生产控制类软件收入 8.93 亿元，占比 8.23%，经营管理类软件收入 32.29 亿元，占比 29.71%，嵌入式工业软件收入 39.70 亿元，占比 36.60%，工业互联网平台等其他工业软件收入 14.76 亿元，占比 13.68%。广州市软件产业已经形成了相当庞大的规模，且增长势头强劲，为深化行业应用、推动产业链转型发展奠定了坚实基础，助推广州市数字经济发展加速。

（三）产业数字化深入推进

农业数字化方面，广州积极实施数字农业农村发展行动计划，加强数字农业试点示范和数字农业产业园区建设，发展数字农业试验区，以国家级和省级现代农业产业园为重点，引导园区建设"云上云"和一批数字农业产业园区。开展信息进村入户、农产品质量安全监管数字化、农村宅基地数字化等数字化和智能化提升工程，进一步夯实农业农村数字化基础。2019 年广州市增城区联合中国联通以"政府引导、市场运作、企业主体"为模式，建立水稻精准种植 5G 实验基地，是业界首个落地的 5G＋智慧农业应用项目。

相对于农业来说，制造业方面，广州在利用数字技术助力制造业转型升级方面的应用已十分广泛。2019 年广州市人民政府办公厅印发了《广州市深化"互联网＋先进制造业"发展工业互联网行动计划》，积极鼓励工业企业应用互联网技术，不断推进企业"上云上平台"进程，实现工业生产的数字化、网络化、智能化。目前广州工业互联网创新发展体系已形成一定的规模。广州大力推进制造业创新中心建设，成功获批国家制造业创新中心，并不断加速搭建创新载体，完善平台体系，组织开展重大技术攻关。广州国际人工智能产业研究院、广州再生医学与健康实验室、亚信数据全球总部等制造业创新中心和新型产业技术研究院落地广州，一批前沿技术、新专利等创新成果实现较快转化，为制造业创新转型提供了重要平台支撑。此外，工业机器人也已在汽车制造、通用设备制造、家电家居、智能装备等行业得到了广泛深入的应用。

服务业数字化方面，以电子商务为例。2020 年 1—10 月，广州市实物商品网上零售额1 499.3 亿元，同比增长 30.1%，高于全国 14.1 个百分点，占全市社会消费品零售总额从2019 年的 13.9% 提高到 20%。① 目前，广州已建成了 2 个国家级电商示范基地，12 个省级电商示范基地，12 个市级电商示范基地，国家和省级电子商务示范企业数均居全省第一。琶洲互联网创新集聚区总投资预计达 550 亿元，吸引了腾讯、阿里巴巴等 14 家知名

---

① 广州市商务局：《广州人工智能与数字经济产业投资合作交流会在杭举行》，http：//www.gz.gov.cn/ysgz/xwdt/ysdt/content/post_6949309.html，2020 年 12 月 3 日。

企业，26个项目及业务运营公司落地，一个以"互联网+"为特色面向全球的电子商务产业集聚区已初具雏形。

直播电商作为电子商务的一种新业态，已成为互联网风口。2020年以来，广州市以"10个全国首创"赋能千年商都焕发新活力：政府层面出台全国首个推动直播电商发展的政策文件、成立全国首个直播电商产业联盟、成立全国首个直播电商研究院、首创"广州直播带货一起上"云课堂、成立首个直播电商人才培养基地、举办全国首个以城市为平台的直播节、发布全国首个直播电商行业服务规范倡议、发布首部全国性直播电商标准等。在跨境电商领域，广州市是国家跨境电商综合试验区，2019年广州跨境电商进出口规模全国第一，进口额连续5年全国第一；2020年1—10月广州市通过海关跨境电商平台进出口368.2亿元，同比增长18.4%，在全国105个跨境电商综合试验区城市中，广州市位列先导城市首位，发展总指数、发展规模指数皆排全国第一。

（四）公共服务数字化转型成效显著

近年来，广州全面推动"数字政府"建设，积极推进以"数据跑路"代替"群众跑腿"工作，最大程度简化事务办理流程，提高行政服务效率，便利群众生活。

在公共平台建设上，正在逐步实现"云通、网通、数据通"，推进一体化政务云服务平台建设，形成统一的政务信息共享平台，实现政务信息互联互通。基础应用平台基于"四标四实"数据汇聚治理，为各部门提供"标准作业图"和空间地理数据服务，在政法、公安、住建、水务、市场监管、城管等部门多个领域应用。公共信用信息平台建成个人、企业、政府、事业单位和社会组织五大信用主体库，入库数据超过11.7亿条，归集2 370多万条信用"双公示"数据。

目前，广州正在打造"穗系列"智慧政务平台，涵盖预约、网申、受理、审批、"好差评"等业务环节，为全市各部门网上申请、窗口受理和审批服务提供统一系统支撑。推出"穗好办"App，实现移动政务服务进"一端"；"穗康"小程序率先推出国际版健康码，并上线健康码分色管理功能，做到"健康可查，数据可看，轨迹可控"。

此外，广州数字政府还在建设统一的政务区块链基础平台，强化营商环境优化的创新应用，推动不动产登记、开办企业、公共资源交易等9类应用场景上链。广州12345政府服务热线系统整合了全市绝大多数热线，打造"一号接听，有呼必应"服务体系，以数字化反映社会治理的堵点、难点，以一根"小热线"撬动社会治理的"大变革"。

2020年12月8日，广东省数字政府改革建设示范区揭牌仪式在越秀区政务服务中心举行，广州市越秀区创新打造"越有数"数字政府"一中心三板块"核心体系，构建决策科学化、治理精准化、服务多元化的"整体智治"政府，70项居民服务事项实现"零跑动"指尖办理。

作为国内综合性的门户城市和国际商贸中心，广州市数字政府建设走在全国的前沿，下一阶段，广州市将继续围绕优化营商环境这一主题，找准服务群众的切入点和着力点，全面深入推进"数字政府"改革建设，打造全国审批服务便民化改革"广州样本"，推动粤港澳大湾区政务服务互联互通，持续深化"马上办、网上办、就近办、一次办"的服务体系。

三、广州市数字经济发展区域布局

2020 年广州市政府工作报告指出，目前广州市已形成"一区三城十三节点"的建设布局，接下来将进一步推进人工智能与数字经济试验区扩容提质；提升中新（广州）知识城、广州科学城、南沙科学城等重大发展平台，国际金融城、万博商务区、南站商务区、白鹅潭商务区、白云新城等主要经济功能区，以及国际生物岛、天河软件园、增城新型显示价值创新园等园区的产业承载力和集聚力，举全市之力推进广州人工智能与数字经济试验区高质量发展。①

2020 年 2 月，广东省发改委正式发布《广州人工智能与数字经济试验区建设总体方案》，广州市积极响应构建"一江两岸三片区"的空间布局，整合珠江东段黄金岸线两侧的核心地段，在琶洲核心片区（含广州大学城）、广州国际金融城片区和鱼珠片区共 81 平方公里的范围内，建设广州人工智能与数字经济试验区（见图 1-1），加快打造数字经济创新引领型城市。②

图 1-1　广州市人工智能与数字经济试验区示意

资料来源：《广州市人工智能与数字经济试验区建设总体方案》。

---

① 广州市人民政府：《2020 年广州市政府工作报告》，http：//www. gz. gov. cn/zwgk/zjgb/zfgzbg/content/post_5894347. html，2020 年 6 月 10 日。

② 南方网：《竞逐数字经济新赛道　广州试验区如何出招?》，http：//epaper. southcn. com/nfdaily/html/2020 - 08/28/content_7901511. htm，2020 年 8 月 28 日。

处于珠江南岸的琶洲核心片区（含广州大学城），总占地面积约 48 平方公里，依托人工智能与数字经济试验区等重大创新平台及专业的高校科研、人才资源，构成完整的"产—学—研"链条。琶洲核心片区正经历产业集聚加速度，加快形成以大数据、云计算、人工智能、工业互联网等数字经济为主导的千亿级创新产业集群，目前已经引入腾讯、阿里巴巴、国美、唯品会、小米、复星、科大讯飞等 22 家人工智能与数字经济领军企业；2020 年以来，琶洲核心片区新增企业约 1 300 家，总数超过 11 500 家，其中"四上企业"715 家。海珠区 1/4 的高新技术企业和六成的世界 500 强项目聚集在此，琶洲核心片区正在形成"数字＋会展＋总部"的融合创新产业新高地。

处于珠江北岸的广州国际金融城片区，总占地面积 8 平方公里，分为起步区、东区、西区和北区四个功能区，起步区是数字金融核心承载区，东区是人工智能与数字经济产业拓展区，西区是产业数字化转型示范区，北区是数字文化产业集聚区，四个片区既协同融合，又错位发展，做到产业互动、功能互补。广州国际金融城将发挥区块链、大数据、人工智能等数字技术的赋能作用，重点发展数字金融、数字贸易、数字创意、在线文娱等现代化服务业，培育经济发展新业态、新模式，为现代化产业体系的建成持续发力。

同处珠江北岸的鱼珠片区，总占地面积约 25 平方公里，重点布局"人工智能"新基建，以中国软件 CBD 为区域核心，重点打造"一区"（以区块链为特色的软件名区）和"一镇"［以泛浙大产业创新园为核心的人工智能小镇（横沙）］，建成工业互联网标识解析顶级节点，加快国家级信息技术应用创新基地、中国车联网运营中心、通用软硬件（广州）适配测试中心等重大战略平台建设，布局广东省机械研究所智能装备产业园、新松国际机器人产业园、国际智能园区等一批人工智能产业园，打造区块链、人工智能等关键技术融合发展的数字经济新高地。[①]

此外，广州市其他区域数字经济发展的侧重点不尽相同。

天河区以现代信息服务业为主导产业，是粤港澳大湾区最大的软件业集聚区，吸引了 YY、虎牙直播等企业总部进驻，为创造新增量经济而生。截至 2020 年第三季度，科技类企业超 10 万家，高新技术企业 3 374 家；数字服务类企业近 2 万家，规模以上人工智能企业 18 家，前三季度产值约 29.5 亿元。在 2020 年中国城区高质量发展水平百强榜单中位列第二。

黄埔区重点发展工业机器人、智能装备传感器、先进控制器等产业，聚焦智能装备及机器人制造规模以上企业 70 家，2020 年前三季度人工智能产业产值约 221 亿元，约占全市 37%。新一代信息技术主要集中在新型显示、北斗导航、网络通信等领域，2020 年前三季度产值约 2 301 亿元，占全市同行业的 85%。[②]

越秀区着重布局超高清视频创新产业，其辖区范围内的花果山小镇是中国超高清视频创新产业示范园区的重要组成部分，目前已进驻 50 家 4K/8K＋5G 行业龙头和行业服务机

① 网易号：《黄埔区广州开发区 集成信息技术，开辟产业新路》，https：//www.163.com/dy/article/F946ORP50550037C.html，2020 年 4 月 1 日。
② 大洋网：《新基建催生新场景，广州抢跑数字经济》，https：//gzdaily.dayoo.com/pc/html/2020－12/08/content_868_735914.htm，2020 年 12 月 8 日。

构，将为广州打造全球新型"显示之都"提供生产销售、金融服务、会展论坛、知识产权保护等全方位服务。

番禺区地处粤港澳大湾区地理中心位置，手握"华南智核"——广州大学城和"湾区门户"——广州南站两张"王牌"，不仅是首批"国家智慧城市试点区"，也是广东省大数据综合试验区，现有高新技术企业超 1 800 家，年度营收超 1 500 亿元；此外，番禺区还入驻了智能网联新能源汽车价值产业园，重点发展智能网联汽车产业，建设智能网联系能源汽车制造基地和华南汽车文化中心。

白云区依托白云湖数字科技城为载体，精准布局第三代半导体、无人驾驶汽车、下一代通信技术、类脑智能、激光等离子体五大未来产业，建设粤港澳大湾区未来产业研究院，打造大湾区未来产业培育核心基地；高标准规划建设"一园一城一示范区"等重大平台，形成引领高质量发展的强大动力源。

南沙区作为广州市副中心，积极打造数字新基建典范，聚焦实施信息基础设施、人工智能、智慧城市、工业互联网、智慧充电设施五大专项工程，通过数字新基建与产业创新、融合应用、新消费、市场相结合，推进产业数字化和数字经济产业化。此外，南沙区重点发展航运物流、金融商务、高端制造、科技创新、生命健康五大主导产业，努力打造现代服务业与先进制造业并举的产业体系。

花都区集中力量打造三大先进制造业产业集群，西部依托汽车产业基地，进一步延伸新能源汽车、高端装备制造等产业链条，打造"两千亿级汽车产业集群"；南部依托中电科华南电子信息产业园，培育"千亿级智能电子产业集群"；东部依托国际航空枢纽，强化与市空港经济区联动，加快形成"临空高科技产业集群"。

增城区主要围绕信息技术、新能源汽车和金融科技等方面进行重点布局，助推全市数字经济发展，加速形成三大千亿级产业集群，已吸引维信诺、超视堺、平安科技硅谷等 440 个总投资近 3 000 亿元的优质产业项目并相继落户投产。随着超视堺 8K 项目量产，广州首条全柔 AMOLED 模组生产线投产，康宁玻璃、空气产品电子气体等一批新型显示及上下游配套企业（项目）的生产集聚，为正在努力打造"世界显示之都"的广州加码加力。[①]

荔湾区重点打造白鹅潭沿江总部经济带，多措并举实现产业体系转型升级，实施工业互联网创新发展战略，推进"企业上云"工程，加快传统工业提质增效；与此同时，大力发展现代服务业，积极培育电子商务、直播带货等消费新业态、新模式。

从化区以明珠工业园为核心区域，依托中国电信粤港澳大湾区 5G 云计算中心、粤港澳大湾区生物医药产业创新平台，推动科学技术创新及科技成果转化，同时布局智能家居产业，已形成一定规模的智能家居产业集群。

四、广州市数字经济发展存在的问题

通过近几年的努力，广州市数字经济发展已取得了显著的成效，在数字经济多个细分

---

① 腾讯网：《区势观察：穗产第一块柔性曲面屏幕点亮》，https：//new.qq.com/rain/a/20201220A0C9Q000，2020 年 12 月 20 日。

领域已迈入了"全国第一方阵",处于较高层次和水平。但与北京、上海、杭州等国内数字经济发达的城市相比,广州市在数字技术的自主创新能力、制造业数字化水平、跨界融合型人才方面还存在着一定的差距。

(一)创新驱动能力不足

从专利申请情况来看,2020 年广州专利申请授权量继续保持了增长的态势,全年全市共申请专利 28.2 万件,平均每日申请 772.6 件,每万人发明专利拥有量达 46.6 件,比上一年增加 6.8 件。这一数字与国内先进城市北京(每万人专利拥有专利 155.8 件)、上海(每万人专利拥有专利 60.21 件)相比仍存在较大的差距。

从依托国家重点项目的企业创新活动来看,2019 年国家级重点研发计划仅有两项落户广州,而同处于国内数字经济发展第一梯队的北京和上海,分别拥有 13 项和 10 项国家级重点研发计划。

从数字技术自主创新情况来看,广州市数字化自主可控技术缺乏,存在"缺核少芯"的问题。广州市数字技术创新主要集中于互动娱乐、数字动漫、音乐影视等服务业态,在关键领域的软硬件技术上存在较大的短板,比如支撑工业互联网发展的工业控制与传感、标识解析、工控安全等核心技术与国际先进水平存在差距较大。

从知识产权保护情况来看,广州市对于知识产权保护的力度还有进一步提升的空间。知识产权保护是数字经济创新发展面临的关键问题,良好的知识产权保护制度有利于激发市场主体的创新活力,推动数字经济市场优化发展。但在现实情形中,由于消费者个人意识淡薄、相关法律法规的局限,以及数字形态下产品和服务的独特性,使得现行的知识产权保护体系严重落后于数字经济的发展进程。数字产品的无形专有性与互联网的开放共享性之间存在冲突,使得数字产业化过程中的知识产权保护工作极具复杂性和困难性。

(二)制造业数字化水平有待提升

目前,广州拥有 35 个工业大类,是华南地区工业综合实力最强的城市,具有雄厚的制造业基础。近年来,广州不断推动制造业与数字经济融合,产业结构得到持续的优化升级,但仍存在一些因素制约制造业数字化水平的进一步提升。

首先,行业数据格式缺乏统一标准,兼容性较低。制造业企业的工业设备种类繁多、应用场景较为复杂,针对不同的环境需要不同的工业协议与之相配,而数据格式差距大,缺乏统一的标准,致使数据有效利用率不高。

其次,数据开放与共享水平尚须提高。随着产业数字化转型进程的不断加快,企业对外部数据,比如产业链上下游信息、政府监管信息、公众基础信息等的需求呈日益上升的趋势。数据的可获得性是对数据资源进行有效整合并利用的基础前提,目前,广州市政府等公共部门的数据已经实现较大程度的公开,但在社会数据方面的搜集和应用方面还缺乏详细的规定。

最后,核心关键技术能力不足。关键的工业软件、底层操作系统、半导体芯片、嵌入式处理器等技术领域的研发被国外垄断;国内能够生产的工业传感器与控制产品大多层次较低;控制系统、平台数据采集开发工具等领域的专利多为外围应用类,缺少核心专利。

（三）跨界融合型人才结构性短缺

随着以移动互联、大数据、云计算、人工智能为代表的新一代信息技术与实体经济融合程度的不断加深，相关行业对"高精尖"人才的需求日益增强，但广州地区信息技术人才集聚水平相对较低，艾瑞咨询研究报告显示，广州互联网企业薪酬指数低于北京、上海、杭州，对高层次的互联网行业人才吸引力不足，相关的互联网人才流动数据显示，广州对北京、上海、深圳、杭州都是人才净流出，其中，对深圳的净流出尤为明显，造成广深两城互联网人才流动不均衡。

近年来，广州市虽相继出台产业领军人才"1＋4"政策、"广聚英才计划"等高层次人才引进计划，但总体效果并不十分理想，科研技术人员总体数量较少，专业技术人才缺口较大。电子信息技术、通信、计算机、互联网、电子商务、大数据、人工智能、金融、经济与管理等方面人才紧缺，特别是跨领域、跨学科的复合型人才尤为短缺。既具备大数据分析技术和相关业务知识，又有互联网思维和能对实体经济相关行业痛难点有深刻见解的跨界融合型人才明显不足，创新领军人才、产业高端人才以及跨界融合型人才的结构性短缺很大程度地制约了广州市数字经济的创新发展。

第四节　广州市数字经济发展的机遇与挑战

数字经济是广州市国民经济发展的重要切入点，广州市数字经济发展已经取得明显成效，在迎来诸多机遇的同时也面临不少挑战。

一、广州市数字经济发展面临的机遇

（一）紧抓粤港澳大湾区发展战略契机

2019 年，中共中央、国务院印发的《粤港澳大湾区发展规划纲要》中指出，要将大湾区建设成为具有全球影响力的国际科技创新中心，以创新支撑经济体系和发展模式。广州市是国家综合性门户城市，也处于粤港澳大湾区的核心地带，应该紧紧抓住国家推动建设粤港澳大湾区的历史战略机遇，以更加开放、包容的姿态参与国际竞争与合作。

粤港澳大湾区是我国改革开放的前沿地带，具备雄厚的发展实力、活跃的创新因子、领先的国际化水平，是我国推动形成"双循环"新发展格局的枢纽平台和重要阵地。粤港澳三地在基础研究、科技成果产业化、科技服务等方面各有优势，大湾区融合发展大大降低了要素流动的成本，为粤港澳三地发挥互补优势、协同创新发展提供了良好的制度环境。

粤港澳大湾区内存在两种制度环境、三种经济运行监管模式，在大湾区发展动能转换的重要关口，要发挥数字经济撬动湾区经济健康稳健发展的杠杆作用，现实存在的差异性使得在融合发展过程中存在着不可避免的阻碍，但这也更加凸显出发展数字经济的价值。以移动互联、大数据、云计算为代表的数字技术可以在很大程度上打通区域间人力、资

金、信息流动的通道，实现粤港澳大湾区内市场的互联互通，有利于加快资源流通速度，提高创新活跃度，提升资源配置效率。随着大湾区内商贸经济交流的日益加深，不断涌现的经济新业态、新模式，对数字经济发展提出了更高的要求，对更加智能化、个性化、安全化、便利化的数字产品和服务产生了更多的需求。广州要紧抓粤港澳大湾区建设的战略契机，继续发挥自身优势，精准布局数字经济各细分领域，加快数字经济发展，迎合大湾区建设的发展需求，在助推粤港澳大湾区协同创新发展的同时不断提升自身数字经济发展水平。

（二）数字经济成为"十四五"时期重点发展领域

党的十九届五中全会审议通过了《中共中央关于制定国民经济和社会发展第十四个五年规划和二〇三五远景目标的建议》，强调要加快发展数字经济，推进数字产业化和产业数字化，推动数字经济和实体经济深度融合，打造具有国际竞争力的数字产业集群。广州市数字经济发展水平在国内名列前茅，与北京、上海、深圳、杭州共同处于国内数字经济发展第一梯队，肩负着国家发展的历史重任，同时数字经济也已经成为广州市经济增长中最为活跃的元素。

广州市具备良好的数字经济发展基础，一方面，新基建成绩斐然，5G 基站、智能充电桩、智慧灯杆、高清视频网络应用数全国领先，为产业数字化提供了重要的技术设备保障；另一方面，发达的工业、制造业产业体系为数字产业化提供了夯实的实体经济基础。广州要乘着"十四五"规划中国家重点发展数字经济的东风，继续加快信息基础设施建设，优化营商环境，推进数字人才培育和引进工作；加快高品质创新要素的集聚，重点攻关 5G、大数据、人工智能、工业互联网、区块链等关键核心技术，努力实现关键领域技术突破；推动数字经济与实体经济的融合发展，发挥数字技术对产业结构体系优化升级赋能的引领作用，促进传统产业焕发新活力；积极推进发展现代服务业，借助粤港澳大湾区的建设契机，进一步提高与港澳地区的经贸、科技、文化交流合作的密切程度，实现广州数字经济跨越式发展。

二、广州市数字经济发展面临的挑战

（一）区域竞争的挑战

占领数字技术高地，关键在于人才及高端人才领军的创新型科研机构和核心企业。[①]随着"十四五"规划对数字经济建设构想的逐步落地，大数据、人工智能、区块链等关键核心技术领域人才炙手可热，各城市纷纷加入"抢人大战"，区域间人才竞争激烈，广州也面临着同北京、上海、杭州、深圳等处于数字经济发展第一梯队城市之间的人力资源抢夺。在人才引进方面，北京作为首都，是国家的政治文化中心、国际交往中心，具有良好

---

① 搜狐网：《李礼辉：数字经济面临四大挑战　占领高地关键在人才》，https://www.sohu.com/a/423437298_120000911，2020 年 10 月 9 日。

的基础，上海作为国际金融中心逐渐崛起，新晋一线城市杭州、武汉、成都、重庆也各有政策举措，如何在众多城市中脱颖而出，对"高精尖"人才和技术型企业等市场创新主体形成强大的吸引力，为广州市打造人工智能和数字经济发展高地提供有力的智力保障，为信息时代人才培养提供示范经验，是广州市在下一阶段的发展中需要解决的问题。

（二）生产端数字化转型的挑战

随着数字化、网络化、智能化信息技术的开发和应用，社会分工协作体系正发生巨大变革，供需双方的界限日益模糊，正形成一种由数据驱动、供需一体的新形态的生产关系。"小前端＋大后台"的生产组织方式在当代经济发展中愈加显现其独特的优势，但这对数字技术与生产端的融合程度提出了较高的要求。广州市人口基数大、人口消费能力强，强大的消费需求不断催生着个性化、便捷化购物及支付方式的新变革，使得人工智能、云计算、大数据等技术与消费端的结合发展较快，广州市消费端数字化转型成绩瞩目。相比之下，位于生产端的制造业与数字技术融合的广度和深度还处于较低层次，尚未成熟的线上服务能力与高昂的入网成本使得中小企业数字化转型动力不足，再加上深耕制造业的数字化改造服务商偏少、跨界融合型人才结构性短缺，广州市生产端数字化转型仍面临不小的挑战。

在下一阶段，广州市应加大力度推进物联网、大数据、云计算、人工智能、区块链技术与现有产业更好地结合，加快工业互联网建设，重点培育一批帮助实现工业企业数字化转型的服务型企业，加快企业"上云上平台"进程，不断完善产业数字化生态圈，为实现消费端和生产端数字化转型协同发展继续发力。

第二章　国际数字经济发展的最新进展和经验启示[①]

当今世界，互联网的广泛普及促使数字信息成为重要的生产要素，数字经济日益成为经济发展的新模式，世界正在迎来数字经济时代。中国信息通信研究院数据显示，2019年世界47个主要国家数字经济总规模增长了1.6万亿美元，增至31.8万亿美元，占GDP比重达41.5%。47个主要国家数字经济平均增长速度为5.4%，比同一时期全球生产总值的增长速度提高3.1个百分点。数字经济已成为全球经济的重要组成部分，是全球经济增长的重要引擎。世界主要国家逐渐意识到数字经济对国家经济结构的调整和升级起重要作用，纷纷将发展数字经济提升到国家战略层面，大力推进经济社会数字化发展。2019年，美国数字经济规模位列世界第一，其总规模达到13.10万亿美元，占GDP比重为61.0%；德国数字经济规模为2.44万亿美元，总量位列世界第三，占GDP比重为63.4%，占比位于世界第一；英国的数字经济占GDP比重为62.3%，数字技术部门成为英国最大的经济部门。

与这些数字经济发展先进的国家相比，我国数字经济发展起步较晚，虽然规模较大，增长较快，但在发展过程中出现了大而不强、产业数字化基础薄弱、数据保护和利用不足等问题。从数字经济总量来看，2019年中国数字经济规模为5.2万亿美元，位列全球第二，但是总量不足美国的一半，差距较为明显。而从具体国家数字经济规模占GDP的比重来看，2019年，德国数字经济占比为63.4%，位列世界第一；英国、美国分别位列世界第二和第三，占比分别为62.3%和61.0%，韩国、日本、爱尔兰和法国分别排在第4至第7位，占比超过40%，[②] 而我国数字经济规模占GDP比重为36.2%，相比欧美等发达国家，我国数字经济占GDP的比重较低，数字经济在国民经济中的地位有待进一步提升。

鉴于此，本章重点选取了美国、英国、欧盟、俄罗斯、新加坡5个先进数字经济发展国家和经济体，并对这5个国家和经济体的数字经济发展情况和战略规划进行梳理分析，重点阐述各国数字经济的主要聚焦领域，最后总结各国独具特色的成功经验，为广州市以至我国促进数字经济发展提供可借鉴和效仿的有益做法，加速数字经济发展。

---

① 本章由暨南大学产业经济研究院赖静谊执笔。

② 中国信息通信研究院：《全球数字经济新图景（2020年）——大变局下的可持续发展新动能》，http://www.caict.ac.cn/kxyj/qwfb/bps/202010/t20201014_359826.htm，2020年10月14日。

第一节 美国——数字经济实践的先驱者

美国最早意识到数字经济带来的重大机遇，并展开全方位布局，其早在 20 世纪末就开始实施"信息高速公路"战略，逐渐布局数字经济。随后，美国每年启动与网络和信息技术相关的系列专项研究，为网络安全、人机互动、高端技术、人工智能等领域的基础研究及试验发展提供了系统且稳定的支持，同时在数字技术研发应用、数字金融、数字贸易、数字政务等领域进行战略部署，将发展数字经济视为保持全球地位和实现经济繁荣的关键，牢牢控制数字经济发展的主导权。

一、美国数字经济发展的概况

（一）基本情况

数字经济是美国经济的重要引擎，1998 年至 2017 年间，美国的数字经济年均复合增长率为 9.9%，同一时期，美国经济的年均增速只有 2.3%，数字经济的年均增速是整体经济的 4 倍以上。[①] 从总量规模和占比来看，近年来，数字经济也在美国得到快速的发展，由图 2-1 可见，2016 年，美国数字经济的规模突破 10 万亿美元，此后逐年增长，到 2019 年数字经济规模达 13.1 万亿美元，稳居全球榜首。2019 年美国的数字经济规模比位列第二位的中国还多一倍以上，规模十分庞大。从规模占比上看，2016 年美国的数字经济规模占地区生产总值的比重就已经超过了 50%，此后逐年增长，2019 年，规模占比达到了 61.00%，数字经济正在成为美国经济的重要组成部分，发挥着重要作用。

（万亿美元）

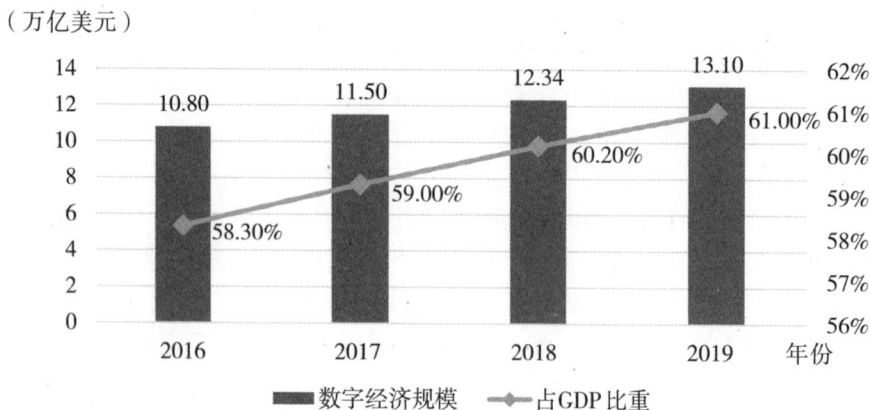

图 2-1 2016—2019 年美国数字经济规模及占 GDP 比重情况

资料来源：中国信息通信研究院。

[①] 上海社会科学院：《全球数字经济竞争力发展报告（2019）》，https://www.pishu.com.cn/skwx_ps/bookDetail?SiteID=14&ID=11375263#，2019 年 12 月 11 日。

美国一直致力于将数字经济渗透到各个领域，在产业价值链各个环节中贯穿先进的互联网技术，极大地发挥了数字经济的带动作用。在美国的三大产业中，第三产业的数字经济渗透率最高，其次为第二产业，最后为第一产业。商业服务、金融服务、社会保障和公共管理、研发等行业的数字经济增长迅速，推动整体服务业数字经济占比高，美国服务业数字经济占比约为 1/2；机械设备制造、电子制造、采矿等行业数字经济较为发达，推动美国工业数字经济占比较高，美国工业数字经济占比约为 1/3。相比之下，美国农业数字经济占比约为 1/10，远低于第二产业和第三产业的数字经济占比。

（二）美国数字经济发展战略举措

美国最早察觉数字经济的出现，之后便不断在数字经济上持续发力和布局。自 20 世纪 90 年代以来，美国研究并出台一系列相关战略规划，进一步完善发展数字经济的顶层设计和制度安排。

美国"信息高速公路"在 1993 年便被提上议程，顾名思义，"信息高速公路"旨在加强美国信息基础设施的建设，为数字经济的发展奠定坚实的基础。美国商务部是美国数字经济的主要推动者，发布了《数字经济》等多份高价值报告，同时还成立了数字经济咨询委员会，专门邀请专家学者为推动数字经济发展献计献策。美国商务部出台的多项关于数字经济的报告和政策文件（见表 2-1），这些报告和政策文件对萌芽中的数字经济进行了深入的探讨和研究，为美国最先发展数字经济、引领数字技术发展潮流起重要推动作用。同时这些报告和政策文件也普及了数字经济的概念和内涵，在世界范围内引起了巨大的反响。

表 2-1　美国商务部出台的相关报告和政策文件

序号	时间	名称
1	1998 年	《浮现中的数字经济》
2	1999 年	《浮现中的数字经济（二）》
3	2000 年	《数字经济 2000》
4	2002 年	《数字经济 2002》
5	2003 年	《数字经济 2003》
6	2010 年 2 月	《数字国家：21 世纪美国通用互联网宽带接入进展》
7	2010 年 11 月	《探索数字国家：美国家庭宽带互联网应用》
8	2011 年 2 月	《数字国家：扩大互联网使用》
9	2011 年 11 月	《探索数字国家：计算机和互联网家庭应用》
10	2013 年 6 月	《探索数字国家：美国新兴在线体验》
11	2014 年 10 月	《探索数字国家：拥抱移动互联网》
12	2016 年 6 月	《在数字经济中实现增长与创新》
13	2018 年 3 月	《数字经济的定义与衡量》

资料来源：腾讯研究院。

此外，美国还在云计算、大数据等细分领域出台了若干政策，全方位布局数字经济。如2011年通过的《联邦云计算战略》，旨在推广采用云技术，提高服务灵活性和可扩展性；2012年出台的《大数据的研究和发展计划》，通过加大对大数据技术的支持与投资，提高公众从大规模数据中提取有效信息的能力，增强创新能力，推进经济发展；2018年6月出台的《数据科学战略计划》，旨在生物医学方面加强虚拟现实、人工智能、5G等关键数字技术的应用；2018年10月出台的《美国先进制造业领导力战略》，旨在打造未来智能制造系统，将大数据分析、先进工业机器人、云计算、人工智能等新一代技术应用于制造活动中，促进制造业数字化转型。

二、美国数字经济发展的主要聚焦方面

（一）数字基础设施

投资新型基础设施建设是拉动经济增长的重要手段，美国在这一方面的投入一直持续稳定，并积极推进相关战略部署。2009年至今，美国制定了多项政策战略加强对数字基础设施的建设（见表2-2），包括加大对新型基础设施的投资，提高新一代科学技术水平等。

表2-2　美国数字基础设施建设的主要战略部署

序号	时间	战略	关于数字基础设施的部署
1	2009年2月	《美国复苏与再投资法案》	高铁生产装备、医疗卫生设备、宽带网络、智能电网、化石燃料生产装备等
2	2010年	《网络与信息技术研发计划》	推动美国在计算、信息、网络三个主要领域的能力
3	2012年3月	《大数据的研究和发展计划》	宣布投入2亿美元提高从大量数字数据实现访问、组织、收集、发现信息的技术水平
4	2013年7月	《美国国家空间数据基础设施战略规划草案（2014—2016年）》	国家地理空间数据库、云计算、新移动地理空间传感器平台等
5	2016年5月	《联邦大数据研发战略计划》	加强科研网络基础设施建设，包括芯片、高性能计算、云计算等，数据集本身、通用计算工具、标准制定等
6	2017年5月	《增强联邦政府网络与关键型基础设施网络安全》	电力传输线、铁路桥、网络、关键技术专利、能源技术、关键材料技术等
7	2018年2月	《美国重建基础设施立法纲要》	重点投资现代交通、新能源、5G通信基站、智能电网、宽带网络、大数据等领域，注重对成熟技术的应用和推广

资料来源：任志宽、韩莉娜、李妍：《美国近年来推进新基建发展的布局及启示》，《广东科技》，2020年第9期。

美国在新型基础设施建设领域的战略部署可以简要概括为五个方面的重要举措：一是重视"新基建"的研发试验，加大研发投入，2018 年出台的《美国重建基础设施立法纲要》投入了 200 亿元重点支持新轨道运输技术、自动驾驶技术和车辆、无人机、模块化基础设施技术等领域的研发创新；二是将基础研究视为美国推进基础设施建设的重要支撑，持续投入资金开展基础研究，重点资助和促进关键核心技术的研发，旨在抢占科技战略的制高点；三是切实加强关键新型基础设施技术的自主可控性，层层监控涉外投资关键新型基础设施项目，多措施保障关键新型基础设施技术安全；四是高度重视科研基础设施的建设，支持用于科学研究、基础设施等的实验室大型仪器设备购置和更新；五是积极引导民营企业参与新型基础设施建设，实现融资主体和融资渠道的多元化，促进新型基础设施投资和建设效率的提高。

（二）数字金融

美国的数字技术和金融市场都比较成熟，因此在数字金融领域起步较早、较高，全球大部分数字金融模式的原型都可以在美国找到。

在数字支付方面，美国催生了全球第一家第三方支付公司，发展至今，数字支付普及率接近 80%，已经形成了以 PayPal、Apple Pay 为主流支付方式的市场格局。其中，PayPal 稳居美国市场之首，占美国市场近 80% 的份额。

在数字货币方面，注册地在美国的数字货币交易所占全球交易所数量的四分之一左右，大部分数字货币交易商都集聚在美国，这使得美国成为世界上数字货币发展的主要市场之一。美国数字货币市场目前发展更为完善，不仅建立了数字货币交易市场、期货市场，还上线了衡量数字货币价格的 BTC、ETH 指数。美国在利用数字货币开展跨境支付方面的研究和运用也取得了很多成果，诞生了全球首个开放性支付网络——Ripple，目前，已有 27 个国家可通过 Ripple 进行跨区域实时全球支付。

在互联网银行和数字银行方面，全球第一家纯互联网银行在美国诞生，标志着美国互联网银行的开端。虽然经过多年的发展，互联网银行的市场份额依然较低，但是其存贷款的增长速度却高于整个银行业的平均水平，未来发展潜力较大。同时，纯数字银行（Neobank）也在慢慢兴起，他们投入大量资金支持金融科技技术的研发和应用，促进科技与金融的融合，探索金融创新业务，为消费者提供多元创新服务，获得了消费者的青睐和支持。

（三）数字贸易

从"典型法案""全球电子商务框架"再到"电子签名法案"等，美国政府为数字贸易的发展构造了良好的制度和法律保障体系。这些法案法规推动了美国数字经济的快速发展，为美国实现数字贸易健康有序发展保驾护航。同时，美国实力雄厚的信息产业也为其发展数字贸易提供了便利的土壤，大多数传统贸易开始与先进发达的信息技术融合，推动美国经济繁荣发展。

近年来，随着数字贸易在全球贸易中的占比不断上升，美国开始主导推动全球数字贸易一体化下的数字贸易自由化的发展，包括界定数字贸易的内涵和阻碍美国进入国际市场的数字贸易壁垒，为今后数字贸易体系构建奠定基础。同时，美国还以法律的形式明确规定数字贸易谈判的规则，并对数字贸易相对于传统贸易的非歧视性原则、自由化原则目标作出了相关规定。此外，美国还致力于推动数字贸易自由化，一方面成立专门部门对各国制定的数字贸易壁垒进行持续跟踪，分析数字贸易壁垒对美国企业所造成的影响；另一方面在国际合作中积极推进全球数字贸易的自由化进程，包括在美韩自由贸易协作以及WTO、TISA、TTIP等双边协议和G20等国际合作交流中提倡开放数字贸易市场，推动数字贸易自由化。美国在积极推动数字贸易自由化的同时也在抢先制定在美国领导下的国际数字贸易规则体系，通过进一步加强数字贸易的资源配置作用来扩大美国在传统贸易时代的优势，强化美国在数字贸易领域的绝对主导权。

（四）数字政务

美国很早就开始了对数字政务的探索，并且发展迅速，目前已经累积了许多先进的经验。美国数字政务建设经历了克林顿政府、小布什政府、奥巴马政府和特朗普政府四个时期。克林顿政府时期是美国数字政务建设的开端，主要通过建设国家信息基础设施推动美国社会信息化和电子政务的发展，克服政府政务在公共管理和服务上的弊端。小布什政府强调电子政务要更关注民众的需求，以达到惠民的目的，同时缩减行政成本，提高政务运行效率和有效性。奥巴马政府强调政务信息的公开，通过应用数字化技术，推动公平、透明、开放的数字政府建设。特朗普政府通过《政府技术现代化法案》改善公众与政府的数字互动体验，提高公众对政府的看法和评价。

经过近40年的发展，凭借先进的技术创新和持续的制度改革，美国持续推进政府数字化转型，目前在人工智能、新兴信息技术和物联网驱动数字政府发展等诸多方面居全球领先地位。与此同时，美国数字政务治理建设在各类国际评估报告排位中名列前茅：《2018联合国电子政务调查报告》显示美国电子政务指数在美洲各国中排名第一，2018年《第14届（2018）国际数字政府排名评价报告》显示美国在亚太经合组织数字政府评估中排名第二。

（五）数字经济产业和企业

美国数字经济规模多年来一直位列全球第一的重要原因之一是其拥有完整的产业链，并且牢牢控制了产业链的核心环节。美国几乎垄断了数字经济的核心——芯片和操作系统。英特尔和英伟达分别在台式机市场和移动端市场中占绝对垄断地位，一旦这两家公司停止供应芯片，几乎全球的数字经济都要陷入瘫痪。对于操作系统而言，无论是台式机还是移动端都由美国的企业占据大部分市场：微软在台式机市场中一枝独秀，拥有至少90%的份额；谷歌的Android系统和苹果的iOS系统则在移动端市场中两分天下；在网络搜索领域，谷歌占据绝对垄断地位；在电子商务领域，亚马逊是全球最大的电子商务平台；在网络社交方面，脸书是全球最大的社交网络。

美国拥有众多实力强劲的数字经济企业（见表 2-3）。根据 CB Insights 的数据，2020年9月美国和中国拥有独角兽企业的数量分别居世界第一和第二，美国占 48%，中国占24.7%。此外，在全球上市的互联网企业市值排名前10位的企业中有8家是美国企业，其总市值达到了21 303.73亿美元，占当年美国 GDP 的 10.40%。[①]

表 2-3　美国主要数字经济公司

公司	行业	市值（亿美元）	全球地位
微软	云和操作系统	19 000	全球第二大云服务商
苹果	智能手机	21 900	全球利润最高的数字经济公司
亚马逊	云和电子商务	17 500	全球最大云服务商
谷歌	网络搜索	16 700	全球最大的网络搜索引擎
脸书	线上社交工具	9 217.53	全球最大线上社交工具
英特尔	CPU	2 323.06	全球最大的电脑芯片生产商
思科	网络设备	2 149.31	全球第二大网络设备生产商
甲骨文	企业级软件公司	2 185.43	全球最大的企业级软件公司
SAP	企业级软件公司	1 650.70	全球第二大企业级软件公司
赛富时	云计算	2 124.09	全球最大的客户管理软件公司
奈飞	线上影音	2 276.24	全球最大的线上影片租赁提供商
IBM	云计算和大数据	1 267.73	全球 IT 巨头
NVIDIA	GPU	3 736.67	全球最大的人工智能芯片生产商
高通	无线通信	1 565.66	全球领先的无限通信技术提供商
特拉斯	电动汽车	6 834.25	全球市值最高的电动汽车生产商
YouTube	视频制作、分享		全球知名视频分享社交平台

资料来源：笔者整理。

三、美国数字经济发展经验借鉴及启示

美国作为数字经济实践的先驱者，在推动数字经济发展中提出了许多极具前瞻性和示范性的举措，对我国发展数字经济有着重大的启示意义。

[①] 中国信息通信研究院：《中国互联网行业发展态势暨景气指数报告（2019）》，2019 年 7 月 13 日。

（一）发挥政府在发展数字经济中的领航鲸作用，做好顶层设计、全面统筹工作

美国数字经济发展时间较长，每一次重要发展阶段都离不开政府的长远规划和统筹。如最早提出的"信息高速公路"计划，大力推动了美国信息基础设施的建设，为美国数字经济蓬勃发展提供了基础支撑；21世纪初实行国家宽带计划，推动了美国无线宽带革命，全面提升民用网络质量和商业无线网络质量，进一步缩小了区域数字鸿沟。此外，不仅美国政府部门会依据当前的发展环境出台重要的发展战略，美国社会研究机构也十分重视数字经济的发展，并经常发布相关研究报告，为政府提供可供参考的决策建议。

（二）重视信息基础设施的建设

美国实现由工业性经济向数字经济转变的一个重要原因是其很早便认识到了数字化信息技术的重要性，并且不断加强信息基础设施建设。从建设"国家信息基础设施"到建设"全球信息基础设施"，美国为数字经济发展打造了过硬的基础保障。只有具备完善的信息基础设施，才能更好地收集、分析、优化信息资源，强化信息资源融合，更好地使美国走向信息化、网络化和数字化。

（三）加强对数字经济底层技术的研究

美国十分注重有关数字经济底层技术的研究，主张牢牢把握数字经济底层技术，加强数字经济底层技术的自主可控性。因为数字经济底层技术是数字经济的核心，在数字经济中扮演着重要角色，是后续衍生应用的重要根基。

目前我国数字经济发展迅速，主要是借助了网民数量众多的优势，但我国数字经济的底层核心技术与标准都是从美国借鉴发展而来的，依赖性较强。当前，中美贸易摩擦频频发生，为了避免美国在数字经济方面对我国实行技术封锁，我们必须加强在数字经济底层技术方面的研究，积极推动落实国家关于发展区块链、人工智能、5G等技术的战略部署，务必在重点领域和关键技术上实现突破，抢占先机。

（四）建立健全完善的资本市场体系

美国数字经济规模位列全球首位，与欧洲、日本等地区或国家差距逐渐拉大，其中原因之一便是欧洲、日本等地区或国家缺乏哺育数字信息化产业和产品创新的巨额风险基金及健全的资本市场体系。完善的资本市场体系是美国数字经济迅速发展的重要原因之一。

我国的金融市场和金融体制建设相对滞后，无法为经济数字化提供更多充足动力，鉴于此，我国应加快资本市场改革的步伐，将资本市场改革作为金融体制改革的重要抓手，进一步深化金融体制改革，为数字经济主体的创新创业创造良好的资本条件和资本环境。

第二节　英国——打造世界一流的数字经济

英国紧紧抓住数字革命的浪潮，先后公布多项与数字经济相关的战略，积极打造世界一流的数字经济，致力于成为"世界数字之都"。英国十分重视有关数字科技方面的研发，每年在数字科技研发投入约 13 亿英镑，争取占据数字科技的领先地位。巨大的研发投入使英国成了欧洲数字经济的排头雁以及欧洲的数字之都。

一、英国数字经济发展的概况

（一）基本情况

英国一直将数据视为知识经济和创新经济的命脉，特别是 2008 年美国次贷危机爆发后，英国经济受到严重的影响，更是将数据作为新的增长点，大力发展数字经济以复苏英国经济。英国科技促进组织发布的相关报告称 2017 年英国的数字技术部门表现十分亮眼，创造了约 2 472 亿美元的经济价值，成为推动英国经济增长的主要动力来源。2018 年英国的数字经济规模为 1.43 万亿美元，数字经济部门超越发电、制造业等传统工业，成为英国最大的经济产业。英国的数字经济主要由互联网、媒体、音乐、电影、广告等增长迅速的创意产业组成，其整体增长速度是 GDP 增长速度的三倍。2019 年，英国的数字经济规模超过 1.5 万亿美元，位列全球第五。而从 GDP 占比来看，英国数字经济占 GDP 比重为62.3%，位列全球第二，数字经济在英国经济发展中占重要地位。此外，英国大力支持新技术的发展，大力投入资金研发、创新高技术。2018 年，英国投资超 63 亿英镑作为高技术风险资本，投资额为欧洲之最。

与此同时，英国数字经济产业的聚集效应逐渐凸显。伦敦打造了良好的科技创业生态系统，英特尔、谷歌、脸书等科技巨头汇聚在此，同时也不乏 TransferWise、Shazam、Wonga 等科技新贵。伯明翰、曼切斯特等地也集聚了大量数字产业和数字企业，充分带动人才、技术、资本等要素的全面集聚。邓迪、康沃尔和南安普敦等地开始出现新兴产业集群，数字经济全面渗透其他各个领域，数字教育、数字金融、数字健康等新业态不断涌现，并走在世界前列。

（二）英国数字经济发展战略举措

英国政府最早在国际金融危机中嗅到数字经济的先机，2009 年 6 月便部署了"数字英国"战略，同年 8 月公布了《数字英国实施计划》，该计划要求加大对基础设施的投资，完善信息基础设施建设，推动"数字入户"计划，提高数字网络的使用率、民众数字应用能力，提供更好的个人数据保护，以此帮助英国加速从经济危机中复苏。

随后，为确保"数字英国"战略的有序开展，加速推动数字经济转型，英国政府出台了多项改革措施（见表 2 - 4），还通过立法予以支持和保障：2010 年，出台《数字经济法》，加强了对公民数字世界的保护；2015 年，通过《2015—2018 年数字经济战略》，目

的是加强数字经济对经济社会的驱动力；2016 年，颁布《国家网络安全战略》，旨在 2021
年前建立安全的数字经济体系；2017 年 3 月，在脱欧关键之际，英国通过《英国数字战
略》，再次坚定了发展数字经济的决心，致力于将数字技术部门的经济贡献值在 2025 年前
提高到 2 000 亿英镑。

2020 年全球新冠肺炎疫情肆虐，为了加速英国经济从疫情中复苏，英国政府发布了
《国家数据战略》，支持数字经济的发展。《国家数据战略》设定了释放经济中的数据价
值、制定促进增长和可信的数据体制、转变政府对数据的使用、确保数据所依赖的基本框
架安全、倡导国际数据流动五个方面的任务。《国家数据战略》提出的目标主要在于创新
数据使用，推动经济增长，改善公共服务，推动英国走在数据创新的前列。

表 2 - 4　21 世纪以来英国的主要数字战略

序号	时间	战略名称	发布部门
1	2009 年 6 月	《数字英国》	商业创新和技能部（BIS） 数字、文化、媒体和体育部（DCMS）
2	2010 年 4 月	《数字经济法（2010）》	英国议会
3	2013 年 6 月	《信息经济战略》	英国政府
4	2015 年 2 月	《数字经济战略（2015—2018）》	创新英国（Innovate UK）
5	2017 年 3 月	《英国数字战略》	数字、文化、媒体和体育部（DCMS）
6	2017 年 4 月	《数字经济法（2017）》	王室
7	2017 年 10 月	《数字技能合作伙伴》	数字、文化、媒体和体育部（DCMS）
8	2018 年 1 月	《数字宪章》	数字、文化、媒体和体育部（DCMS）
9	2018 年 1 月	《DFID 数字战略 2018—2020： 在数字世界中保持发展》	国际发展部（DFID）
10	2020 年 9 月	《国家数据战略》	数字、文化、媒体和体育部（DCMS）

资料来源：腾讯研究院。

二、英国数字经济发展的主要聚焦方面

（一）数字基础设施

英国历来重视数字基础设施的建设，特别是信息通信技术（Information and Communi-
cations Technology，ICT）基础设施的建设。英国是全球 ICT 基础设施建设的领头羊之一，
伦敦的 ICT 基础设施建设尤其完善，众多欧洲电信企业都愿意在伦敦设立实体公司。此
外，英国的宽带普及程度高，艾媒咨询数据显示（见图 2 - 2），2007 年英国的宽带普及率
仅为 52%，到了 2019 年英国宽带普及率高达 82%，年均增长率为 3.87%，增长迅速，且
处于较高水平，有助于英国社会实现现代化和信息化。

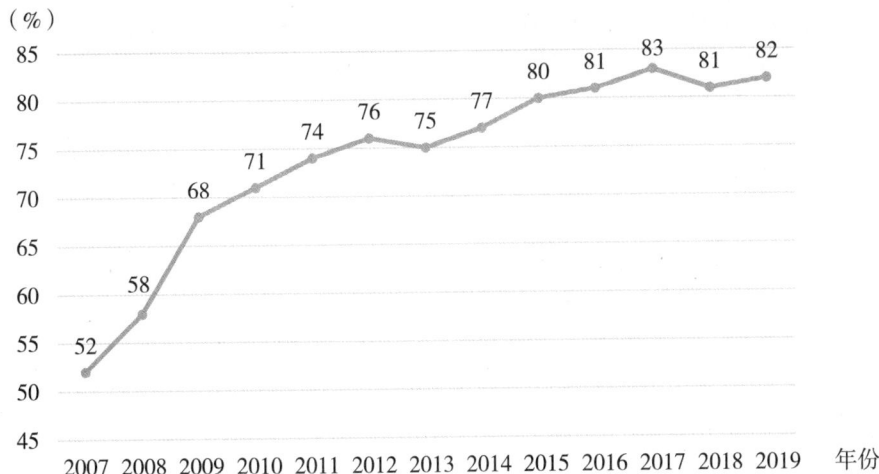

图 2 - 2　2007—2019 年英国宽带普及率

资料来源：艾媒数据中心。

英国的无线网络发达，一方面是公共 WiFi 热点众多，另一方面是全球微波互联接入（WiMAX）新技术提高了网络覆盖范围和上网速度，提升了无线连接能力。同时英国的安全服务器数量庞大，服务能力强，根据世界银行的数据，2019 年全球安全互联网服务器 Top15 中，英国的互联网服务器为 240 万个，排名第三，仅次于美国和德国。而在 2019 年，几乎 87% 的英国家庭都接入了互联网，82% 的英国人连接家庭宽带上网，70% 的英国人通过 4G 移动服务上网。[①]

目前英国政府仍不遗余力地加强数字基础设施建设，一方面创造条件，鼓励对数字基础设施进行投资，鼓励运营商利用更低成本和更少时间构建和发展数字基础设施；另一方面鼓励社区与运营商合作打造社区数字基础设施，重点在于创造更好的网络连接基础，包括提高宽带和 4G 网络覆盖率，同时加强全光纤和 5G 等未来网络的建设。

（二）数字金融

英国的数字金融发展态势良好。2018 年，英国数字金融科技企业表现十分出彩，其获得的股权融资数量占融资总量的 10%，自 2011 年起，已经连续七年实现爆发式增长。此外，位于伦敦的相关数字经济企业能获得较多的欧洲数字金融科技风投基金的投资，约有 39% 的资金涌入伦敦，该占比远超柏林、巴黎等欧洲主要经济体。毕马威英国公司撰写的《2018 年金融科技报告》称，2018 年，全球十大数字金融科技交易中的三笔发生在英国，仅以一笔之差次于美国。而欧洲十大数字金融科技交易中的一半发生在英国，交易量稳居欧洲首位。2019 年，英国数字金融科技公司吸引了约 485 亿美元的投资，同比增长高达 91%，具有极强的成长性。据媒体 City A. M. 的报道，众多发展迅速的金融科技公司在伦

[①]　英国通信办公室：《2019 年英国网络行为调查报告》，https：//baijiahao. baidu. com/s？id＝1637778274416482317&wfr＝spider&for＝pc，2019 年 5 月 30 日。

敦集聚，使其逐渐成为国际数字金融科技中心，可媲美美国硅谷。全球仅有 29 家数字金融科技公司市值超过 10 亿美元，美国拥有 9 家，而英国拥有 7 家。与此同时，英国数字金融科技公司实力不断增强，备受青睐，频频获得大额融资。2019 年 2 月，成立于 2015 年的 OakNorth 获得了软银集团和 Clermont 共 4.4 亿美元的融资，仅用四年的时间其市值就达到 28 亿美元。2019 年 6 月，Monzo 获得美国企业 Y Combinator 领投 1.51 亿美元，不到四年，公司的估值就超过了 25 亿美元。

英国在数字金融领域走在世界前列，主要因其拥有人才、技术、法规和市场的优势。英国政府报告显示，2019 年，英国的数字金融领域的从业者约为 7.7 万人，2030 年该领域从业者将增加约 10.6 万人。同时，英国拥有数字金融科技公司超 1 600 家，而且据估计 2030 年英国的数字金融科技公司数量将至少会是 2019 年的两倍。此外，全球平均数字金融科技采用率为 33%，而英国的采用率高达 42%，比全球平均值高 9 个百分点。[①] 规范且灵活的监管措施、优质的服务和保护是英国数字金融发达的重要原因之一。同时英国十分注重金融监管创新，在 2015 年通过"监管沙盒"政策，给数字金融企业一个安全空间，允许企业对其创新型金融科技产品进行相关测试，使监管机构和企业能够充分了解和评估其创新产品，确保新产品在进入市场之前稳健而安全，降低以前刚推出市场遇到问题就马上被监管约束的风险。

（三）数字贸易

英国具有很强的数字贸易能力，《世界与中国数字贸易发展蓝皮书（2018）》显示（见表 2 - 5），英国的数字贸易综合能力排名全球第 3 位，仅次于美国和德国，且与德国的综合得分相差不大。同年，英国成为欧洲最大的 B2C 电子商务市场，营业额达 1 780 亿欧元。

表 2 - 5　数字贸易综合能力前十位国家情况

排名	国家	综合得分	发展环境得分	市场潜力得分
1	美国	2.694	- 0.220	7.960
2	德国	1.567	1.360	1.940
3	英国	1.432	1.664	1.012
4	日本	1.378	1.087	1.904
5	中国	1.293	- 0.778	5.054
6	荷兰	1.224	1.720	0.330
7	瑞士	1.212	1.894	- 0.022
8	加拿大	1.197	1.531	0.592
9	瑞典	1.081	1.777	- 0.176
10	韩国	1.070	1.418	0.441

资料来源：《世界与中国数字贸易发展蓝皮书（2018）》。

---

① 证券日报网：《英国大力发展金融科技》，http：//www.zqrb.cn/finance/hongguanjingji/2019 - 08 - 10/A156538 9944787.html，2019 年 8 月 10 日。

同时，英国各领域十分关注本国数字贸易的发展。2020年1月，英国科技协会（te-chUK）通过大量调查研究，撰写《英国数字贸易政策远景》，建议英国以自由的思维制定新的数字贸易政策，防止全球数字市场破碎化，强烈反对数据本地化和强制传输源代码作为进入市场的筹码。2020年6月，在多方推动下，英国政府公布了新的未来科技贸易战略，该战略提倡数字自由贸易，允许英国和亚太国家之间的数据自由流动，进一步优化了英国数字贸易发展的环境。

（四）数字政务

英国在数字政务方面的发展处于全球领先地位，其数字政务建设水平较高，近年来排名一直稳居联合国颁布的《联合国电子政务调查报告》前列。英国从政府网站建设到数字政府建设，取得了显著的成效，数字政务经历了从PC时代到移动互联网时代。在这个过程中，英国政府制定的战略、规划和方案具有极大的参考意义。2012年，英国政府出台《政府数字化战略》，旨在加强政府服务在线能力；同年10月，英国开始缩减在线政府网站，将2 000多个政府网站"瘦身"为一个政府网站（UK. gov）；2014年，通过《政府数字包容战略》；2015年，开启"数字政府即平台"计划；2017年，公布《政府转型战略（2017—2020）》；2019年，颁布最新版《数字服务标准》。经过多年的不懈努力，英国数字政务正在从"服务数字化"向"数字服务化"转变。

2019年英国颁布的《数字服务标准》从多方面提升了英国数字政府建设水平，具有高度的可研究性。一方面新标准要求通过服务的实践而不是通过收集数据、制定业绩标准等来考核服务的质量，这一要求的背后是从信息到服务的用户需求转移。另一方面新标准进一步体现了英国数字政务的普惠性、稳定性和可复制性，旨在打造成功的数字政务服务模板。

（五）数字创新

英国是全球创新能力最强的国家之一，伦敦的舒尔迪奇科技城被称为英国的"硅谷"，是全球第三大技术企业集聚地，众多的初创科技企业在此集聚，平均每平方公里拥有3 000家。英国的基础研究条件十分有利，占全球人数1%的英国人口发表的论文占全球科研文章总数的6%，而其中被引用次数最多的论文占全球的14%；英国诺贝尔奖获奖人数居全球第二，共获得90多项诺贝尔奖。在高等教育方面，英国也实力雄厚，世界排名前十的学校中，英国就占了4席。

英国一直将创新视为推动经济增长的重要手段，积极投入大量资金推动数字技术研发和落地。2020年，英国发布预算计划显示，英国打算将研发资金增加15%，这是过去几年里研发资金最大的年度增长量。未来，英国将持续增加对研发资金的投入，计划到2024—2025年研发资金至少翻番，达到220亿英镑。如此一来，英国投入的研发资金将占到GDP的0.8%，超过美国、法国和日本等发达国家。

英国政府所营造的良好创新环境也吸引了国际资金和企业，大量国际公司将其欧洲总部设在英国。同时，英国也吸引了大量的海外研发资金，这些资金无论是占生产总值的比例还是占研发总投入的比例均处于较高水平。目前英国已成为世界第二大风险资本市场，仅次于美国。

三、英国数字经济发展经验借鉴及启示

虽然英国的数字经济总体规模不及中国，但是其在数字经济领域方面的技术创新和应用领先世界，在推进经济数字化转型进程中推出了诸多极具示范性与拓荒式的举措，对中国数字经济发展有一定的借鉴意义和启示作用。

（一）不断完善和强化数字经济战略，加强宏观调控的有效性

英国政府在 2008 年国际金融危机、2017 年脱欧、2020 年新冠肺炎疫情肆虐之际都毫不犹豫地选择了数字经济，其目的在于依托数字经济发展复苏英国经济。因此英国政府在数字经济领域部署多项战略，并且不断深化和加强，为数字经济的发展创造有利的政策法律环境，鼓励对数字经济基础设施的建设和完善。危机感使得英国政府时刻关注政府对数字经济的有效调控和引导，确保数字经济健康稳定的发展。

我国数字经济规模庞大主要得益于网民众多，因此不能轻易陶醉于现有的成绩，要保持紧迫感和危机感，充分发挥政府推动数字经济发展的主观能动性，进一步加强政府的宏观调控和有效引导，研究制定行之有效的法规和战略，创造公平公正的市场环境和法律环境，鼓励创新，充分调动人才、资金、数据等重要生产要素，强化我国数字科技的基础设施和基础科研建设。

（二）鼓励创新，积极探索新技术应用创新

英国是全球数字技术创新的佼佼者，一直以来十分重视先进科学技术特别是以云计算、物联网为代表的新一代信息技术的创新。英国政府一方面致力于为企业创造富有浓厚创新氛围的环境，创新金融监管，推动数字贸易自由化；另一方面加大高素质人才培养力度，因为人才是掌握技术、落实新技术应用的关键。

目前我国的数字经济发展依然以消费者拉动为主，企业的数字技术依然处在落后地位，更多的是对发达经济体数字商业模式的模仿和借鉴，以后推动数字经济高质量增长很可能会受制于人。我国应大力支持创新，充分利用我国数字经济发展的消费应用场景广阔的优势，加强新技术在应用创新方面的探索。

（三）大力缩减数字鸿沟，致力于为每个人提供所需的数字化技能

英国的目标是成为世界一流的数字经济体，让全英人民享受到数字经济带来的红利，因此每个公民都应融入现代数字社会中，达成这个目标的关键是提高每个人的数字技能和数字素养。英国政府通过与工业企业合作、支持计算机编程课程纳入中小学必修课程、鼓励女性进入数字领域、促进数字劳动力多元化等措施缩减人与人、阶层与阶层之间的数字鸿沟，促进数字经济的可持续发展。

目前我国数字鸿沟在不同行业、不同年龄、不同地域中越发凸显，让数字经济发展的红利惠及每个人也符合我国社会主义现代化建设要求。我国大力发展数字经济不能忽视数字鸿沟的存在，应正视数字鸿沟，推动数字教育和数字培训，让每个人具备一定的数字能力。

第三节 欧盟——建立数字单一市场

近年来，欧洲各国将数字经济视为推动经济发展的命脉，相继出台多项数字经济战略。欧盟也十分重视数字经济的发展，2015 年欧盟委员会发布《数字单一市场战略》，明确提出建立数字单一市场，这也是欧盟发展数字经济与其他国家最大的不同点——要兼顾区域内不同国家数字经济发展的情况，大力破除地区内成员国间的数字壁垒，推动数字化单一市场建立。欧盟委员会发布的《2019 年数字经济与社会指数（DESI）》报告指出，4 年间，区域内各成员国根据数字化单一市场战略制定了一体化的目标，并通过切实的投资计划，取得了较为显著的成效。

一、欧盟数字经济发展的概况

当前，欧盟的数字经济发展喜人，信息通信技术正在成为推动欧盟经济发展的主要因素，数字经济规模逐年增长，在国民经济中的比重日益提升。2019 年，德国数字经济规模达 2.43 万亿美元，位列全球第三；法国数字经济规模达 1.17 万亿美元，位列全球第六，排名均靠前。[①] 但是，欧盟区域内各成员国之间的数字经济发展是不平衡的，德国、法国、意大利等国家的数字经济规模较为庞大，数字化程度较高，数字经济发展处在领先地位，而大部分成员国的数字经济发展较为落后，现有的通信设备老化情况较为严重，5G 网络和光纤网络建设缓慢。

除了内部数字经济发展不平衡外，欧盟数字经济发展整体稍落后于中国、美国等国家，其自身的表现也差强人意。世界银行相关数据显示，2019 年，欧盟地区生产总值约占世界生产总值的 15.8%，但是归属欧盟的数字企业占世界数字企业总市值不足 4%。此外，2018 年，全球人工智能初创企业百强名单中，欧盟只有 4 家企业上榜。欧盟在推动数字经济产业发展方面确实稍有逊色，一方面欧盟努力发展数字产业和产业数字化，但另一方面欧盟又十分看重个人数据隐私、信息安全、数据垄断、数据使用伦理建设等方面，以至于形成了数字监管与规划领域超过数字产业发展的特殊局面。欧盟的数字监管、保护和规划是其在数字领域表现十分亮眼的地方。

二、欧盟数字经济发展战略举措

（一）基本情况

欧盟数字经济发展战略举措的制定与实施可以分为三个阶段。第一阶段可以追溯到 20 世纪 90 年代初，欧盟委员会发布了以《成长、竞争力与就业白皮书》为代表的规划和战

---

① 中国信息通信研究院：《全球数字经济新图景（2020 年）——大变局下的可持续发展新动能》，2020 年 10 月 14 日。

略，提出要重点加快欧盟区域内成员国之间的信息基础设施建设，推动欧盟社会信息化。第二阶段以 2000 年通过的"里斯本战略"为开端，同年发布"eEurope2002"行动计划；2002 年在原行动计划的基础上出台"eEurope2005"行动计划；2005 年，出台"i2010：欧洲信息社会 2010"五年发展规划。欧盟不断加大力度推进信息通信技术的应用和发展。第三阶段最有代表性的举措是 2010 年通过的"欧洲数字议程"以及 2015 年提出的建设"数字单一市场"战略，深入推动数字技术融合经济发展，进一步促进整个欧盟数字经济的发展。

2020 年新冠肺炎疫情爆发，更加凸显了数字经济的重要性，欧盟各成员国纷纷开始创造条件，利用数字手段防控新冠肺炎疫情，同时也更清晰地认识到数字经济是推动经济复苏的一大利器。因此，欧盟在 2020 年一年内发布多项关于推动经济数字化的规划和举措，下定决心进一步加强战略部署，加速欧盟区域数字经济的成长。2 月，欧盟委员会通过《欧洲人工智能白皮书》，计划在未来十年，每年投入 200 亿欧元加强研发，意在补上数字科技的短板，加强与中美抢抓人工智能领域主导权的资本。目前欧盟人工智能等数字技术的经济规模达 3 000 亿欧元，按白皮书计划，五年后数字经济规模将增加两倍。同时欧盟人工智能等数字产业也提供了 570 万个就业岗位，按计划，五年后可提供的就业岗位数量将至少翻一番。同时，欧盟委员会还发布了《欧盟数据战略》，通过实施建立统一治理框架、加强数字基础设施投资、提升个体数字能力和技能、打造公共欧洲数字空间四大措施创建一个真正的单一数据空间，并向世界开放。3 月，欧盟委员会公布《欧洲新工业战略》，该战略的三个关键任务之一便是塑造欧洲的数字未来，旨在加快推动欧洲工业数字化转型。

（二）欧盟数字经济战略关注的主要议题

1. 数据保护与数据自由流动

欧盟历来重视对数据的保护，经过欧洲议会和欧盟委员会长时间的讨论和部署，2018 年 5 月，欧盟《通用数据保护条例》正式生效实施，该条例对数据保护作出了严格的要求，最大力度保障了欧盟所有公民的数字隐私权，公民对自己的信息具有更多的控制权；同时也加强了对物联网隐私权的保护，简化了数据保护管理的流程。该条例统一了 28 个欧盟成员国在数据保护方面的要求，各成员国不必再自行立法。

与此同时，欧盟也积极倡导数据的自由流动，在《通用数据保护条例》落实后不久，欧盟委员会通过了《非个人数据自由流动条例》。该条例是对数据保护和开放方面的补充，目的在于打破欧盟区域内各成员国间对数据的制约，推动非个人数据自由流动，不受地域限制。欧盟旨在确保数据安全的前提下，降低数据访问成本，推动实现欧洲单一数字市场，复苏欧盟数字经济。

2. 数据共享和再利用

数据共享和再利用是欧盟加强一体化建设，促进单一数字市场实现，推动成员国数字经济均衡发展的重要举措。数据共享和再利用主要体现在三个方面，一是公共数据和公共资助研究数据的共享和再利用，二是科学数据的共享和再利用，三是私营企业的数据共享和再利用。其中，企业对企业（B2B）的数据共享和再利用是最难推进的，因为，对于企业而言，数据是一种宝贵的资产，对制定重大战略决策起关键作用。此外，法律的不确定性也是数据共享和再利用难以推进的一个重要原因。欧盟当前的法律缺乏对数据共享和再利用行为明确的激励和奖励机制，也缺乏数字处理和管理惯有的技能以及对其价值的认知等，因此，欧盟各国还一直聚焦于对数据共享和再利用的讨论。

3. 数据可移植性、互操作性和标准

可移植性和互操作性是云项目风险管理和安全保障的一个重要性质，具有可移植性和互操作性可以有效降低未来更换云服务商的成本。但是目前移植的成本过于昂贵，技术开发具有一定的复杂性，因此较难实现数据移植。此外，由于技术和操作障碍，目前不同的数据集成系统之间缺乏互操作性，兼容的标准提高了数据管控的成本，阻碍了数据集成和数据价值利用，进一步阻碍了创新。因此，欧盟将改进数据可移植性、互操作性和标准作为发展数字经济的重要行动领域。

4. 人工智能、物联网和机器人责任关注问责和归责

人工智能、物联网和机器人在数字经济时代得到了飞速发展，为欧盟创造了许多新的机遇和价值，但其相关产品在法律上的责任较为模糊。现行的法律主要是基于有形产品设定责任，无法对基于数据的产品和服务判定责任。人工智能、物联网、机器人具有高度的连接性、自主性、复杂性和对数据、算法以及编程的依赖性，几乎不需要人工管控，在事故发生时，这些特性使人工智能、物联网和机器人的问责和归责难度加大，难以确定系统没有发挥作用的部分以及须对相应的损害负责的主体。

（三）欧盟数字经济战略采取的主要举措

由于欧盟是由各成员国组成的，区域内各成员国的数字经济受到了语言和边界的限制，地区化和碎片化较为严重，数字经济也因此而发展受阻。鉴于此，欧盟委员会努力推动区域内数字市场一体化，打造欧洲层面的数据生态系统。以《数字单一市场战略》为代表的一系列相关政策就是欧盟各成员国努力的成果，这些政策在构建泛欧层面的跨部门、跨语言和跨边界的数据生态系统起到了重要作用。在推进欧洲数据生态建设过程中，以数据价值链、协同创新体系以及数据治理框架为主要内容的数据经济倡议极大地推动了欧洲经济的增长和创新发展。

1. 高度重视在数据价值链中的定位

数据价值链在知识经济中扮演重要角色，不同数据价值链阶段可以产生不同的价值，在数据价值链中的准确定位可以提高数据的利用价值和经济效益。此外，利用好数据，提高数据的加工和研究水平不仅有助于现有行业的转型发展，还可通过高质量的数据信息大幅提高社会生产力。因此，为实现数据的最大价值，欧盟及其成员国制订和实施了多项有关数据价值链的战略规划，包括分析数据价值链战略因素、加大研究和创新投入、促进数据开放以及公共数据的再利用等方面的内容。

2. 推动建立协同创新体系

在打造欧洲数据生态系统的过程中，最关键的一步是建立协同创新体系，包括推动主体协同、技术协同和多要素协同。协同创新体系的构建有助于提高欧盟整体区域的创新水平，助推经济转型。建立协同创新体系，一是推动主体协同，欧盟委员会积极与业界、学

术界等多元利益相关者共同参与研发和创新活动，构建公私合作伙伴关系。欧盟认为，数据公私合作伙伴关系是欧盟提高研发效率最有效的机制之一，目前欧委员已与大数据价值协会建立了"大数据价值公私合作伙伴关系"。二是推动技术协同，建设欧洲安全可信的数据基础设施和欧洲开放科学云（EOSC）。作为欧洲云计划必不可缺的一环，EOSC 项目目标是将分布在欧洲各处的科学基础设施联合起来，创造一个安全可信的联合开放环境，让所有欧洲研究人员可以通过门户访问资源；同时通过欧洲数据基础设施部署支撑超级技术能力、快速链接和高容量的云解决方案。三是推动多要素协同，全方位打造一体化的数字单一市场。早在 2010 年欧盟委员会发布的《欧洲数字议程》就将发展数字单一市场作为欧洲数字议程的主要目标。2015 年欧盟正式发布《数字单一市场战略》，在数据市场上的一体化可以促进欧盟区域内商品、服务、资源和人员的自由、充分流动，将更优质的数字化产品和数字相关服务提供给消费者和企业，塑造供数字网络和业务快速增长的良好环境，打造强劲的欧洲数字经济和社会。

3. 不断完善数据治理体系，改善数据治理框架构成要素

在大数据环境下，数据逐渐成为推动经济发展和社会进步的重要资产，欧盟在利用好数据资产的同时，也没有忽略数据及技术使用带来的问题。近年来，欧盟对个人数据隐私、数据安全和伦理建设等高度关注，于 2012—2019 年先后发布了以《欧盟网络安全战略：一个开放、安全、可靠的网络空间》《数字技能与就业联盟计划》《欧洲通用数据保护条例》以及《值得信赖的人工智能伦理准则》等为代表的一系列政策和战略，致力于保护个人数字权利、数据安全，减少数字鸿沟等。

另外，针对数据共享和利用过程中信息基础设施的建设和互操作性、标准的构建等重要问题，欧盟也出台了相应的发展战略举措。关于信息基础设施方面，欧盟积极打造泛欧层面的信息基础设施，平衡区域内基础设施的建设。互操作性和标准是实现单一数字市场的基础，欧盟鼓励各中小企业参与推行综合性的标准制定，并不断完善"欧洲互操作框架"。

三、欧盟数字经济战略的经验借鉴与启示

欧盟是区域数据生态系统建设的佼佼者，其在推动数据生态系统构建、强化数字治理和监管过程中推出了诸多极具示范性的措施和宝贵的经验，对中国未来数据生态建设具有较大启示意义。

（一）部署总体战略规划引导数字经济发展，推动协同创新体系建立

正如前文所提到的，欧盟区域内的数字经济被部门、语言和边界划分为多个部分，呈现出碎片化、局部化的特点，是建设单一数字市场的一大阻力。为此，欧盟积极调动欧洲层面的多利益相关方共同努力，以总体战略规划部署引导设立多元主体联盟。欧盟倡导建立公司合作伙伴关系，让欧盟、各经济部门企业、研究机构、数字技术人才和资本提供者等多利益相关方充分交流和互动，促进知识和资本流动，带动数据研究和创新，为创建单一数字市场营造良好条件，实现跨部门、跨语言、跨边界的数据商品流动和服务提供。

为了加强产学研应用，我国很早就开始推进协同创新中心、协同创新体制和协同创新机制等方面的建设，但成效一般，主要原因是在于只注重技术创新，而在某种程度上忽视了其他多方面要素协同建设。欧盟多要素、全方位的协同创新模式为我国围绕产学研推进协同创新提供了优化方案。

（二）在中观上确立业务规则，明确管控依据

欧盟十分重视数据价值链的构建，围绕数据价值链的各个环节，出台了一系列强有力的法律和政策保障。《通用数据保护条例》和《非个人数据自由流动条例》两者相互补充，相辅相成，很好地平衡了保护个人数据安全和充分利用公共数据的矛盾。欧盟在中观层面上确立业务规则，明确多层面次活动联通的管控依据，为经济发展提供制度保障。

相比而言，我国在中观层面上为数字经济发展设立的法律、政策不够完善，例如个人数据安全保护缺乏专门的法律规定，公共部门数据共享和再利用不够细化，各地部门数据有较多限制，私营部门的数据共享和再利用更是举步维艰，亟须创新探索新模式。

（三）在微观上拟定技术规范标准，切实指导实践

为了消除技术和操作的障碍，欧盟将技术研发和创新、改进数据标准和提高技术互操作性作为发展数字经济的重点行动，并在微观上制定了技术标准规范，用以指导数字经济的发展。较强的互操作性可以加强各部门之间的有效互通，实现多利益相关方跨部门、跨语言、跨边界有效互通。标准化则可以提高数字技术的互操作性，强化其普适性，降低新技术推广和应用的成本。欧盟各国在这两方面都已经达成了共识，并通过了"欧洲互操作性框架"，此外欧盟也在不断地对现有的互操作性框架和标准进行更新和拓展，规范技术标准。

我国也应该跟上欧盟的步伐，及时修订和扩展现有的数字技术标准规范，确保标准化与技术更迭和产业变革性相适应。与此同时，我国应积极参与国际互操作性和标准化制定，一方面与国际互操作性和标准化发展接轨，另一方面加强我国在这两方面的国际话语权。

第四节　俄罗斯——数字经济的强劲追赶者

俄罗斯的数字经济发展起步较晚，其整体发展水平与数字经济先发国家存在较大差距，但是作为一个强劲的追赶者，目前俄罗斯数字经济呈现出积极的增长态势。为了加快推动经济结构转型升级，促进经济增长，俄罗斯牢牢把握数字经济的重大发展机遇，进一步加强信息基础设施建设，高度重视新一代信息技术、ICT产业等数字经济核心能力，将电子商务、数字金融、数字政务等列为重点领域，全力推动数字化，取得了显著的成效，在数字政务、人工智能等方面拥有广阔的发展空间和前景。

一、俄罗斯数字经济发展的概况

（一）基本情况

俄罗斯总理梅德韦杰夫在 2018 年的政府工作报告中指出，俄罗斯 2018 年的地区生产总值为 103.6 万亿卢布，数字经济总规模约为 5.3 万亿卢布，占 GDP 的比重约为 5.1%，而在 2012 年，该比重约为 1%。经过多年的发展，2019 年俄罗斯的数字经济规模为 3 076 亿美元，在全球位列第 13 位。总体而言，由于俄罗斯在数字经济方面发力较迟，因此有些发展指标落后于世界一流水平。

但当前俄罗斯政府将数字经济作为发展经济的第一要务，在数字经济领域开始发力，与世界整体趋向同步。俄罗斯积极推动数字经济发展的原因主要有二：一是紧跟世界发展潮流，抢占世界经济发展主动权。信息技术飞速发展下，数字经济的蓬勃发展能够为经济发展所需提供重要动能，成为当前经济发展的新增长点，世界主要国家都大力支持数字经济发展以抢占经济发展的制高点。在此背景下，俄罗斯必须尽快制定和实施适应经济发展的新举措，在新一轮科技革命中抢夺经济发展主动权。二是经济结构转型迫在眉睫。2020 年全球新冠肺炎疫情肆虐，原油价格长期在低位徘徊，欧美的经济制裁不断加码，俄罗斯当前严重依赖原料、原材料出口，其经济势必无法承担这三重巨大压力。因此，发展数字经济，实现创新发展，紧抓新的经济增长点成为俄罗斯经济发展战略的最佳选择。

（二）俄罗斯数字经济发展战略举措

俄罗斯在数字经济方面的战略部署可以追溯到 21 世纪初，自数字经济被视为推动经济发展的利器以来，俄罗斯政府从多方面制定和实施了多项政策规划促进数字经济相关产业发展。

在促进数字技术发展方面，俄罗斯希望借助数字技术推动企业和市场的创新，2014 年 1 月，俄罗斯总理梅德韦杰夫通过了《俄罗斯联邦至 2030 年科技发展预测》报告，这份报告邀请了两万多名专家商讨明确了当前俄罗斯科学发展经济的关键领域、技术创新的前景以及各领域研发的重点。根据报告，俄罗斯将重点发展信息通信技术等七项战略性创新技术。同年 12 月，俄罗斯总统普京再次强调要加大对技术创新的投入，将俄罗斯的技术水平提高到世界一流，形成了"国家技术倡议"。作为国家层面的重要政策，该倡议提出从先进技术、市场、政策支持与顶层制度安排、智力四个方面促进俄罗斯经济数字化转型。2016 年 12 月俄罗斯出台《俄罗斯联邦科学技术发展战略》，规定俄罗斯未来将用 10 ~ 15 年的时间，推动重点领域的科学技术快速发展，实现质的转变。

在推动产业结构转型、支持数字产业发展方面，2013 年，俄罗斯制定了《俄罗斯联邦 2014—2020 年信息技术产业发展战略和 2025 年前景展望》，该战略聚焦于信息技术产业，在分析俄罗斯近十年信息技术产业发展情况的基础上，指出了当前俄罗斯信息技术产业发展的受限因素，并提出 2020 年前俄罗斯信息技术产业发展的目标，为数字产业发展奠定基础。同时，俄罗斯政府还批准了《2013—2025 年发展电子和无线电子工业国家规划》，该规划聚焦于电子及无线电子工业，计划在 12 年里投入 167 亿美元促进该行业的发展。整个规划分三个阶段实施，第一阶段为 2013—2015 年，第二阶段为 2016—2020 年，第三阶段为 2021—2025 年。在 2016 年第二阶段开始之际，俄罗斯政府对该战略进行了修订，将电子机器制造产品、电信设备、医疗无线电子产品、智能管理系统、计算机设备五个领域列为俄罗斯优先发展方向。2019 年 10 月，俄罗斯出台了《2030 年前人工智能发展国家战略》，明确提出了包括人工智能发展的六大方向，努力谋求 AI 强国地位。

在促进信息化和数字化经济社会方面，俄罗斯将数字信息社会作为现代文明发展的重要阶段，2017 年 5 月出台了《2017—2030 年俄罗斯联邦信息社会发展战略》。该战略规定了俄罗斯在信息通信领域实施的内外交政策和目标，推动发展信息社会和数字经济。同年 7 月，俄罗斯政府通过了《俄罗斯联邦数字经济规划》，确定了大数据、人工智能等十余项未来俄罗斯数字经济发展必需的数字技术，并给出具体的指标和任务，体现了俄罗斯大力建设数字信息社会和经济的决心。2019 年 2 月，俄罗斯制订了新版《俄罗斯联邦数字经济规划》，其主要目的是增加数字经济投入，提供安全可靠的电信基础设施以及促使各级组织使用国产的软件。

二、俄罗斯数字经济发展的主要聚焦方面

（一）数字基础设施

俄罗斯的数字基础设施建设具有一定的条件和基础，目前取得了较好的成效。俄罗斯联邦统计局发布数据称俄罗斯的移动通信和互联网普及率已达世界一流水平，2019 年每 100 个居民中移动互联网用户数为 96 人，互联网普及率高达 96%，73.6% 的家庭用户接通了宽带互联网，有线网络的网速翻两番，绝大部分已超过 20M/秒。在信息基础设施利用情况方面，2019 年俄罗斯成年网民增至 9 440 万，占总体成年人约 80%，其中老年群体较上一年增加了 10 个百分点，是近年来俄罗斯网民数量增长的主体。从整体的网络能力来看，2020 年贝尔弗科学与研究中心发布的《2020 年国家网络能力指数》显示，俄罗斯网络能力在全球排名第四，仅次于美国、中国和英国，网络能力较强。

此外，新一代移动网络 5G 技术拥有快速提高数据传输速度、扩大系统容量、实现大规模设备连接等优点，可以助推数字经济快速增长。鉴于此，俄罗斯政府与各企业集团积极推动俄罗斯 5G 技术发展。2019 年 6 月，俄罗斯最大电信运营商 MTC 与华为达成合作，在列宁格勒州启动 5G 移动通信网络，同时莫斯科市政府还与二者合作，在莫斯科设立了 5G 网络测试区，研究和推广 5G 网络的应用。

2020 年俄罗斯政府发布数字经济计划，将加大对 ICT 基础设施的投资，计划投资 7 680 亿卢布（约 104 亿美元）。该计划的早期版本在 2018 年通过，当时计划仅在 ICT 基础设施投资 5 440 亿卢布（约 73.8 亿美元），与早期计划相比，当前对 ICT 的投资上增加了约 1/2，由此可见，俄罗斯政府对信息基础设施建设越来越重视。同时，在新版计划中，俄罗斯还将投入 3 220 亿卢布（约 43.6 亿美元）在卫星通信领域，其中 2 800 亿卢布（约 38 亿美元）投资用于建设全球卫星宽带网络。

（二）数字金融

俄罗斯在数字金融领域十分重视区块链技术的应用，并进行了积极的探索。俄罗斯联邦中央银行在 2016 年宣布成立金融科技和研发部门，深入研究区块链技术和分布式账簿的实际应用及其对金融市场发展的益处。同时，俄罗斯联邦中央银行开发和测试了以以太坊联盟区块链为基础的区块链雏形"Masterchain"，并打算将其应用于俄罗斯金融市场，为银行间数据监管创造良好的数字信任环境。

在此背景下，俄罗斯各金融机构也在数字金融领域展开了探索和试验。俄罗斯联邦储蓄银行成立了区块链实验室开发和测试基于区块链的商业解决方案，以提供更优质的银行服务；俄罗斯最大的交易所集团——莫斯科证券交易所开始创建数字资产交易平台，交易加密资产及其衍生品和交易所买卖基金。阿尔法银行和"S7Airlines"航空公司也在区块链方面达成合作，开始采用基于区块链技术的智能合约进行交易。

（三）数字贸易

目前，俄罗斯的数字贸易规模在不断扩大。俄罗斯电子商务协会数据显示，2018 年，俄罗斯电子商务市场规模达到了 1.66 万亿卢布（约 255 亿美元），增长迅速，同比增长 59%。根据这一增长趋势，盖达尔研究所预测，2024 年，俄罗斯电子商务市场规模将达到 2.78 万亿卢布（约 427 亿美元）。目前，俄罗斯最大的在线零售商是 Yandex. Market，占俄罗斯电子商务市场的份额最大，为 10%。阿里巴巴排在第二，占俄罗斯电子商务市场的份额为 8.5%。

此外，俄罗斯的数字贸易政策监管和保护程度较高，具有一定的代表性。首先，在数据监管方面，俄罗斯数据管理要求较为严格，电信和互联网供应商等数字企业至少要保留数据 12 个小时，以便为俄罗斯安全局提供数据资料。同时，俄罗斯设立了严格的数据隐私管理，将"被遗忘权"写入《公民隐私权保护条例》，拓宽隐私权的覆盖范围。其次，在网络平台管理方面，俄罗斯设置了严格的在线过滤系统和 ISP 中介责任制，提高了网络内容的准入。再次，在数字产品和服务贸易政策方面，俄罗斯约 60% 的数字产品实现了零关税，其余数字产品对外国企业征收 18% 的增值税。最后，在数字企业的本地进入政策方面，俄罗斯的限制壁垒也较高，严格限制外资资本进入数字经济相关产业。

（四）数字政务

从 2011 年的《电子签名法》《关于在以电子形式提供国家和市政服务以及履行政府职能时保障信息互动的基础设施》到 2013 年的《关于在提供国家和市政服务时使用简明电子签名》，俄罗斯政府出台了多项战略性的文件支持政务数字化转变，确保以电子的形式将政府部门的工作信息提供给民众，确保民众获取信息渠道多样，致力于不同部门间信息可互相交换，同时保证对政府工作部门的有效监督。目前，俄罗斯基本建成电子政府基础设施，越来越多的民众能享受到政府数字服务带来的方便和快捷。2018 年，约有 50% 的俄罗斯公民注册了俄罗斯政府的公共服务平台，表现非常亮眼。而根据联合国发布的"联合国电子政务发展指数（EGDI）"，2014—2018 年俄罗斯数字政务指数在提高，表明整体数字政务发展环境是越来越好的，但是从俄罗斯在该指数的排名上看（见表 2－6），2014 年排在第 27 位，2016 年排在第 35 位，2018 年排在第 32 位，2020 年排在第 36 位，整体的排名靠前，但是不稳定，且有落后的趋势，说明俄罗斯在数字政务方面的发展速度还有待提高。

表 2－6　2014—2020 年俄罗斯电子政务发展指数

年份	电子政务发展指数排名	电子政务发展指数（EDGI）	在线服务指数（OSI）	通信基础设施指数（TII）	人力资源指数（HCI）
2014	27	0.730 0	0.710 0	0.640 0	0.840 0
2016	35	0.720 0	0.730 0	0.610 0	0.820 0
2018	32	0.796 9	0.916 7	0.621 9	0.852 2
2020	36	0.824 4	0.817 6	0.772 3	0.883 3

资料来源：《联合国电子政务调查报告》。

三、俄罗斯数字经济发展经验借鉴及启示

尽管俄罗斯数字经济的发展水平与世界主要国家存在一定差距，但正呈现出积极的态势。世界著名咨询公司麦肯锡和穆迪都对俄罗斯未来的数字经济作出了预测和分析，前者认为，到 2025 年，俄罗斯数字经济规模可能达到 8.9 万亿卢布，占地区生产总值的 8% ～ 10%，数字经济对俄罗斯经济增长的贡献率可以达到 19% ～ 34%；后者认为数字经济对俄罗斯经济增长所起的作用有限，数字经济的发展并不能保障整体的经济增长，但可以提升俄罗斯的竞争力和劳动生产率。

俄罗斯政府在发展数字经济中发挥的作用和定位是较为准确的，如清楚认识数字经济对俄罗斯经济转型升级的重要作用、重视信息基础设施建设、对数字技术的创新和发展予以极大支持、重视数字经济生态系统的建设等。但在推进数字经济发展的过程中，俄罗斯政府为促进数字经济发展制定的相关政策举措出台和落实得相对较晚，错过了世界数字经济的第一轮发展，因而政府要提升对数字经济新业态新发展的响应速度，及时制定与之相适应的对策以促进数字经济发展。同时，俄罗斯在发展数字经济的过程中受到了西方的多轮制裁，数字技术等高新技术进口遭到了封堵，在一定程度上阻碍了国内数字科学技术的发展。近年来，中美贸易摩擦频发，我国应保持战略定力，有效应对这一挑战，确保数字经济发展不受其限制。

第五节　新加坡——打造世界首个"智慧国"

新加坡强大的信息基础设施、便捷的连通性、高素质的技术人才以及一流的营商环境是其发展数字经济得天独厚的条件。由电通安吉斯（Dentsu Aegis）发布的"数字社会指数 2019"是衡量公众获取数字服务、对数字经济的信心以及数字经济发展活力等的指标，数据显示新加坡在此次全球数字经济调查中领先全球。新加坡已经成为亚太地区最具吸引力的数据中心枢纽，其积极推动数字经济发展，在数字治理、数字产业、数字贸易等领域领先全球，目前致力于建成世界首个"智慧国"。

一、新加坡数字经济发展的概况

（一）基本情况

中国信息通信研究院公布的数据显示，2019 年新加坡数字经济规模达 1 394 亿美元，数字经济体量排全球第 17 位。作为一个城市型岛国，新加坡整体国土面积不大，但其数字经济发展规模较大。此外，新加坡数字经济发展水平世界一流，《2018 全球数字经济发展指数》显示（见表 2 - 7），新加坡的数字经济发展指数为 0.609，位列全球第九，其在数字基础设施指数、数字消费者指数、数字公共服务指数都排在全球前十，尤其是数字公共服务指数位列全球第二。

表 2 - 7　2018 年新加坡数字经济发展指数

衡量指数	指数	排名
数字经济发展指数	0.609	9
数字基础设施指数	0.815	7
数字消费者指数	0.779	4
数字产业生态指数	0.351	28
数字公共服务指数	0.965	2
数字科研指数	0.134	18

资料来源：数字经济论坛、阿里研究院、毕马威：《2018 年全球数字经济发展指数》。

新加坡发展数字经济的重点是推动智慧城市建设。在这一方面，新加坡很早便展开行动，提出建设智慧国家，主要发展数字政务、数字医疗和数字交通等领域，目前已经成为世界智慧城市建设的示范模板。

（二）新加坡数字经济发展战略举措

新加坡的数字经济发展历程可以划分为四个阶段，其政府在每个阶段都积极制定战略，部署数据经济发展格局，极大地推动了新加坡的数字化转型。

1. 第一阶段：1980—1990 年

新加坡先后出台了《国家计算机计划（1980—1985 年）》和《国家 IT 计划（1986—1991 年）》等战略规划，并成立国家信息委员会，致力于提高信息和通信技术的管理效率，奠定了新加坡的数字化基础。

2. 第二阶段：1991—2000 年

这一阶段的新加坡已经成为全球数字政务建设的佼佼者，但仍存在信息无法实现互联互通的问题。为此，新加坡政府颁布了《国家科技计划（1991—2000 年）》和《IT 2000 智慧岛计划（1992—1999 年）》，希望可以消除信息孤岛，实现信息互联互通。1996 年，新加坡通过《覆盖全国的高速宽带多媒体网络计划》，按该计划，多媒体网络建成后，民众可以 24 小时全天候使用网络服务。

3. 第三阶段：2000—2005 年

进入 21 世纪，在全球经济日益数字化的时代，新加坡对数字化更加重视，在 21 世纪之初，新加坡通过了首个电子政务行动计划（*e-Government Action Plan I*），致力于将新加坡发展为数字政务领先的国家。三年后，新加坡又出台新的计划（*e-Government Action Plan II*），致力于将新加坡政府发展为一个网络化的政府，将数字化业务系统落实到各个部门。同时，新加坡政府还部署了《信息通信 21 世纪》《互联网新加坡》等战略，进一步促进经济社会信息化、数字化。

4. 第四阶段：2006—2025 年

新加坡的信息技术和数字政务已达到世界一流水平，但新加坡政府并没有满足于此。2006 年，新加坡大胆提出"智慧国 2015 计划"，其远景是在十年内将新加坡发展为一个信息技术无处不在的智慧国家。而这个计划在 2014 年提前完成，与此同时，新加坡进一步提出"智慧国 2025 计划"，作为升级版，该计划更关注民众，通过数字化科技提升民众生活水平，为民众带去便利。

经过多年的不懈努力，新加坡政府高瞻远瞩，循序渐进地制定和实施多项促进数字经济发展的政策举措，奠定了新加坡数字技术发展的良好基础，同时也为当前新加坡数字经济转型做好了充足准备。

二、新加坡数字经济发展的主要聚焦方面

（一）数字基础设施

新加坡具有良好的数字基础设施，数字经济论坛、阿里研究院和毕马威共同发布的《2018 年全球数字经济发展指数》显示，在全球 113 个主要国家和地区中，新加坡的数字基础设施水平位列第 7 位，高于美国（第 18 位）、英国（第 11 位）、中国（50 位之外）。这主要得益于新加坡的数字基础设施建设工作开始早，政府在之后的推进工作中积极作为，部署了极具前瞻性和持续性的战略和规划。2006 年，新加坡为进一步加强数字信息技术建设，通过了"智慧国 2015 计划"。该计划希望通过广泛应用 ICT 技术提高关键领域的

国际竞争力，并将 ICT 基础设施建设上升为国家战略。随后，ICT 产业得到迅猛发展，每年以超过 10% 的速度增长。当前，新加坡的 ICT 产业基础设施建设领先全球，新加坡统计局数据显示，新加坡的 4G 网络速度持续多年在全球排行榜上名列前茅，光纤到家渗透率高达 95%。同时在 ICT 应用端方面，新加坡互联网用户比例逐年上升，在 2019 年高达 88.95%，固定宽带订购率和移动电话订购率稳步上升（见表 2-8）。

表 2-8　近五年新加坡互联网基础设施发展情况

年份	互联网用户比例（%）	固定宽带订购（个/百人）	移动电话订购（个/百人）
2015	79.01	26.85	148.74
2016	84.45	25.99	150.48
2017	84.45	25.85	146.82
2018	88.17	25.94	148.82
2019	88.95	25.81	156.38

资料来源：世界银行。

由图 2-3 可见，近十年，新加坡的安全服务器数量增长了近 230 倍，增长非常明显，尤其是在 2016 年，突破了 10 000 个/百万人，同比增长率高达 431.65%。2019 年，新加坡的安全服务器为 122 481.4 个/百万人，中国仅为 735 个/百万人，新加坡相较于中国具有百倍优势。

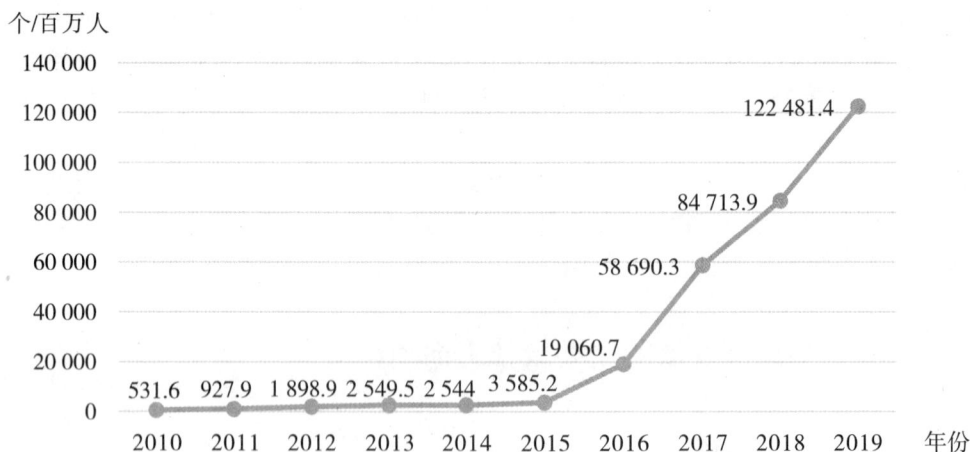

个/百万人

图 2-3　新加坡安全服务器数量（2010—2019 年）

资料来源：世界银行。

（二）数字金融

新加坡一直支持和鼓励数字金融的发展，新加坡政府在数字金融发展中部署的关键性战略和政策是新加坡成为亚太地区数字金融发展模范的重要原因。新加坡政府将数字金融提升至国家战略高度进行定位与发展，批准了《金融部门科技和创新计划》，并投入 2.25 亿新元鼓励和欢迎全球金融企业在新加坡设立研发和创新中心，尤其支持在新加坡开展金融科技领域的创新研发项目。同时，为了避免政府直接干预金融科技市场的发展，新加坡新成立金融科技发展办公室来厘清政府与市场的关系，同时发挥好政策的引导性作用和市场的决定性作用。

《2019 年全球金融中心指数报告（第 26 期）》显示，新加坡入选全球前十大金融中心，位列第四，仅在纽约、伦敦和香港之后。但是新加坡并不满足于此，为了进一步强化其全球金融中心的地位和功能，新加坡积极推动数字金融企业、产业和生态圈的建设和发展，旨在建成全球智能金融中心。目前，新加坡政府已经开展新一轮的布局，计划在 2021 年通过新一轮的金融科技融资计划。

（三）数字贸易

新加坡历来重视贸易的发展，目前新加坡政府紧抓数字经济的发展机遇，加快推进商业和贸易的数字化发展，降低贸易成本，扩大贸易范围。

一方面是推出互联贸易平台（Networked Trade Platform，NTP），旨在协助企业实现数码化和简化贸易流程，提升贸易商的生产力和竞争力，为物流和数码贸易相关的企业制造更多机会，使其可以进入更广泛的贸易社区，驱动贸易行业的数字化。

另一方面是积极参与制定数字贸易规则。由于新加坡明显的外向型经济特征，数字贸易壁垒和跨境支付障碍是其发展数字贸易的两大障碍。2018 年 2 月新加坡加入了由亚太经济合作组织构建的跨境隐私规则体系（Cross-Border Privacy Rules，CBPR），积极促进跨境数据的流动，同时也推动了跨境电子商务个人信息保护规则的建立。2020 年，新加坡与澳大利亚正式签署数字经济协议（Digital Economy Agreement，DEA），该协议有望改善两国跨境数据流动、数字系统兼容性、数字标准等，降低两国间的数字贸易壁垒，为两国企业和消费者增加数字贸易机会。

（四）数字政务

新加坡最早提出建设智慧国家蓝图，计划通过大数据、物联网、云计算、人工智能等新一代信息技术，帮助政府进行数字决策，实现数据惠民。经过多年的发展，新加坡的数字政务、智慧医疗、智慧交通等方面领先全球，尤其是数字政务方面，新加坡政府历来是引领全球数字政务发展的风向标。

新加坡的数字政务特别强调整体政府的理念，要求政府"一致对外"，公众只需通过一个网址、一个口令登录政府网站，办理多个在线服务，如 SingPass、OneInbox、OneService、MyInfo 等，公众只需登录 OneInbox 这一个邮箱便可以接受新加坡政府部门发送的全部邮件，查看不同政府工作部门发送的邮件十分方便；公众也可以通过 OneService 这个手机应用程序报告和知悉各类社区事务；公众还可以在 MyInfo 中上传所有个人信息和证明材料并保存以供申请服务时调用，且无须重复提交和上传。[①]

此外，新加坡政府十分重视民众个人隐私保护和数字安全，其采用的在线服务应用了双重认证系统，具体来说，用户要想成功登录自己的个人账户，不仅要使用口令，同时也要匹配手机或密码生成器，否则无法登录。另外，"数字鸿沟"是每个政府都需要面临的问题，对此，新加坡致力于提高互联网和移动终端的普及率，2019 年，新加坡的智能终端普及率超过 90%。同时，新加坡还在各区成立"公民联络中心"，并配备免费的上网工具和工作人员，帮助老年人、低收入群体、残障人等使用政府网上服务。新加坡政府还试点开通了"请问洁米（Ask Jamie）"的人机对话和交互服务，方便民众使用网上服务。

三、新加坡数字经济发展经验借鉴及启示

新加坡积极推进"智慧国"建设，在数字治理、数字政务、数字金融等方面取得了显著成效，其发展举措和经验对中国推进数字经济发展、建设智慧城市具有重要的启示意义。

（一）建立高效完备的政府管理机制

新加坡推动数字化战略的顺利落地和有效执行离不开资讯通信管理局、首席信息官、政府首席资讯办公室等机构和人员的协同配合。新加坡政府多次重组和再造行政服务流程，建立了"众多机构，一个政府"的综合集成管理机制，实现了政府网络服务的协同与合并，简化了服务程序，方便了民众办理业务。

我国要推动数字经济发展战略高效落实执行，可效仿新加坡的先进举措，一方面可推动成立相关数字经济发展工作小组，统筹和协调与数字经济相关的各部门和领域，着力打造一站式服务，让百姓"少费事"，减少注册、访问等烦琐程序，最大限度避免部门之间的各自为政；另一方面要充分利用新一代科学技术，提高政府办公效率，创新政府办公模式，确保相关数字化战略尽快落实出成效。

（二）重视数字贸易及战略应对

新加坡以出口导向型经济为主，对外贸易在新加坡经济中占重要地位。因此新加坡积极推动数字技术在贸易中的应用，主动融入全球数字贸易网络，力争成为数字贸易领域的核心国。与此同时，新加坡也在积极倡导数字贸易自由，深度参与国际数字贸易规则的制定，谋求数字贸易领域更多的话语权和贸易机会。

目前，数字贸易为经济高质量发展提供了新路径，是全球经济提质增效的"新赛道"。我国也应紧抓数字贸易的发展机遇，深化服务领域对外开放，积极扩展数字贸易"朋友圈"，建设"一带一路"数字贸易生态圈，尤其要重视数字贸易国际规则的制定，积极参加世贸组织与数字贸易相关的电子商务议题谈判，加强与美欧等发达国家开展数字贸易规则对话，明确全球数字贸易规则的基本原则，加强议题导向能力，提升我国数字贸易影响力。

---

① 马亮：《新加坡推进"互联网＋政务服务"的经验与启示》，《电子政务》，2017 年第 11 期。

（三）坚持数据惠民，以民为中心，提高数字政务服务质量

新加坡的数字政务服务强调以民众为中心，以民众需求为导向。一方面，新加坡政府重视与民众的互动，创建国民互动平台，通过加强与民众的互动，提高民众参与数字政务的积极性和主动性；另一方面，新加坡政府为民众提供的是非碎片化、非分离且无缝流畅的服务。如新加坡电子公民中心为民众提供了其整个人生历程所需要的全部必要数字政务服务，即在每个阶段，民众都可以及时得到相关联的政务服务。

我国的数字政务建设也在如火如荼地展开，但同时涌现了不少问题，如功能单一非必需、数据共享整合能力有待提高等，这反映出目前我国数字政务建设欠规范，谋划不足。建设数字政务的本质是以人为本，要以便民、利民、惠民为导向，建设服务型政府，将数字政务各项功能贴近人民需求，将人民对美好生活的向往作为奋斗目标，做到人民有需求，政府有回应。

第三章　国内数字经济发展的最新进展和经验启示[①]

近几年，广州市数字经济发展已取得明显成效，然而在发展的过程中仍存在诸多不足，诸如数字技术的自主创新能力低、制造业数字化水平不高、跨界融合型人才稀缺……鉴于此，本章主要选取了北京、上海、深圳三个国内数字经济发达的城市，聚焦数字基础设施、数字贸易、数字金融、数字政务等领域，介绍其数字经济发展的总体情况，总结相关经验启示，为广州市推动数字经济高质量发展提供参考意见和建议。

第一节　北京市——建设全球数字经济标杆城市[②]

作为传统经济与数字技术融合的产物，数字经济是实现经济高质量发展的重要引擎。在全球数字经济不断扩张和我国大力推进数字经济发展的背景下，北京市在探索数字经济的道路上走在了前列。北京不仅是我国的政治中心城市，还是全国领先的数字经济发展高地，正处于加快数字技术和经济社会深度融合之中，培育以数字化赋能的新经济、新业态、新模式，发展高水平数字经济。

一、北京市数字经济发展总体概况

（一）北京市数字经济发展状况

根据腾讯研究院联合腾讯云发布的《数字中国指数（2020）》数据，北京在全国各地区数字化发展评价指数的综合排名中位列第一。在产业数字化方面，北京以 197.19 点的高指数领跑全国；在"用云量"方面，北京排名第二，其中数字内容、生活互联、行业工具、游戏和金融是用云排名前五的行业；在数字文化方面，北京排名第一，从细分市场看，北京在新闻、视频、文学和短视频领域领先全国；在数字政务方面，北京排名第三。北京在数字产业化方面具有明显的先发优势和资源优势，数字经济产业生态完善，市场应用基础雄厚，云计算、大数据、人工智能等数字技术支撑的产业发展水平在全国大中城市排名中领先。[③] 北京软件和信息服务业持续保持良好的发展态势，2019 年实现营业收入超

---

① 本章由暨南大学产业经济研究院池方圆执笔。
② 《中共北京市委关于制定北京市国民经济和社会发展第十四个五年规划和二〇三五年远景目标的建议》。
③ 《新京报》：《北京促进数字经济发展"1 + 3"政策有什么？9 月 7 日服贸会上见》，http://www.bjnews.com.cn/news/2020/09/02/765028.html，2020 年 9 月 2 日。

过 13 000 亿元，同比增长 14.4%。[①] 其具体表现为：头部企业引领作用增强，北京拥有百亿元以上企业 18 家，其中字节跳动、百度、美团等六家企业营收超 500 亿元；十亿元以上企业共有 145 家；亿元以上企业 1 323 家，22 家企业进入"2019 中国大数据企业 50 强"榜单，企业入榜数量居全国首位。[②] 北京作为全国科技创新中心，集聚了众多企业和研发中心，中关村软件园和生命科学园建设一直排在全国前列，是北京打造具有全球影响力的科技创新中心的引擎。

根据中国信息通信研究院发布的《中国数字经济发展白皮书（2020 年）》，北京数字经济保持高水平发展：从总量来看，2019 年北京数字经济增加值超过 1 万亿元；从占比来看，2019 年北京数字经济占 GDP 比重超过 50%，排名全国第一；从增速来看，北京数字经济增速约为 14%。

（二）数字经济的基础部分和融合部分

1. 数字经济产业化

在数字产业化方面，北京具有明显的先发优势和资源优势，数字产业化规模大，2019 年北京数字产业化增加值超过 3 000 亿元，占 GDP 比重达 18%，居全国首位。[③] 具体呈现出以下特征：

（1）电子信息制造业加快转型，高精尖产业快速发展。根据北京市统计局数据，北京高技术制造业增加值占制造业的比重由"十二五"末的 28.4% 提升到 2019 年的 35.9%，高端产业发展良好。目前，北京培育并形成了新一代信息技术和科技服务业两个万亿级产业集群、节能环保、人工智能等四个千亿级产业集群，拥有集成电路芯片、新型显示器件、智能硬件、智能机器人、新一代诊疗设备等一批高精尖产品。[④]

（2）集成电路产业规模和技术水平领先全国。由国家统计局和中国半导体协会公布的数据可知，2018 年北京集成电路产业规模约为 970 亿元，居全国第三位。2010 年，北京集成电路设计业销售额为 115 亿元，2018 年销售额增加到 550 亿元，是 2010 年的 4.8 倍。从产业链方面来看，北京经济技术开发区成为全国最重要的集成电路装备产业集聚区，聚集了大批国内龙头企业和创业企业，包括紫光展锐、大唐半导体、北方华创、屹唐半导体、中电科等企业。

（3）软件和信息技术服务业成为支柱产业，产业规模保持较快增长。从北京市经济和信息化局发布的《2020 北京软件和信息服务业发展报告》数据可知，2019 年北京软件和信息服务业增加值约为 4 783.9 亿元，占全市 GDP 比重的 13.5%；软件和信息服务业实现营业收入 13 464.2 亿元，占全国软件和信息服务业营业收入比重的 23.0%；百亿元以上企业累计 18 家，行业从业人员数量累计达 89.9 万人，占第三产业从业人员比重

① 北京市经济和信息化局：《智慧防疫，北京人工智能企业出战！》，http://jxj.beijing.gov.cn/jxdt/gzdt/202003/t20200318_1721597.html，2020 年 3 月 18 日。

② 人民网：《发展数字贸易　实现合作共赢》，http://ydyl.people.com.cn/n1/2020/0906/c411837 - 31850907.html，2020 年 9 月 6 日。

③ 资料来源：《中国数字经济发展白皮书（2020 年）》，2020 年 7 月 3 日。

④ 资料来源：《北京市产业经济发展蓝皮书（2018—2019）——聚焦高精尖》，2020 年 9 月 25 日。

的 14.6%。

（4）软件行业领先全国。北京是软件产业规模最大的"中国软件名城"，其中软件业务收入领域的百强企业数量居全国首位。根据国家工业和信息化部公布的《2019 年软件和信息技术服务业统计年报》数据，2019 年北京软件业务收入达 11 983.07 亿元，排名全国第一，拥有企业 3 728 家。北京软件行业自主创新活跃，2019 年北京软件著作权登记量超过 20 万件，约占全国比重的 13.7%，软件行业的专利申请量约为 2.2 万件，每万人有效发明专利数 733 件；以海淀区、朝阳区、通州区为软件产业主发展带，北京已经形成各区软件产业协同发展的格局。[①]

（5）互联网信息服务业实现快速发展。截至 2018 年底，北京互联网和相关服务业企业累计 8 182 个，是 2013 年的 2.2 倍。北京互联网百强企业数量、软件和信息技术服务综合竞争力百强企业数量均居全国首位，在消费互联网领域，北京是消费互联网独角兽企业的聚集地，共有独角兽企业 74 家，企业的数量占全国比重的 46%。

（6）云计算产业全国领先。2019 年北京云计算企业营业收入约为 1 801.3 亿元（见图 3 - 1），同比增长 21.7%，云计算相关企业 8.14 万家，包括乐视云、东华云、腾讯云、曙光云、滴滴云等企业，主要集中在海淀区、朝阳区，北京已成为全国云计算产业发展高地。在产业模式上，北京在全球首创"云基地"。目前，北京云计算产业核心技术已经取得重大突破，在云计算开源领域话语权不断提高。[②] 阿里云研究中心和中国社会科学院财经战略研究院联合发布的《云计算的社会经济价值和区域发展评估》数据显示，2019 年北京云计算发展水平的综合得分排名全国第三，处于云计算一线城市梯队。[③] 2011 年，北京超级云计算中心成立，经过几年发展，中心运营计算服务器资源超过 4 000 台，x86 通用服务器总数量国内排名第三，在最新公布的中国高性能计算机 Top100 榜单中，北京超级云计算中心 A 分区的 Linpack 测试性能达到了 3.74PFlops，成为高性能计算机 Top100 榜单的第三名。

---

① 北京市经济和信息化局：《2020 北京软件和信息服务业发展报告》，http://jxj.beijing.gov.cn/jxdt/gzdt/202008/t20200804_1974008.html，2020 年 7 月 28 日。

② 国际经贸网：《2020 年北京云计算产业发展现状分析：产业规模扩大　开源领域话语权不断提高》，http://www.tashoney.com.cn/jinrong/202009/09198331.html，2020 年 9 月 19 日。

③ 阿里云研究中心、中国社会科学院财经战略研究院：《云计算的社会经济价值和区域发展评估》，2020 年 9 月 17 日。

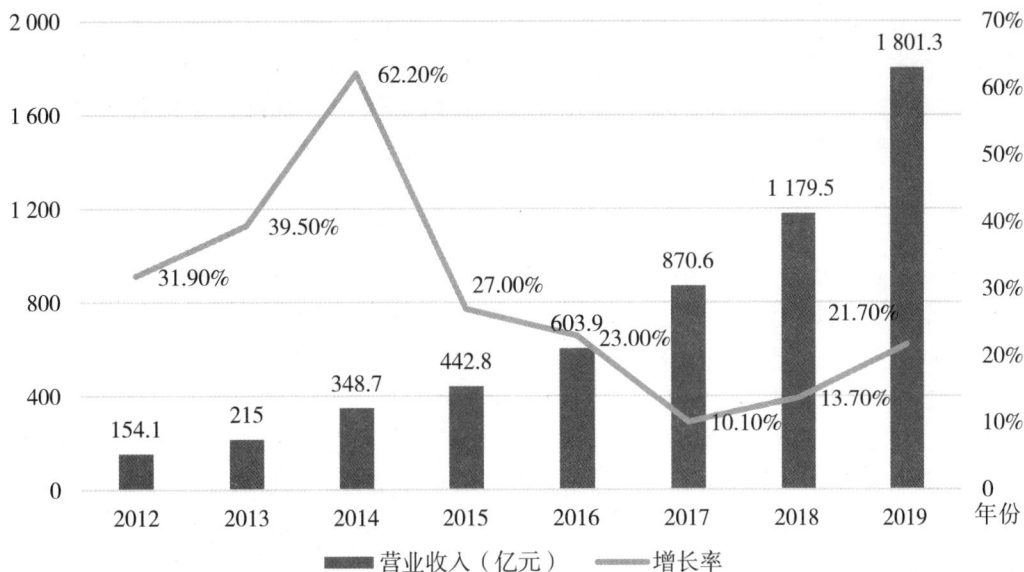

图 3 - 1　2012—2019 年北京云计算企业营业收入和增长率

资料来源：北京市经济和信息化局。

（7）大数据产业充满活力。近些年，北京大数据产业规模不断扩大，产业技术优势逐渐明显，开放公共大数据，大数据应用广度和深度不断拓展，政策环境持续优化。2014 年至 2020 年，北京市政府相继出台《加快培育大数据产业集群推动产业转型升级的意见》《北京市大数据和云计算发展行动计划（2016—2020 年)》《北京市"十三五"时期信息化发展规划》等文件，大力支持和发展大数据。同时北京市政府对大数据等相关重点项目给予财政资金支持，2018 年 10 个大数据领域的项目共计获得财政资金8 358 万元。此外，大数据产业规模保持较快增速。2019 年，北京大数据企业营业收入规模增至 2 179.5 亿元，同比增长 26.9%，主要集聚了百度、京东、小米等大数据龙头企业，大数据产业生态链已经形成。根据北京大数据研究院发布的《2020 中国大数据产业发展指数》，从总指数看，北京大数据产业发展指数为 96.37，位列全国第一，其中，产业政策与环境指数为 100.0，产业规模与质量指数为 100.0，产业创新能力指数为 99.7，产业投资热度指数为 100.0（见表 3 - 1）。

表 3 - 1　北京市大数据产业发展指数

指标	指数	全国排名
产业政策与环境	100.0	1
产业规模与质量	100.0	1
产业创新能力	99.7	1
产业投资热度	100.0	1

资料来源：北京大数据研究院。

就产业政策和环境而言，京津冀地区基本形成了以北京为核心的跨区域类大数据综合实验区。在产业规模与质量指数中，北京大数据企业数量 2 170 个，占全国大数据企业比重的 32.71%，遥遥领先于其他城市；人员总规模超 28.7 万，远远高于排名第二的上海（8.3 万）；大数据企业网站约 991 560 个，居全国首位。北京大数据头部企业指数为 81.6，位列全国第二位，其中，大数据独角兽企业 52 家，占全国比重的 52.5%；大数据瞪羚企业 1 032 家，约占全国比重的 66%；大数据高新技术企业 1 193 家，占全国比重的 32.2%。在产业创新能力指数中，北京大数据企业 R&D 经费占 GDP 比重达 6.17%，居全国首位；北京大数据企业拥有的商标数量为 169 856 件，软件著作权总数超过 9 万件，分别占全国比重的 46.67%、33.8%。在产业投资热度指数中，北京大数据企业融资总额为 8 997.5 亿元，占全国总融资的 46%，融资轮数 3 159 次，领先全国。

（8）人工智能产业综合实力不断提升。2019 年北京成立首个国家新一代人工智能创新发展试验区，拥有 7 个国家新一代人工智能开放创新平台，数量居全国首位。[1] 2020 年 11 月，北京智源人工智能研究院发布《2020 北京人工智能发展报告》，从产业规模来看，2019 年北京人工智能相关产值为 1 700 亿元，同比增长 13.3%，实现营业收入 2 229.2 亿元，同比增长 15.5%；从人工智能企业来看，北京拥有人工智能企业 1 500 家，占全国比重的 28%，企业数量位列全国第一，主要集中在海淀区和朝阳区，其中海淀区占比 62.4%，呈现集聚发展态势，形成了以领军企业、独角兽企业为代表的高成长企业及潜力初创企业协同发展的产业生态，其中人工智能独角兽企业 32 家；从人才来看，北京人工智能核心产业人才数量超过 4 万人，学者数量 4 167 人，其中高层次学者 79 人，近 60% 的人工智能人才聚集在北京，使北京成为中国人工智能产业学术和产业人才最大的集聚地；从科技资源来看，北京在 17 个人工智能发展领域技术创新优势显著，例如，寒武纪、比特大陆等科创企业已经成功研制专用人工智能芯片，科研平台数量居全国首位；从产业环境来看，2017 年以来，北京市各部门相继发布《北京市加快科技创新培育人工智能产业的指导意见》《关于加快中关村科学城人工智能创新引领发展的十五条措施》《人工智能北京共识》《关于通过公共数据开放促进人工智能产业发展的工作方案》等文件，创新机制体制，加大对人工智能产业政策、资金和人才培养方面的支持力度，政策环境不断完善。

2. 产业数字化

北京第一、二、三产业的数字化转型步伐不断加快，产业数字化水平在全国处于领先地位。根据中国信息通信研究院发布的《中国数字经济发展白皮书（2020 年）》，2019 年北京产业数字化增加值超过 1 万亿元，占 GDP 比重超过 30%，其中北京产业数字化占数字经济的比重超过 60%。2019 年北京两化融合发展指数为 59.5，同比增长了 3.8%。北京产业数字化主要呈现以下特征：

（1）服务业数字化水平处于领先地位。在网络消费领域，北京表现活跃。网络消费规模保持较快增长势头。2019 年北京网络零售额达到 3 366.3 亿元，相比 2010 年增长 27 倍，

① 新浪网：《〈2020 北京人工智能发展报告〉发布，剖析北京 AI 发展的 17 个"第一"》，http：//finance.sina.com.cn/tech/csj/2020－11－24/doc－iiznctke3005140.shtml，2020 年 11 月 24 日。

占全国的比重为 11.4%；① 网络零售额占社会消费品零售总额的比重从 2010 年的 2% 增至 2019 年的 27.4%。根据商务部大数据检测，2019 年北京网络零售店铺达 77.8 万家，电商企业密集度高，电商企业数量多。根据《2019 年度中国电商百强数据报告》，北京有 150 家百强企业，数量居全国首位，产业总值规模达 30 148.98 亿元，其中美团点评、滴滴出行、京东、小米四家企业的总产值超过两千亿元。② 截至 2019 年底，北京共有 22 家电子商务上市公司，占比 33.33%，地域资源优势突出。此外，新电商平台不断涌现。作为国家电子商务示范城市之一，截至 2018 年底，北京的电子商务交易平台数量超过 770 个，居全国首位，其中年交易额超千亿元的平台有 13 个。③

（2）工业数字化加速创新。工业互联网是推进产业转型升级、建设全国科创中心的重要支撑。2018 年 11 月，北京出台了《北京工业互联网发展行动计划（2018—2020 年）》，提出到 2020 年，打造工业互联网创新应用示范基地，创建具有国际竞争力的工业互联网平台等发展目标。在政府和企业的努力下，北京已成为全国工业互联网发展高地：工业云平台应用率达 38.9%，工业互联网标识解析国家顶级（北京）节点已上线运行，国家工业互联网大数据中心落户北京，石景山、海淀等 4 区入选国家新型工业化产业示范基地，东方国信等 3 家龙头企业入选工信部十大跨行业跨领域工业互联网平台。④ 根据中国工业互联网研究院发布的《工业互联网产业经济发展白皮书（2020 年）》，2019 年北京工业互联网的产业增加值规模超过 1 000 亿元，占 GDP 比重的 3%，增速超过 20%，由工业互联网带动的就业人数超过 100 万人，增速达 10% 以上；此外，从区域总指数看，北京工业互联网发展应用指数为 67.88，位列全国第二，发展基础指数为 100，应用范围指数为 39.30，经济效益指数为 64.33（见表 3-2）。在工业互联网发展基础指数中，北京集聚了 8 家优质工业互联网平台企业，居全国首位，其发展具有良好的政策环境和平台优势。

表 3-2 北京市工业互联网发展应用指数

指标	指数	全国排名
发展基础	100.00	1
应用范围	39.30	10
经济效益	64.33	8

资料来源：中国工业互联网研究院。

（3）农业数字化水平有显著提升。近几年，北京逐步推进乡村振兴战略规划和数字农业农村建设，农业数字化水平显著提升。2012 年，北京成立农业物联网工程技术研究中

① 新华网：《2010—2019 年北京网络零售额增长超过 28 倍》，http：//www.xinhuanet.com/politics/2020-09/05/c_1126457511.htm，2020 年 9 月 5 日。
② 网经社电子商务研究中心：《2019 年度中国电商百强数据报告》，http：//www.100ec.cn/zt/2019bqb/，2020 年 5 月 21 日。
③ 新华网：《京交会展中国电商冠军实力》，http：//www.xinhuanet.com/info/2019-05/30/c_138101832.htm，2019 年 5 月 30 日。
④ 北京市经济和信息化局：《2020 北京工业互联网发展报告》，2020 年 9 月 18 日。

心，面向北京市发展高产、优质、高效精准农业生产和农产品质量安全管理，针对农业物联网等技术难题，构建农业物联网技术研究平台、资源共享和开放服务平台，突破核心关键技术，研发适应不同生产规模和经营方式的产品。2020 年，北京成立京津冀数字农业产业技术创新战略联盟，重点突破数字农业的技术瓶颈，构建以京津冀数字农业产业技术创新需求为纽带的产学研用合作机制与利益共享机制，示范引领京津冀数字农业产业发展。[①]目前，该联盟已有 20 多家京津冀科研院所、农产品生产加工企业和农业信息化企业加入。

二、北京市数字经济竞争力分析

（一）数字基础设施

新型基础设施建设是数字经济发展和经济高质量增长的有力保证。2020 年 6 月，北京市发布《北京市加快新型基础设施建设行动方案（2020—2022 年）》，提出到 2022 年，基本建成具有国际领先水平的新型基础设施。经过不断的发展，北京在数字基础建设方面已走在全国前列。

（1）固定宽带设施完善。截至 2019 年底，北京固定电话用户数为 555.6 万户，固定电话主线普及率为 25.8 线/百人；移动电话用户为 4 019.7 万户，移动电话普及率为 186.7 户/百人；固定互联网宽带接入用户达 687.6 万户，同比增长 8.3%；移动互联网接入流量 30.6 亿 GB，同比增长 68.5%；电信业务总收入达 2 681.6 亿元，比上年增长 51.4%。[②]

（2）5G 建设迈入快车道。自 2017 年率先启动 5G 试验网建设以来，北京一直是国内 5G 网络建设和各类应用推进的标杆地区。2019 年北京市人民政府发布《关于加快推进 5G 基础设施建设的工作方案》，指出要加快推进北京 5G 网络建设。根据北京市通信管理局数据，截至 2020 年 8 月底，北京 5G 基站累计开通已超 4.4 万个，城区五环路以内、郊区重要区域室外及重点应用区域实现 5G 信号连续覆盖，5G 用户规模已经超过 506 万户，用户数量在全国处于领先水平。

（二）数字贸易

数字经济是推动全球经济发展的新增长点，数字贸易成为国际贸易发展的新趋势，极大地改变了全球经济格局和贸易格局。北京市紧抓数字贸易新机遇，利用科技创新驱动，率先推动跨境数据流动试点，打造数字贸易试验区。

（1）跨境电子商务保持快速增长势头。2018 年 7 月国务院新批北京为第三批跨境电商综试区城市。北京结合本地产业基础和发展现状，制订了《中国（北京）跨境电子商务综合试验区实施方案》，以创新为主攻方向，打造首都新的经济增长点：探索跨境电子

① 新华网：《京津冀数字农业产业技术创新战略联盟成立》，http://m.xinhuanet.com/he/2020-10/19/c_1126629191.htm，2020 年 10 月 19 日。

② 北京市统计局：《北京市 2019 年国民经济和社会发展统计公报》，2020 年 3 月 2 日。

商务进口药品试点；探索跨境电子商务零售进口超限额商品转为一般贸易；政府首次提出运用区块链技术提升跨境电子商务物流和质量保障；发展"网购保税 + 线下自提"模式；实行核定征收跨境电商出口企业所得税财务制度；完善京津冀联动机制，打造海运货物进出口快捷通道。[①] 经过发展，2019 年北京开通全国首条利用行李车厢搭载跨境电商零售出口产品的贸易专线，进一步拓展跨境电商出口渠道；实现全国首单跨境电商进口医药产品通关业务，打造跨境医药电商"北京模式"；在电子商务领域重点开展电子发票试点，落实跨境电商零售出口无票免税工作，上线配套申报系统。2020 年 7 月北京跨境电商综合试验区线上综合服务平台正式运行，依托大数据分析技术，全面支持跨境电商 B2B 业务、出口退货、跨境电商企业所得税征收联网核查及无票免征等北京地方特色业务模式，实现了跨境电商"一次注册、一网通看、一网通查、一网通办"。目前北京已建成 6 个跨境电商监管现场、15 家跨境电商产业园、60 余家跨境电商体验店、108 个海外仓，设立了大兴机场自由贸易片区，形成了较为完善的跨境电子商务服务支撑体系。

（2）政策环境持续优化。近年来，北京市各部门相继出台《北京市促进数字经济创新发展行动纲要（2020—2022 年）》《北京市关于打造数字贸易试验区实施方案》《北京国际大数据交易所设立工作实施方案》系列文件，旨在打造数字贸易综合服务平台和数字贸易先导区。同时，北京建设并形成中关村软件园国家数字服务出口基地、朝阳金盏国际合作服务区，数字贸易试验区建设成效显著。

（三）数字金融

金融是信息通信技术和数字技术应用的重要领域，金融科技、智能金融、线上金融等新模式、新业态不断涌现，为北京数字金融高质量发展提供了机遇。以"科技 + 金融"为特征的数字金融成为首都经济社会发展的新引擎。

（1）北京是全国科技创新中心和国家金融管理中心，拥有"科技 + 金融"叠加优势。2013 年以来，北京在全球金融中心（GFCI）的排名稳步提高。在第 26 期的 GFCI 排名中，北京排名全球第 7 位，其中金融科技领域排名全球第一。从行业总体来看，2019 年北京金融业增加值达 6 544.8 亿元，同比增速为 9.5%，占地区生产总值比重为 18.5%；金融业资产总额同比增长 5.3%，金融业收入、利润增速分别同比增长 11.2% 和 19.8%。2019 年北京金融业和信息服务业增加值合计占 GDP 比重达到 32%，逐渐成为全市经济的"压舱石"和"稳定器"。

（2）北京深化金融科技数字化改革。在空间布局方面，金科新区成为北京金融科技与专业服务创新示范区，集聚了超过 100 家金融科技企业；丽泽金融商务区成为北京金融改革试验区，率先开展数字金融创新试点，形成了以新型金融为主，独角兽企业、高精尖企业为辅的产业体系。[②] 在金融科技生态方面，北京近年来不断完善金融科技生态，金融科技试点项目审批通过数位列全国第一，在国家金融监管部门指导和支持下，探索符合北京

---

① 北京市人民政府：《北京市人民政府办公厅关于印发〈中国（北京）跨境电子商务综合试验区实施方案〉的通知》，http://sw.beijing.gov.cn/sy/nsjg/dzsw/dsxxtg/201912/t20191220_1360666.html，2018 年 12 月 18 日。

② 人民网：《北京丰台全力打造金融产业发展新区》，http://ip.people.cn/n1/2020/0909/c136655 - 31854819.html，2020 年 9 月 9 日。

自身定位的地方金融监管模式。2019 年 12 月中国人民银行支持北京在数字货币等前沿领域率先开展金融科技创新监管试点；2020 年北京丽泽金融商务区开启保险行业数字化创新的先河；2020 年 9 月北京市人民政府出台《深化北京市新一轮服务业扩大开放综合试点建设国家服务业扩大开放综合示范区工作方案》，提出搭建以丽泽金融商务区为代表的全球数字金融交流窗口，提升数字金融服务水平；北京市地方金融监督管理局、房山区政府、中国网络空间安全协会签署战略合作框架协议，未来三方将加强在金融安全、数字金融、金融数据等方面的合作。

（四）数字创新

创新是推动数字经济发展的有力保证。建设全球数字经济标杆城市，北京必须推进国际科技创新中心建设，建好综合性国家科学中心，支持新型研发机构发展，形成国家战略科技力量。近些年，北京充分利用自身的区位优势，通过优化政策体系，创新体制机制，完善创新生态，积累创新要素，提升开放创新合作国际影响力。

（1）北京创新主体不断涌现。2019 年北京日均设立高新技术企业数量约为 250 家，高新技术企业数量累计 2.8 万家，其中国家级高新技术企业数量超 2.5 万家，占全国比重的 14%，位居全国第一；高技术服务业新设企业数量约为 875 家；2015 年至 2019 年，累计新增科技型企业超过 35 万家。[1] 2019 年北京独角兽企业从 2014 年的 4 家增加到 93 家，占全国比重的 43%，独角兽企业数量全球占比 12.5%，位居全球第二。

（2）北京创业服务机构领先全国。北京拥有孵化器大学科技园、众创空间等各类众创平台 500 余家。截至 2019 年底，北京拥有包括微软亚洲研究院、东芝研发中心在内的超过 560 家外资研究机构，诸如英特尔开放创新中心、中国—意大利创新中心等多个跨国项目在北京启动。

（3）北京科技人才不断集聚。2019 年北京高新技术从业人员占比 20.87%；R&D 人员总数 39.70 万人，其中基础研究人员 4.63 万人，应用研究人员 6.37 万人，试验发展人员 14.33 万人。

（4）北京全社会研发投入强度全国领先。2019 年，北京全社会 R&D 经费支出 2 233.6 亿元，比上年增长 19.39%；R&D 经费投入强度达 6.3%，连续五年保持 6% 左右，稳居各省区市之首，其中基础研究经费占比超过 15%。[2]

（5）北京科技创新成果丰硕。2019 年北京发明专利拥有量 28.4 万件，比上年增长 17.84%；发明专利申请量达到 13 万件，比上年增长 10.4%；万人发明专利拥有量 132 件，比上年增加 20 件，居全国城市排名之首；技术合同成交总额达 5 695.3 亿元，比上年增长 14.9%。北京的光量子计算机等一批前沿"硬科技"领先全球。中关村国家自主创新示范区创新动力持续提升，2019 年实现总收入 6.5 万亿元，比上年增长 10.5%；申请 PCT 国际专利 4 638 件，占国家高新区的 25%。

（6）北京科技创新中心建设取得突出成效。《全球科技创新中心指数 2020》显示，北

---

① 资料来源：《2020 北京市外资发展报告》。
② 国家统计局、科学技术部、财政部：《2019 年全国科技经费投入统计公报》，2020 年 8 月 27 日。

京科技创新中心在全球 30 多个城市和都市圈中位列第五；《2020 年全球创新指数》显示，北京位列全球科技集群第 4 位；首都科技发展战略研究院和中国社会科学院城市与竞争力研究中心联合发布的《中国城市科技创新发展报告 2019》显示，从综合排名来看，北京科技创新发展指数为 70.14，位列全国第一。

（五）数字政务

为贯彻落实《国务院关于加快推进"互联网＋政务服务"工作的指导意见》《推进"互联网＋政务服务"开展信息惠民试点实施方案》，北京市政府结合实际，抓紧部署数字政务。

在搭建数据平台方面，北京依托"北京通"简化审批办事流程。近年来，北京市逐步在全市试点推广"北京通"，向市民颁发"北京通"虚拟卡，还推出了"北京通"App。该平台以"互联网＋政务服务"的方式，通过实名认证、用户授权等实现跨委办局信息互联互通，整合身份证件、社保、健康、教育、交通等各类信息，建立"公民电子档案"，至 2020 年 6 月，"北京通"上线的服务数量已超过 600 项，解决了多卡并存、公共服务分散的问题，更好地优化营商环境功能，服务市民和企业。[①]

在数据共享方面，北京编制并开展大数据行动计划，共汇聚了 40 个市级部门 714 类政务数据，涉及数据 9.4 亿条，形成"四梁八柱深地基"的大数据平台体系总体架构；推进大数据立法，探索社会数据"统采共用"机制，开展城市规划建设运行管理等重点领域大数据试点应用。

在创新政务服务模式方面，北京深化"互联网＋政务服务"改革。北京市政府多次印发相关文件，加快推进技术体系建设和相应制度保障，实现了公共服务从"政府端菜"到"群众点菜"的转变。北京市各政府部门在电子认证机构的协助下采用了云签名技术，实现了可视化电子签章，满足了社会组织的使用需求，便利群众服务。北京同时依靠科技创新，建设政务专网，通过与华为合作"智简电子政务外网解决方案"，打造"一网多平面、云网一体"的极简政务网，助力北京电子政务网络升级改造，实现政府部门服务上"一网通办"、运维上"一网统管"，加速政府行业数字化转型，提高数字化治理能力。

三、北京市数字经济协同发展政策与启示

（一）北京市发展数字经济的主要举措

2020 年，中共北京市委、北京市人民政府发布了《关于加快培育壮大新业态新模式促进北京经济高质量发展的若干意见》《北京市促进数字经济创新发展行动纲要（2020—2022 年）》《北京市关于打造数字贸易试验区的实施方案》等一系列战略行动文件，从总体战略、数字贸易、数据跨境流动、新基建与政务数据等方面制定了具体的行动措施，致力于将北京建设成为国际数字化大都市和全球数字经济标杆城市。

---

① 科学网：《世界级智慧城市将落地北京》，http://news.sciencenet.cn/sbhtm/news/2018/3/332934.shtm，2018 年 3 月 8 日。

表 3 - 3　北京市关于促进数字经济发展的相关政策与指导意见

序号	发布时间	政策文件	涉及的主要领域及发展目标	发布单位
1	2017 年 8 月	《北京市推进两化深度融合推动制造业与互联网融合发展行动计划》	以信息化改造提升传统产业,深化制造业与互联网融合,实现制造业数字化、网络化、智能化,产业融合创新催生的新业态成为北京经济增长的新引擎	北京市经济和信息化委员会
2	2020 年 6 月	《北京市区块链创新发展行动计划 (2020—2022 年)》	围绕区块链产业发展、技术、平台、信息基础设施、人才队伍等方面系统布局,促进北京经济高质量发展	北京市人民政府办公厅
3	2020 年 6 月	《关于加快培育壮大新业态新模式促进北京经济高质量发展的若干意见》	通过把握新基建机遇,进一步厚植数字经济发展根基;加快打造数字政府,全面改革创新政府服务	中共北京市委、北京市人民政府
4	2020 年 9 月	《北京市关于打造数字贸易试验区实施方案》	吸引数字领域高端产业和人才,打造数字经济和数字贸易先导区	北京市商务局
5	2020 年 9 月	《北京市促进数字经济创新发展行动纲要 (2020—2022 年)》	围绕数字产业化、产业数字化、数字化治理、数据价值化和数字贸易发展等任务,全面推动北京市数字经济高质量发展	北京市经济和信息化局
6	2020 年 10 月	《中关村国家自主创新示范区数字经济引领发展行动计划 (2020—2022 年)》	明确未来三年示范区数字经济发展思路、原则和目标,为全国数字经济高质量发展提供示范引领	中关村科技园区管理委员会

资料来源:笔者整理。

(二) 北京市发展数字经济的主要启示

北京在数字经济发展方面走在全国前列,在建设全球数字经济标杆城市的过程中推出了一系列有效的举措,为广州市推动数字经济高质量发展提供了宝贵的经验与建议。

一是明确战略目标。北京市政府高度重视数字经济的发展,出台系列战略与规划,明确北京数字经济发展的具体步骤与实现路径,明确提出北京要立足自贸区,开展高水平数字经济。其中最重要的是发挥政府在数字经济发展过程中的顶层设计与战略部署作用。北京数字经济发展的每个重要阶段离不开北京市各政府部门的长远规划与全面统筹。近些年北京市政府重磅推出促进数字经济发展的政策,如 2020 年推出"1 + 3"政策,其中包括一个纲领性文件和三个重要发力点,围绕建设数字贸易试验区、打造数据跨境流动安全管理试点、设立北京国际大数据交易所三个重要方面制订实施方案,为北京数字经济的发展指明了前进方向,也推动构建了集"数字基建—数字产业—数字平台—数字场景"于一体的数字经济新生态。

二是营造良好的数字生态环境。北京通过创新人才政策、搭建创新平台，优化政务审批流程、共享政务数据与公共数据，构建良好的数字经济生态环境。首先，北京市大力推进区块链技术在政务服务领域的应用。通过区块链技术开放共享政务数据与公共数据，减少企业和群众办事流程与时间，实现政务审批的智能化与营商环境的持续优化。其次，北京市积极与华为等高新技术企业合作，助力智慧城市建设。如北京市利用华为区块链服务实现数字化精准防疫；北京西城区政府依托华为 5G + 河图的黑科技，构建全国首个 AR 技术虚实融合的智慧商圈。再次，北京市持续优化引进人才政策与环境，人才优势显著。《2019 数字经济人才城市指数报告》[①] 显示，北京数字经济人才指数位居全国第一，这意味着北京市在城市服务、城市治理、产业融合等领域领先全国，已经形成了人才吸虹能力强、薪资水平高、就业环境好的独特优势。

三是实现数字产业化与产业数字化双向赋能。一方面，北京市政府通过先后布局了云计算产业基地、中关村科学城等专业产业园区，汇聚了大批知名企业，北京成为云计算产业与人工智能产业发展高地；另一方面，北京市积极与区内企业合作，利用互联网、云计算、大数据、人工智能等技术实现农业、工业和服务业的数字化转型。

第二节　上海市——打造国际数字经济网络的重要枢纽

近年来，上海市顺应数字化发展趋势，对接国家发展战略，发挥创新资源、产业基础、金融与人才等优势，以创新、开放、包容的"互联网 +"思维改革创新，打造"互联网 +"产业融合和"大众创业、万众创新"的宽松环境，在数字经济领域取得了丰硕成果。

一、上海市数字经济概况

（一）上海市数字经济发展状况

根据腾讯研究院联合腾讯云发布的《数字中国指数报告（2020）》，上海在全国各地区数字化发展评价指数的综合排名中位列第二，在增速方面，数字化头部地区上海，在高起点下仍然保持了高增长，增速达 85.6%；在产业数字化方面，上海以 194.96 的高指数排名第二；在用云量方面，上海以 418 点总用云量领先全国，首次成为全国用云量最高地区。拼多多、哔哩哔哩、小红书等上海新生代互联网企业崛起，支持上海快速长成互联网"后浪"之都，也带动用云量快速增长，领跑全国，上海的电商、数字内容、游戏、行业工具和智慧零售用云量排名前五；在数字文化方面，上海排名第三，其中电子竞技产业成为上海最具有影响力的行业，电竞游戏研发企业、电竞赛事服务企业、电竞媒体、专业化场馆纷纷落户上海，产业集群化效应显著，知名电竞俱乐部数量占全国比重的 48.7%，超

---

① 猎聘大数据研究院、大数据文摘和清华数据科学研究院：《2019 数字经济人才城市指数报告》，2019 年 10 月 21 日。

过三成的大型知名赛事在上海举办;① 在数字政务方面,上海排名全国第四;在数字人才方面,清华大学经济管理学院互联网发展与治理研究中心、上海科学技术政策研究所、LinkIn（领英）中国三方联合发布的《长三角地区数字经济与人才发展研究报告》显示,上海数字人才指数为1.4,位列第二。

阿里研究院与21世纪经济研究院联合发布的《2019长三角数字经济指数报告》显示,上海数字经济指数位为74,在长三角城市中位列第二,具备良好的数字经济发展基础。其中数字基础设施指数为83,数字商业指数为80,数字产业指数为57,数字政务指数为78,数字民生服务指数为66（见图3-2）。

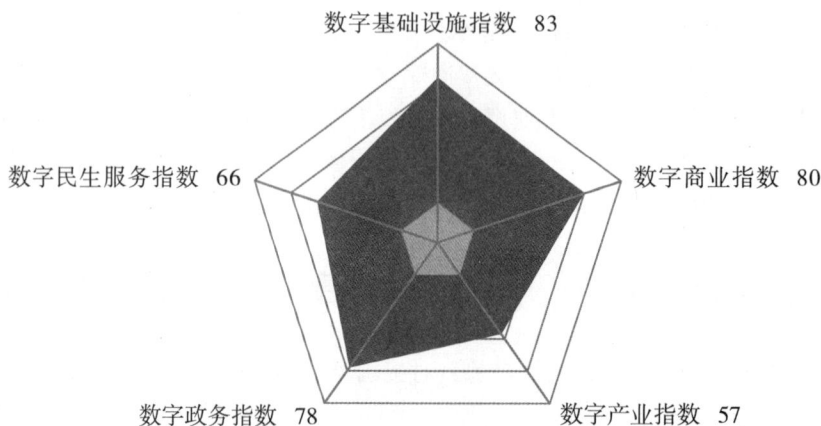

数字基础设施指数　83

数字民生服务指数　66

数字商业指数　80

数字政务指数　78

数字产业指数　57

图3-2　上海数字经济发展指数

资料来源:《2019长三角数字经济指数报告》。

在数字基础设施指数中,上海物流基础设施指数位列第一,数字化办公指数位列第七。在数字商业指数中,上海品质消费指数和消费者数字化指数均位列第一。在数字政务指数中,上海政务服务平台建设位居第二。在数字民生服务指数中,上海交通出行指数为55,教育服务指数为56,医疗服务指数为83,生活缴费指数为100（见表3-4）。

表3-4　上海数字民生服务指数

指标	指数	长三角城市排名
交通出行指数	55	3
教育服务指数	56	8
医疗服务指数	83	2
生活缴费指数	100	1

资料来源:阿里研究院与21世纪经济研究院。

① 资料来源:《2019上海电子竞技产业发展评估报告》。

（二）数字经济的基础部分和融合部分

1. 数字经济产业化

《中国数字经济发展白皮书（2020 年）》显示，上海数字经济在地区经济中占据主导地位：从总量来看，2019 年上海数字经济实现增加值超过 1 万亿元，占 GDP 的比重超过 50%；从增速来看，上海数字经济增速约 14%，其中数字产业化增加值超过 3 000 亿元，占 GDP 比重超过 10%。上海的数字经济产业化主要呈现以下特征：

（1）电子信息制造业结构优化，产业规模持续扩大。上海在电子信息产业拥有全国最好的产业基础，也是国内最早开始重点发展电子信息制造业的地区。《2019 年上海市国民经济和社会发展统计公报》显示，2019 年上海电子信息产品制造业总产值达 6 140.93 亿元。营利能力不断增强。上海社会科学院发布的《2019 年上海电子信息制造业国际竞争力报告》显示，上海计算机、通信和其他电子设备制造业营业收入为 5 320.54 亿元，同比下降 1.2%，利润总额和税金总额分别增长 17.8% 和 20.9%。上海的集成电路自主创新水平显著提高。2019 年上海集成电路产业规模达 1 706.56 亿元，比去年增长 17.65%，位居全国城市首位；2019 年上海集成电路产业集聚了 600 家企业，产业规模占全国比重的 20%，从业人员超过 20 万人，占全国比重的 40%；[①] 成立上海集成电路技术与产业促进中心，建设国家首个国家集成电路设计产业化基地——国家芯火双创（上海）基地，不断突破关键环节和核心技术，与酷芯、和芯星通、中天微等合作伙伴已在多个方面取得了重要的阶段性成果。在此基础上，上海的产业链集聚能力不断提升。通过近年来的重点扶持发展，上海初步形成了以张江为主体，以临港和嘉定为两翼的"一体两翼"空间布局。

（2）软件和信息技术服务业保持快速增长势头，规模稳步扩大。2019 年上海信息服务业增加值为 2 863.12 亿元，与上年相比增长 15%，占全市增加值比重的 7.5%；规模以上信息服务企业超过 2 000 家，占全市服务业的比重超过 10%，其中超亿元企业共有 779 家，超百亿元企业共有 9 家，超百亿元企业营业收入平均增速达 40.3%，高于行业平均水平。目前，上海软件行业正实现高质量发展。上海软件"双百"企业加大研发，提高创新能力，2018 年上海软件"双百"企业研发经费投入超过 200 亿元，平均研发强度达 8.5%，参与研发人员超 7 万人，占"双百"企业总从业人数的 45%；[②] 2019 年上海市软件行业人均年产值突破 100 万元，产业效益稳步提升。此外，上海互联网信息服务业领先全国。国家工信部运行监测协调局发布的《2019 年 1—10 月互联网和相关服务业运行情况》显示，2019 年 1—10 月上海互联网和相关服务业实现营业收入达 2 390 亿元，增速达 37.1%，位列全国第一。上海互联网行业集聚了大量中高端人才，占比超过 20%，居全国首位，互联网企业数量居全国第三。中国互联网协会发布的《中国互联网企业综合实力研究报告（2020）》显示，上海共有 20 家企业入选中国互联网实力前

---

① 资料来源：上海市经济和信息化委员会。
② 新华网：《上海软件业营收将破万亿元》，http://www.xinhuanet.com/tech/2019-12/09/c_1125322307.htm，2019 年 12 月 9 日。

百家企业名单，其中拼多多、携程、趣头条、小红书等新兴企业示范引领作用明显。

（3）云计算产业保持较快增长。2018年上海云计算产业营业收入为1 066.72亿元，与去年相比增长16%。阿里云研究中心、中国社会科学院财经战略研究院发布的《云计算的社会经济价值和区域发展评估》显示，2019年上海云计算发展水平在综合得分排名全国第六。近年来，政府出台系列政策主力云计算产业的发展，2010年以来启动"云海计划"、出台《上海市关于促进云计算创新发展培育信息产业新业态的实施意见》《上海市推进企业上云行动计划（2018—2020年）》文件，推动企业"上云上平台"。

（4）大数据产业形成集聚态势，数据生态持续优化。上海近年来积极贯彻落实国家战略，出台《上海市大数据发展实施意见》，提出全面推进大数据应用和产业发展，深化大数据综合试验区建设，大数据产业规模逐渐增大。中国信息通信研究院华东分院发布了2019年度《上海市大数据产业发展报告》，指出"十三五"期间，上海大数据产业核心企业已经超过900家，核心产业规模突破2 300亿元，平均增长幅度远超过全市平均水平。目前，上海大数据领域基本形成以产业集聚为特征的空间载体，在静安区、杨浦区两个集聚区培育大数据龙头企业和创新创业企业，推动徐汇、嘉定、松江、宝山等区各自形成一批"大数据＋智能""大数据＋工业""大数据＋汽车"等特色产业集群，总体发展水平高。根据北京大数据研究院发布的《2020中国大数据产业发展指数》，从总指数看，上海市大数据产业发展指数为79.88，位列全国第三，其中，产业政策与环境指数为79.3，产业规模与质量指数为84.4，产业创新能力指数为81.0，产业投资热度指数为87.0（见表3－5）。

表3－5 上海市大数据产业发展指数

指标	指数	全国排名
产业政策与环境	79.3	4
产业规模与质量	84.4	2
产业创新能力	81.0	3
产业投资热度	87.0	2

资料来源：北京大数据研究院。

在产业规模与质量指数中，2019年上海大数据企业数量为810个，占全国大数据企业比重的12.21%，位列全国第二；人员总规模达8.39万，仅次于北京，位列全国第二；大数据企业网站约为33 783个，位列全国第二。上海大数据头部企业指数为70.7，位列全国第四，其中，独角兽企业17家、大数据瞪羚企业60家、大数据高新技术企业387家，占全国的比重超过10%。在产业创新能力指数中，上海大数据企业R&D经费占GDP比重达4.16%，位列全国第三；上海大数据企业拥有的商标总数、专利总数、软件著作权总数均列全国第三，其中软件著作权约为25 446件，占全国比重的9.3%；在产业投资热度指数中，上海大数据企业融资总额为2 792.75亿元，占全国总融资的14%，融资轮数1 110次，位居全国前列。

（5）人工智能产业焕发活力。上海连续出台《关于本市推动新一代人工智能发展的实施意见》《上海市人工智能创新发展专项支持实施细则》等政策文件，加速推动人工智能产业发展。截至 2020 年 7 月，上海共有人工智能重点企业 1 116 家，占全国比重的20%；2019 年上海规模以上人工智能企业实现产值达 1 477 亿元，与上一年相比增长10.7%。[①] 目前，在智能驾驶、智能机器人等领域，上海率先达到全国领先水平，已形成浦东张江、临港新片区、徐汇滨江、闵行马桥四大人工智能产业重点区域。[②] 在科研和技术平台方面，上海领先全国，陆续建成上海自主智能无人系统科学中心、复旦脑科学协同创新中心等人工智能功能平台。在人才培养与集聚方面，上海人工智能产业从业人员超过10 万，占全国比重的 33.7%，上海利用复旦大学、同济大学、上海交通大学等优质高校资源，培育人工智能产业人才，完善吸引人才政策，已有一批国际顶级人工智能专家落户上海。

2. 产业数字化

上海数字经济发展的基础牢固，产业数字化成为推动上海数字经济发展的主引擎，信息化和工业化融合程度较高。2019 年上海产业数字化增加值规模接近 1.5 万亿元，占 GDP的比重超过 40%，位列全国第一；从贡献率来看，上海产业数字化在全国处于领先地位，占数字经济的比重超过 60%。上海的产业数字化主要呈现以下特征：

（1）服务业数字化不断拓展。上海"在线新经济"是服务业数字化转型的代表。2020 年 4 月，上海市人民政府发布的《上海市促进在线新经济发展行动方案（2020—2022 年)》提出，到 2022 年，将上海打造成具有国际影响力、国内领先的在线新经济发展新高地。[③] 根据商务部公布的两批数字商务企业名单，上海有 8 家入选国家级数字商务企业，"在线新经济"取得丰硕成果，其中以电子商务为代表的新兴消费模式贡献巨大。

（2）电商交易规模不断扩大。据上海市统计局统计，2019 年上海电子商务交易额达3.32 万亿元，与去年相比增长 14.7%。其中，网络购物交易额达 1.32 万亿元，与去年相比增长 27%，B2B 交易额达 1.99 万亿元，与去年相比增长 7.8%。上海的电子商务园区基地建设引领全国。在商务部电子商务示范基地年度评估中，上海普陀中环商贸区等 5 家电子商务园区被列为国家电子商务示范基地。上海的龙头企业集聚效应显著。在 B2B 百强榜单中上海企业占比 25%，排名全国第一。上海的示范企业规模壮大。2019 年，上海市推选 68 家电子商务示范企业，形成电商领域新的消费增长点。此外，上海市首创形成了机器人餐厅、无人零售、刷脸购物等新零售的场景，提升了城市商业荣誉和居住社区的末端服务能力，推进数字商务的创新发展。

（3）工业数字化实现产业融合。作为工业互联网发展的先行城市，近年来上海相继出台了《上海市工业互联网创新发展应用三年行动计划（2017—2019 年)》《上海市工业互联网产业创新工程实施方案》《推动工业互联网创新升级　实施"工赋上海"三年行动计

[①]　资料来源：上海市经济和信息化委员会官网。

[②]　上海市经济和信息化委员会：《关于建设人工智能上海高地　构建一流创新生态的行动方案（2019—2021年)》，http://www.shanghai.gov.cn/nw12344/20200813/0001－12344_62725.html，2019 年 9 月 13 日。

[③]　上海市人民政府：《上海市人民政府办公厅关于印发〈上海市促进在线新经济发展行动方案（2020—2022年)〉的通知》，http://www.shanghai.gov.cn/nw12344/20200813/0001－12344_64687.html，2020 年 8 月 13 日。

划（2020—2022年）》《上海市建设100＋智能工厂专项行动方案（2020—2022年）》等政策文件，优化政策环境，实现信息技术与工业深度融合，衍生融合性新业态。经过3年的发展，上海工业互联网呈现蓬勃发展的趋势，根据中国工业互联网研究院发布的《中国工业互联网产业经济发展白皮书（2020年）》，2019年上海工业互联网的产业增加值规模超过1 000亿元，占GDP的比重超过3％，增速高于10％，由工业互联网带动的就业人数超过100万人，增速高于10％。目前，上海集聚了130家工业互联网企业，其中拥有宝信、上海电气等15家具有行业影响力的工业互联网平台企业，50家企业级平台以及数个通用型平台，带领12万家中小企业上云上平台；300家企业在集成电路、生物医药等重点领域创新应用，平均降低成本7.3％，提高质量6.1％，增加效率9.2％。上海已经形成以松江区为首，临港、嘉定、宝山、金山为支点的一链多点空间布局，其中松江也是全国首个工业互联网新型工业化示范基地；① 成立了国家首个工业互联网创新中心、工业互联网产业基金和工业互联网协会与联盟，工业互联网创新发展生态初步形成，涌现出一批知名的工业互联网服务商，形成一批创新解决方案和应用模式。上海正逐步向工业互联网"新四化"模式升级。根据中国工业互联网研究院发布的《工业互联网发展应用指数白皮书（2020年）》，从区域总指数看，上海工业互联网发展应用指数为55.49，位列全国第七，其中，发展基础指数为58.75，应用范围指数为41.57，经济效益指数为66.14（见表3－6）。在工业互联网发展基础指数中，上海优也信息科技、上海积梦智能科技、上海飞机制造3家优质工业互联网平台均落户上海。

表3－6　上海市工业互联网发展应用指数

指标	指数	全国排名
发展基础	58.75	4
应用范围	41.57	9
经济效益	66.14	6

资料来源：中国工业互联网研究院。

（4）农业数字化加快转型。在销售方面，2019年上海生鲜农产品网络销售额169.9亿元，同比增长了47.9％；农产品B2B交易额49.6亿元，与去年相比增长12.5％。上海农场积极推进数字化转型，光明食品集团上海农场近年来将"物联网、云计算、移动互联、大数据"技术与传统农业相结合，探索信息化与农业化融合的路径，助力产业化经营升级：在技术方面，创建智慧农业工程研发中心，大力开展农业信息技术开发，和国家农业智能装备中心、上海交通大学、上海农科院、江苏悦达等专业科研院所合作，对接项目合作，开展技术交流；在生产与管理方面，逐步构建"1＋2＋4＋6＋N"的智慧农业云平台架构，充分利用无人机飞防、智能灌溉、水肥一体化等技术，搭建农业生产物联网系统，同时建立覆盖大米、畜禽、水产、菌菇、种子等农场主要农产品的质量追溯系统；在

① 澎湃新闻：《打造数字化转型标杆，上海一批工业互联网平台无人工厂开建》，http：//m. thepaper. cn/wifi Key_detail. jsp？contid＝8468201&from＝wifiKey#，2020年7月28日。

营销方面，与叮咚买菜、盒马、天猫、京东等专业平台合作，扩大电商销售渠道，和南方小麦市场合作，成立粮食网上交易平台，拓宽了粮食经营渠道，实现了信息化助推农场品牌发展和企业转型。此外，上海还建设起了数字农业代表——盒马村。2020 年，在上海政府的推动下，阿里巴巴翠冠梨数字农业基地形成：该基地依托阿里云 IoT 物联网技术，数字化感知和互联农业生产与管理；采集农作物生长的图像数据，通过数据建模，实现精耕细植；设置了土壤、水肥等 13 种传感器，提高精准农业水平。

二、上海市数字经济发展的具体领域

（一）数字基础设施

以 5G、千兆网等为代表的新基建是新型城市建设和数字经济发展的重要基础。上海作为经济中心，率先部署新基建，打造新一代信息基础设施标杆城市。2018 年上海发布的《上海市推进新一代信息基础设施建设助力提升城市能级和核心竞争力三年行动计划（2018—2020 年）》，率先提出建设"双千兆宽带城市"。通过多年发展，上海在固定网络和移动网络建设方面均走在全国前列。

（1）固定宽带建设成效显著。上海固定宽带光纤已实现全市 99% 家庭覆盖，截至 2020 年第三季度，上海固定宽带千兆已覆盖 960 万户家庭，实现"万兆到楼，千兆到户"。2020 年上半年上海固定宽带平均可用下载速率为 50.32Mbps（兆比特每秒），为全国第一个超过 50Mbps 的城市；[①] 从国内终端到互联网应用端的"端到端"下载体验速率比较来看，自 2015 年三季度以来，上海始终在全国各省（区、市）排名中保持第一。

（2）5G 网络建设领跑全国。上海作为 5G 首发城市，高度重视 5G 带来的发展机遇，不断加大 5G 网络建设力度。截至 2020 年 10 月底，上海累计建设 5G 室外基站 3.14 万个、5G 室内小站 4.98 万个，上海已实现中心城区和郊区重点区域 5G 连续覆盖。[②] 从国内对比来看，上海 5G 室外基站建设数量领跑全国。根据宽带发展联盟数据，上海 2020 年第二季度的 5G 基站占比（5G 基站在所有基站中的占比）为 20.19%，居全国第一。从国际对比来看，韩国首尔已建成 5G 室外基站 8.2 万个有源天线单元（AAU），按同口径比较，上海 5G 室外基站 AAU 数量约为 9.42 万（室外基站 2.66 万），已超过首尔，居全球第一。从三大运营商对比来看，上海的中国移动 5G 基站数量最多，截至 2020 年 8 月，其 5G 基站总数超 1 万，占全市 5G 室外基站的比重达 37.58%。

（二）数字贸易

在全球数字贸易规模持续壮大、国家大力推动数字贸易发展背景下，上海率先出台了"数字贸易发展行动方案"，从跨境电子商务、数字内容、数字服务的行业应用、云服务四大领域加速发展数字贸易。

---

① 中国信息通信研究院：《上海"双千兆宽带城市"发展白皮书》，2020 年 11 月 11 日。
② 上海市经济和信息化委员会：《上海市 5G 网络及用户感知测评报告（2019 年）》，2020 年 3 月 13 日。

（1）网络经济规模稳步扩大。2019 年上海无店铺零售额为 2 403.19 亿元，同比增长 13.0%；网上商店零售额达 1 896.51 亿元，与去年相比增长 15.8%；电子商务交易额达 33 186.10 亿元，同比增长 14.7%，其中 B2B 交易额为 19 997.6 亿元，比上年增长 7.8%，占电子商务交易额的比重为 60.3%；网络购物交易额（含服务类交易）为 13 188.50 亿元，比上年增长 27.0%，占比 39.7%。[1]

（2）跨境数字贸易增速显著。根据上海市海关总署统计，2019 年上海数字贸易进出口额达 271.3 亿美元，增速高于同期货物贸易和服务贸易。数字贸易出口额占服务贸易出口总额的 30%；其中音频行业业务市场占比超过 80%，数字内容中的网络文学、网络游戏市场销售收入分别占全国比重的 40% 和 30%。目前上海集聚了一批数字贸易市场主体，包括 IBM、SAP、阿里巴巴、百度等数字服务提供商，亚马逊、微软等全球知名云服务供应商，以及阅文、喜马拉雅、哔哩哔哩等数字内容本地企业。

（3）数字贸易扶持政策不断完善。2018 年上海启动数字贸易潜力培育计划，出台《上海市深化服务贸易创新发展试点实施方案》，提出围绕数字化转型升级着力构筑数字贸易的先发优势等举措；2019 年《上海市数字贸易发展行动方案（2019—2021 年）》提出，加快建设数字贸易国际枢纽港；2020 年《上海市全面深化服务贸易创新发展试点实施方案》提出，推动数字化转型、大力发展数字贸易的特色举措，打造全球数字贸易港。经过不断发展，上海浦东软件园成为数字贸易发展的先行区。截至 2019 年底，上海浦东软件园从事数字服务的企业约 450 家，出口额达 61 亿元人民币，数字服务的从业人员数量超 3.5 万人，引进了院士、长江学者、"国家杰出青年科学基金"获得者等级别的 20 位领军人才，自主研发和建设了 11 个公共服务平台。[2] 2020 年 5 月，上海虹桥商务区全球数字贸易港正式运行。

（三）数字金融

数字金融是经济高质量发展的内在需要，作为我国金融业的改革创新先锋、双向开放高地，上海市在主管部门的鼓励支持和金融机构的积极推动下，金融业数字化发展一直走在前列，数字技术已经在金融服务中广泛应用。

（1）金融行业基础扎实。上海国际金融中心建设在 2019 年取得了重要突破。2019 年上海金融业增加值为 6 600.60 亿元，与去年相比增长 11.6%；金融市场交易总额为 1 934.31 万亿元，与去年相比增长 16.6%，上海已形成多元化金融市场体系。[3]

（2）金融科技机构持续集聚。近两年来，伴随着金融科技相关政策的明朗，上海对于金融科技企业的支持力度也日益加大。2020 年 1 月上海发布《加快推进上海金融科技中心建设的实施方案》，提出要将上海建成具有全球竞争力的金融科技中心。2020 年 3 月"全球金融中心指数"（GFCI）排名中，上海位列全球第四，其中在金融科技排名中，上海位列全球第三，金融科技成为上海排名上升的主要助推力。此外，《2019 年度中国"泛

① 上海市统计局：《2019 年上海市国民经济和社会发展统计公报》，2020 年 3 月 9 日。
② 人民网：《筑巢引凤　上海浦东软件园数字服务出口按下快进键》，http://sh.people.com.cn/nz/2020/0923/c134768-34312643.html，2020 年 9 月 23 日。
③ 上海市统计局：《2019 年上海市国民经济和社会发展统计公报》，2020 年 3 月 9 日。

电商"独角兽数据报告》指出，在独角兽金融科技 Top10 榜单中，上海有 3 家企业上榜，数量位列全国第一；在独角兽金融科技地区分布中，上海占比 16%，排名第三。

（3）现代化金融基础设施体系不断完善，打造金融核心功能区。陆家嘴金融城通过整合区内资源，配套相关服务，已经聚集了一批金融科技领域的优秀企业，是上海国际金融中心的核心功能区。同时，大力推动数字普惠金融发展。上海市公共数据开放普惠金融应用是全国首家省级层面信用信息普惠大数据平台，上海市科学技术委员会等 8 个部门，通过大数据中心集中向试点银行提供纳税、社保缴纳、住房公积金、发明专利等多领域数据项，打破信息壁垒，加快金融数字化转型。此外，在数据安全方面，深化数据资源应用，采用多方安全计算、同态加密等技术加密数据，保证数据安全。

（四）数字文化

近年来，以数字技术为载体的新兴文化产业形态兴起，数字文化产业具有内容化、移动化、智能化、深融合的特点。上海数字文化产业蓬勃发展，文化内容创作生产、电子竞技产业成为核心竞争力。

（1）网络文化产业释放潜力，网络文化精品内容不断涌现。近些年，上海影视、新闻等传统文化产业转型步伐加快，优质文化内容不断涌现。2018 年上海文化内容创作生产增加值与去年相比增加了 60 亿元；网络影视内容出品数量居全国第二，在网络视听内容、网络文化等数字化内容生产方面的国内产业高地地位不断巩固。[1] 目前上海集聚了哔哩哔哩、PP 视频、喜马拉雅、蜻蜓 FM、笑果文化、绘梦动画等文化龙头企业，还涌现一批文化科技平台型企业，包括声网、聚力传媒、网宿科技等企业。2019 年上海文化科技平台型企业共有 14 家，排名全国第二；2019 年上海科技馆被授牌为"国家文化和科技融合示范基地"。文化科技平台和企业集聚。上海文化产业相关配套政策体系进一步完善：2020 年上海率先推出"千帆计划"，扶持数字文化创意内容出海，优化数字文化产业发展的环境；杨浦区出台影视网络视听产业发展"35 条"政策；普陀区全力推动"金沙江路互联网影视产业集聚带"建设；浦东新区设立文化创意（影视）产业发展专项资金。

（2）电子竞技产业布局深化，政策体系不断完善。电子竞技产业是近年来快速发展的新型产业，围绕打造"全球电竞之都"，上海市政府从顶层规划、专项资金扶持、营商环境优化、教育与人才培养等多方面促进电子竞技产业的发展。2017 年发布《关于加快本市文化创意产业创新发展的若干意见》，提出打造"全球电竞之都"的目标；2019 年 6 月出台《关于促进上海电子竞技产业健康发展的若干意见》，提出全面建成"全球电竞之都"的 20 条举措；落实《电竞场馆建设规范》《电竞场馆运营服务规范》《电竞网络直播标准》，率先实施电竞运动员注册制，健全电竞产业规范，赋能电竞产业。上海各区纷纷出台电子竞技项目扶持政策，浦东新区发布《浦东打造上海"电子竞技之都"核心功能区实施细则》，静安区发布《上海市静安区促进电子竞技产业发展的扶持政策（试行）》。在此基础上，电竞产业规模持续扩大：2019 年上海电子竞技游戏市场收入为 167.1 亿元，同比增长 14.14%（见图 3-3）；上海集聚了全国 80% 以上的电竞企业、俱乐部、明星团

---

[1]　资料来源：《2019 年上海文化产业发展报告》。

队和直播平台，电竞企业数量位列全国第一，其中电竞游戏研发、电竞媒体和电竞赛事服务企业占上海电竞企业数量的比重超过60%，48.7%知名电子竞技俱乐部集聚上海，电竞媒体的数量超过35家，居全国首位；35家电子竞技场馆落户上海；每年大约有200项电竞赛事在上海举办，约占全国比重的30.8%，包括英雄联盟职业联赛、王者荣耀职业联赛、刀塔2（DOTA2）等知名赛事。[①]

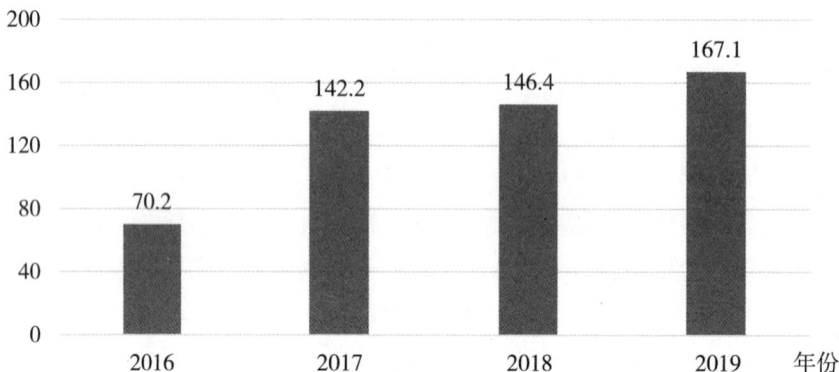

图3-3　2016—2019年上海电子竞技游戏市场规模（亿元）

资料来源：伽马数据。

（3）游戏产业增速较快。2019年上海网络游戏销售收入约为802亿元，同比增长超过了12%，其中海外销售收入超过18亿美元，与去年相比增长26%；自主研发游戏销售收入达697.6亿元，占全国的比重达36.8%，增长17.6%，与2018年相比增加量超过百亿元；[②] 客户端游戏销售收入达210.9亿元，上海逐渐成为国内客户端电子竞技游戏新品最活跃的地区。从游戏企业数量来看，目前上海集中了全国10.7%的上市游戏企业，2019年，在游戏收入Top50企业地域分布中，上海占比26%。

（五）数字政务

建设数字政府是政府应对数字化浪潮的有力举措。近些年，上海加快建设一体化政务服务平台，利用物联网、大数据、移动互联等新技术，在转变政府职能、共享公共数据、优化公共管理等方面，不断提高政府治理能力。

（1）"一网通办"政务服务平台建设成效显著。2018年3月30日，上海制订《全面推进"一网通办"加快建设智慧政府工作方案》，提出深化建设纵横全覆盖、事项全口径、内容全方面、服务全渠道的上海政务"一网通办"总门户，以解决当前政务服务的薄弱环节，提高现有各部门有关政务服务事项前端受理功能。截至2019年9月，"一网通

---

① 资料来源：《2019上海电子竞技产业发展评估报告》及《2020上海电子竞技产业发展评估报告》。
② 伽马数据：《2019—2020上海游戏出版产业调查报告》，2020年7月28日。

办"总门户用户注册量超过 1 008 万，累计办件量超过 2 489 万件；[①] 已接入 2 261 个政务服务事项，网上办事 651 万件，在审批事项提交材料和办理方面，用时分别减少 52.9% 和 59.8%，新增 177 个通办事项和 105 个业务流程再造事项。[②] 经过各方努力，"一网办、一窗办、一次办"的理念逐渐被政府和群众接受，"一网通办"政务服务平台成效初步显现，功能不断完善，服务页面实现个性化、智能化，已经成为群众和企业办事的主要渠道。2019 年上海"一网通办"被评为建设数字政务一体化平台的典型标杆，数字化、网络化、智能化的政府治理方式在全国发挥了引领和示范作用。

（2）数据开放、共享、交换平台全面搭建。2018 年 4 月，上海以电子政务云为基础，建立大数据管理中心，通过培育数据共享、交换平台，推动数据完成跨部门、跨业务、跨系统、跨层级的交换，实现数字化统筹日常工作。2019 年 8 月，上海市人民政府发布《上海市公共数据开放暂行办法》，提出优化开放环境、建立公共数据开放安全预警机制、对不同开放类型和属性的数据采用差异化的数据获取方式等举措。此后，上海先后发布《上海市公共数据资源开放 2019 年度工作计划》《上海市公共数据资源开放 2020 年度工作计划》，率先出台专门针对公共数据开放的地方政府规章，建立政府数据开放清单。根据《中国地方政府数据开放平台报告（2020）》，在地方政府数据开放综合指数中，上海数据开放综合指数在 130 个城市中排名第一，实现了政府数据的汇集与共享。在政府网站建设方面，作为全国首个政府数据服务网站，上海政府数据服务网已经累计开放有效数据集共 3 300 项，其中有 32 个优质数据集，覆盖各市级政府部门的重要业务领域，并且对平台上大多数开放数据集保持动态更新。此外，作为国内大数据开放和创新领域最具知名度的品牌赛事之一的"上海开放数据创新应用大赛"（SODA）已经连续举办 6 年，推动开放数据的社会化利用。

三、上海市数字经济相关协同政策与启示

（一）上海市发展数字经济的主要举措

为发展数字经济，上海市连续出台多项数字经济战略、行动方案（见表 3 - 7），主要围绕大数据、云计算、人工智能等领域，提出一系列发展的具体措施与目标，加快制造业与互联网深度融合，推进信息化与工业化创新融合，实现数字经济高水平发展。

---

① 上海市人民政府新闻办公室：《"一网通办"工作的推进情况和主要成效》，http：//www. shio. gov. cn/sh/xwb/n790/n793/u1ai22277. html，2019 年 10 月 17 日。

② 上海市统计局：《2019 年上海市国民经济和社会发展统计公报》，2020 年 3 月 9 日。

表3-7　上海市关于促进数字经济发展的相关政策与指导意见

序号	发布时间	政策文件	涉及的主要领域及发展目标	发布单位
1	2016年10月	《上海市大数据发展实施意见》	统筹大数据资源，通过加快政务和公共数据共享开放，深化大数据在医疗、教育、交通、金融等方面的应用，发展大数据产业	上海市人民政府
2	2017年1月	《关于本市加快制造业与互联网融合创新发展的实施意见》	推动先进制造业与"互联网+"两轮驱动，加速融合数字经济与实体经济	上海市人民政府
3	2017年1月	《上海市关于促进云计算创新发展培育信息产业新业态的实施意见》	重点推进"全面云化、升级产业"，即普及云计算服务模式，形成云计算产业体系，带动相关产业能级显著提升	上海市经济和信息化委员会
4	2017年5月	《上海市推进信息化与工业化深度融合"十三五"发展规划》	以网络互联为基础，通过夯实两化融合基础设施体系，强化融合标准，推动传统产业创新等方式，使上海成为国家两化深度融合示范区和全球先进"智造"高地	上海市经济和信息化委员会
5	2019年10月	《上海加快发展数字经济推动实体经济高质量发展的实施意见》	聚焦重点领域，推动关键核心技术突破，吸引培育一大批成长性好、有发展潜力的优质企业，为上海数字经济发展营造良好环境	上海市人民政府
6	2020年4月	《上海市促进在线新经济发展行动方案（2020—2022年)》	通过集聚优势资源，围绕重点领域打造四个"100+"，培育经济新增长点，着力营造产业发展新生态，打造在线新经济发展高地	上海市人民政府

资料来源：笔者整理。

（二）上海市发展数字经济的主要启示

上海市首创全面推进城市数字化转型建设，在经济数字化、生活数字化、治理数字化等方面取得了显著成效，其发展措施对广州市数字经济发展提供了相应的启示与意义。

经济数字化方面，上海市坚持以数字产业化和产业数字化为方向，搭建数字经济集聚平台，努力打造国际数字经济网络的重要枢纽。上海目前集聚了一批工业互联网平台、人工智能功能平台，成立了大数据、云计算等创新基地，已经形成了"一中四方"数字经济空间格局，主要包括中心城区、浦东软件园、闵行区紫竹科学园区、青浦区市西软件信息园、静安区市北高新区。

生活数字化方面，上海市引导市场多方主体参与数字化转型场景运营，创造优质普惠的数字生活。近些年，上海政务治理开创多个第一：第一个实现公共事业互联网缴费、第一个提供在线法律援助、第一个实行互联网结婚登记预约……上海市数字生活服务的范围持续扩大。在生活数字化建设进程中，上海市坚持以问题为导向，着重从企业、群众和城市治理面临的高频急难的问题中发现数字化转型的应用场景，目前已有众多城市数字化转型的应用场景落地，如建设数字教育资源库、互联网医院、智慧养老服务、智慧博物馆与美术馆。

治理数字化方面，上海市以"一网通办"和"一网统管"建设为牵引，建立大数据管理中心，实现数据的开放、共享和交换。上海市政府积极搭建大数据共享平台，主动公开政府数据，整合数据资源，利用移动互联等新技术，搭建一体化政务服务平台，降低获取信息成本，实现数据资源的最大化。此外，上海市积极与创新企业合作，让技术成果成为建设智慧城市的助推器。

第三节　深圳市——打造全国数字经济创新发展试验区

从粤港澳大湾区到中国特色社会主义先行示范区，深圳"双区"建设坚持以新发展理念为引领，坚持"制度创新＋技术创新"的双轮驱动，努力实现经济发展进入"质量时代"。在数字经济引领经济社会变革的新时代，深圳依托坚实的数字产业基础和高度的产业数字化程度，举全市之力支持数字经济产业发展，实现数字经济的跨越式推进，成为中国数字经济发展的龙头引领城市。在新华三集团数字经济研究院编制的《中国城市数字经济指数白皮书（2020）》中，深圳以90.2的数字经济综合加权得分位列全国城市第二。

一、深圳市数字经济概况

（一）深圳市数字经济发展状况

腾讯研究院联合腾讯云发布《数字中国指数报告（2020）》显示，深圳在全国各地区数字化发展评价指数中排名第四，从增速看，深圳数字经济增速达36.2%。从产业数字化来看，深圳以123.84高指数位居全国第三。在用云量城市用量排名中，深圳排名第三；用云量集中在手机、金融、游戏、行业工具和电商五个行业。在数字文化方面，深圳排名第四，从细分市场的Top10城市来看，深圳在游戏、音乐、电影、文学和视频等细分领域中排名前三，数字文化消费逐渐已经成为当前大众文化消费的主流形态；在数字政务方面，深圳排名第二，处于国内领先地位。目前，在数字经济产业密集创新和高速增长的历史进程中，深圳以数字经济产业化和产业数字化为主线，从供给和需求两方面发力，培育智能经济、云计算、共享经济等新产业新业态，形成数字经济创新发展的局面，积极打造全国数字经济创新发展试验区。

（二）数字经济的基础部分和融合部分

1. 数字经济产业化

近些年，在政策支持和技术创新的驱动下，深圳数字经济产业处于全国领先地位。按照狭义的数字经济产业概念，2019年深圳数字经济产业增加值为1 596.59亿元，与上年相比增长了 18%;[①] 按照广义的数字经济产业概念（即信息通信产业），2019 年深圳数字经济产业规模达 27 828.6 亿元，在全国大中城市排名中居首位。深圳数字经济产业化主要呈现以下特征：

（1）电子信息制造业支撑作用显著，产业规模持续壮大。深圳经济高质量的发展离不开电子信息制造业。2019 年深圳规模以上电子信息制造业总产值达 2.25 万亿元，相比去年增长 3.8%，规模以上电子信息制造业实现增加值为 5 527.9 亿元，相比去年增长 5.5%。[②] 深圳共有 22 家企业入选 2019 年中国电子信息百强企业，位列全国第一，华为已经连续多年居"百强企业"之首。深圳的企业竞争力不断提升。

（2）信息传输、软件和信息技术服务业实现较快发展，产业增速保持不断增长。根据深圳市统计局统计数据，2019 年深圳信息传输、软件和信息技术服务业营业收入达 5 290 亿元，相比去年增长 16.4%；其中软件业务收入达 6 935.6 亿元，与去年相比增长 16.9%，软件业务的规模居全国大中城市第二；软件出口额 207.2 亿美元，连续多年领跑全国。深圳的软件产业和互联网产业集聚效应显著，共有 11 家企业入选 2019 年中国软件业百强企业，企业数量位居全国第二，华为、中兴、腾讯、平安等 8 家企业入选 2019 年中国互联网企业百强。小米国际总部、百度国际总部、字节跳动大湾区总部、阿里巴巴国际运营总部等项目相继落户深圳。[③]

（3）云计算产业充满活力。2019 年深圳市云计算产业规模超过 1 000 亿元，云计算相关企业总量突破 700 家，腾讯和华为跻身中国公有云市场前三。阿里云研究中心和中国社会科学院财经战略研究院联合发布的《云计算的社会经济价值和区域发展评估》显示，2019 年深圳云计算发展指数为 94.5，位列全国第一，其中云计算规模指数为 79.4，云计算规模占比为 55.6%。

（4）大数据产业稳步发展。2019 年深圳大数据产业规模约为 800 亿元。根据北京大数据研究院发布的《2020 中国大数据产业发展指数》，从总指数看，深圳大数据产业发展指数为 82.77，位列全国第二，其中，产业政策与环境指数为 76.8，产业规模与质量指数为 82.4，产业创新能力指数为 86.6，产业投资热度指数为 86.1（见表 3 – 8）。

表 3 – 8　深圳市大数据产业发展指数

指标	指数	全国排名
产业政策与环境	76.8	5
产业规模与质量	82.4	3
产业创新能力	86.6	2
产业投资热度	86.1	3

资料来源：北京大数据研究院。

---

① 资料来源：深圳市工业与信息化局官网。
② 深圳市统计局：《深圳市 2019 年国民经济和社会发展统计公报》，2020 年 4 月 15 日。
③ 深圳新闻网：《深圳公开数字经济成绩单　产业规模居全国大中城市首位》，https://www.sznews.com/news/content/2020 – 06/17/content_23257724.htm，2020 年 6 月 17 日。

　　在产业政策和环境指数中，基本形成了以深圳为核心的珠三角大数据产业生态。在产业规模与质量指数中，深圳大数据企业为 621 个，占全国大数据企业的比重接近 10%，位列全国第三；人员总规模达 8.2 万，仅次于北京、上海；大数据企业网站约为 26 680 个，居全国第三位。深圳拥有腾讯、华为、中兴等领先企业，大数据产业发展优势强，大数据头部企业指数为 82.2，大数据上市公司总净利润为 27 338 亿元，均位列全国第一。其中，深圳拥有大数据独角兽企业 10 家、大数据高新技术企业 256 家。在产业创新能力指数中，深圳大数据企业 R&D 经费占 GDP 比重达 4.32%，位列全国第二；深圳大数据企业拥有的商标总数超过万件，专利总数超过 20 万件，软件著作权约为 30 644 件，占全国比重的 11.2%。在产业投资热度指数中，深圳大数据企业融资总额为 1 326.83 亿元，占全国总融资的 14%，位居全国第四，融资轮数 714 次，位居全国第三。

　　（5）人工智能产业领跑全国。作为首个国家创新型城市，深圳吸引了数百家人工智能企业落户，逐步形成覆盖设计、开发、制造、服务等环节的全链条人工智能产业系统。2019 年深圳人工智能产业规模超过 260 亿元，企业总量约 630 家。从企业数量、人才数量、国际级载体等方面来看，深圳人工智能综合实力位居全国主要城市前三位，形成了"高端资源集聚、技术深度融合、应用遍地开花"的发展格局。

　　2. 产业数字化

　　深圳产业数字化主要特征为：

　　（1）服务业数字化加快进程。2019 年深圳市社会消费品零售总额 6 582.85 亿元，增长 6.7%；数字化赋能传统零售业，通过互联网实现的商品零售额增长 41.4%。当前，随着移动互联网和科技的发展，深圳零售企业纷纷开启数字化转型。自助收银、扫码购、电子标签、溯源码、智能购物车等越来越多的零售数字化应用出现在深圳各大商超、便利店等场所。2019 年，深圳市商务局出台《深圳市建设国际消费中心城市行动计划（2019—2021 年）》，提出打造新零售发展高地，发展集网上商城、微信营销、App 应用、线下商店于一体的全渠道经营模式。2020 年 6 月，深圳市人民政府印发《深圳市关于进一步激发消费活力促进消费增长的若干措施》，提出深圳全面发展新零售，深入推进零售业数字化。

　　（2）工业数字化推动产业转型。深圳加快建设工业互联网，催生新的经济增长点和生产模式。近些年，深圳通过发展工业互联网，已经培育了一大批工业互联网应用标杆企业，主要包括大疆百旺、华星光电、富士康等企业。其中，大疆百旺通过引入工业互联网技术，整体效率提升 30%，能源节约 25%；华星光电通过应用工业互联网技术，提高了缺陷识别的准确率，其准确率为 90% 以上；富士康在生产和管理中应用工业互联网，生产效率提高约 30%，库存周期降低 15%；一批网络工厂通过创新生产制造模式形成以"总部（深圳）＋工厂（珠三角）"为特征的跨地域生产制造模式。2019 年深圳被世界经济论坛评为制造业领域的"灯塔工厂"，[①] 平台发展成效显现。2019 年深圳共有 6 个项目入选国家级制造业与互联网融合发展试点示范项目，其中华为 FusionPlant 和富士康 BEACON 工业互联网平台入选了 2018 年工业和信息化部工业互联网试点示范项目和 2019 年国家十大跨领域、跨行业平台。

---

① 深圳市工业和信息化局：《深圳市工业互联网发展白皮书（2019 年）》，2019 年 12 月 10 日。

二、深圳市数字经济发展的具体领域

（一）数字基础设施

随着 5G、人工智能、大数据等数字技术的普遍发展、应用场景日渐增多，传统基础设施与数字技术的结合也越来越紧密，逐渐实现智能化和自动化。深圳将传统基建与以信息技术为代表的新基建深度融合，为数字经济发展提供有力保障。

（1）基础网络不断完善。近年来，深圳不断完善公共基础网络，鼓励三大运营商和广电等基础运营商建设各类有线和无线网络，网络覆盖率、连通率和使用率逐步提高。2019年深圳固定电话用户达 430.80 万户，移动电话用户达 2 896.50 万户；固定互联网宽带接入用户累计为 533 万户，移动互联网用户累计为 2 518 万户（见图 3－4）；新建 4G 基站10 999 座，累计达 58 601 座。[①] 深圳光纤接入实现"万兆到企，千兆入户"，2019 年 9 月深圳累计光纤用户达 508.2 万户，占比约为 94.2%，入户率达 113.8%，当年新增用户数为 41.5 万，其中 100M 以上光纤接入用户累计达 446.9 万户，占比为 87.9%，固定宽带人口普及率达 51.5%，光纤入户和宽带普及建设在全球处于领先地位。

单位：万户

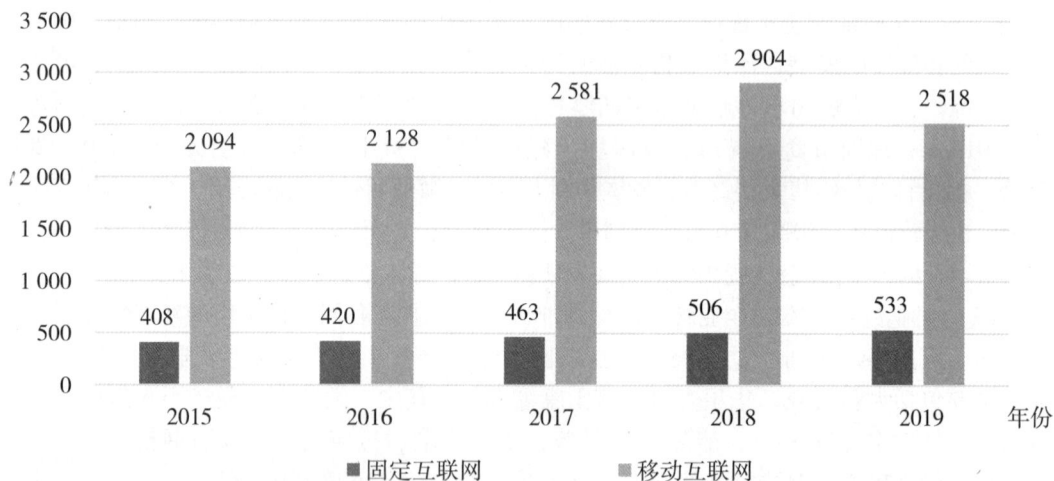

图 3－4　2015—2019 年末深圳固定互联网宽带接入用户数及移动互联网用户数

资料来源：《深圳市 2019 年国民经济和社会发展统计公报》。

（2）新基建为深圳数字经济发展提供了动能。深圳加快推进新型基础设施建设，连续发布《深圳市关于率先实现 5G 基础设施全覆盖及促进 5G 产业高质量发展的若干措施》《关于加快推进新型基础设施建设的实施意见（2020—2025 年）》等系列文件，加快建设

---

①　深圳市统计局：《深圳市 2019 年国民经济和社会发展统计公报》，2020 年 4 月 15 日。

5G 基础设施，梳理首批新基建项目，率先布局新型基础设施建设。在多方的共同努力下，深圳新基建的部分领域取得重大进展：目前基本实现 5G 网络全市覆盖，截至 2019 年底，深圳累计建成 15 544 个 5G 基站，大部分区域已经实现了 5G 连片规模组网，5G 网络覆盖密度在全国大中城市排名中居首位，新建 2 289 根多功能智能杆，已经实现信息基础设施跨越式增长。[①]

（二）数字贸易

促进数字贸易发展是促进消费和稳定外贸的重要途径，深圳在数字贸易发展方面有其独特的优势以及使命。深圳利用前海积累跨境服务贸易合作优势，开展跨境数字贸易，并发布了国内首个以"数字贸易双循环"建设为核心的相关文件，为粤港澳大湾区和深圳中国特色社会主义先行示范区探索数字贸易发展的新规则、新制度、新标准和新模式。

（1）跨境电子商务呈跨越式发展，进出口额持续增长。2019 年深圳企业进出口额为 187.9 亿元，与 2018 年相比增长 1.8 倍，对深圳外贸的贡献率增长 0.4%，占全市外贸的比重增加 0.4%。[②] 在商务部发布的《中国电子商务报告 2019》中，2019 年深圳跨境电商零售进出口总额在全国 59 个跨境电商综合试验区中排名第三。据中国（深圳）跨境电商行业数据报告大会公布的统计数据，2019 年 1—10 月，深圳跨境电子商务交易额达 3 306.76 亿元，与 2018 年相比增长 5.4%，其中跨境电商出口额为 67.81 亿元人民币，与上年同期相比增长 395%，呈现暴发式增长。2013—2019 年期间，深圳跨境电商年均增长率超过 30%，跨境电商交易额已经连续多年稳居全国前列。

（2）跨境电商企业数量多。根据中国互联网络信息中心（CNNIC）《中国互联网络发展状况统计报告》，截至 2020 年 10 月，从电商市场主体的城市分布来看，深圳在业/存续电商主体达 49.66 万家，占全国 18.7%，以绝对优势位列全国第一。近年来，深圳培育和汇聚了一批跨境电商企业与特色新型跨境电商平台，包括环球易购、有棵树、华秋电子等企业，电商交易平台持续快速发展。

（3）外贸数字化政策体系不断完善。2019 年深圳市政府和阿里巴巴宣布通过数字外贸操作系统打造全国"数字化外贸港"标杆城市；2020 年 1 月，出台《关于跨境电子商务综合试验区零售出口企业所得税核定征收有关问题的公告》，减税降费减轻企业负担；2020 年 7 月，深圳跨境电商综合试验区启动"跨境电商 B2B 出口"监管试点工作，优化物流模式、提高通关效率；2020 年 9 月，深圳市前海管理局发布《中国（广东）自由贸易试验区深圳前海蛇口片区关于促进数字贸易快速发展的若干意见》，提出打造数字贸易高地；2020 年 10 月，深圳市人民政府印发《深圳市关于推动电子商务加快发展的若干措施》，围绕完善电子商务支撑服务体系等五大方面提出了推动数字贸易发展的 19 条举措。

（三）数字金融

近年来，深圳市抢抓"双区驱动"历史性机遇，优化金融发展环境，支持金融重大项

---

① 资料来源：深圳市统计局。
② 资料来源：深圳海关。

目落地，加强金融人才培训，取得了丰硕成果。2019 年，深圳金融业增加值约为 3 667.63 亿元，与去年同期比较增长 9.1%，占 GDP 比重为 13.6%，总体呈现稳中有进、稳中向好的发展态势。在第 28 期"全球金融中心指数"（GFCI）排名中，深圳位列全球第九，其中，在"金融科技中心"分项排名中位列全球第五。

（1）深圳金融科技基础深厚，金融产业规模持续扩大。2019 年深圳金融科技产业规模突破百亿元，深圳市福田区金融科技行业规模达 157.3 亿元，金融从业人数超 1.8 万人。[①] 深圳集聚了一批领军型金融科技企业，形成了较为良好的产业梯队基础。15 家企业入选毕马威金融科技 50 强，中国平安、微众银行、招商银行、百行征信等企业落户深圳，成为深圳打造"全球金融科技中心"的主力军。2019 年深圳有 6 家金融科技独角兽企业，位居全国第二，占全国的比重达 22%，是中国金融科技头部企业数量最多的城市之一。[②]

（2）加快金融科技生态布局。深圳加快金融科技专项政策制定，吸引国家金融科技测评中心、百行征信、央行数字货币研究院等系统性重要基础设施机构相继扎根深圳，深圳正式发布国内首支金融科技主题公募基金产品，成功举办金融科技全球峰会，成立深港澳金融科技联盟，持续巩固了深圳金融科技先发优势。此外，深圳还规划建设福田金融核心区、红岭创新金融产业带、南山科技金融城等 6 个金融集聚区和 7 个重点金融楼宇，优化产业空间布局。

（四）数字创新

建成国家数字经济创新发展试验区和数字经济产业发展高地，深圳必须强化创新驱动，集聚数字人才，发展数字生产力，着力提升数字经济产业发展能级，持续引领产业迭代升级和经济社会高质量发展。近年来，深圳在人才引培、新兴研究机构和创新载体建设、科技创新与专利申请等方面取得令人瞩目的发展成果。

（1）人才队伍不断扩大。2020 年 10 月，清华大学经济管理学院互联网发展与治理研究中心联合领英中国经济图谱团队发布的《全球数字人才发展年度报告（2020）》指出，在全球吸引力城市排名中，深圳排名第四。其中，深圳数字人才占比在消费品行业居全球首位，在制造业位列第四。2019 年深圳各类专业技术人员约为 183.50 万人，同比增长 10.1%，其中具有中级技术职称以上的专业技术人员共 54.69 万人，与上年相比增长 7.4%。

（2）科技创新载体建设持续加大。2019 年，深圳各类创新载体新增 381 家，累计建成各类创新载体共 2 258 家，其中，国家级重点实验室、工程实验室和技术中心等创新载体共有 116 个，部级创新载体共有 604 个，市级创新载体共有 1 537 个。[③] 2019 年深圳市

---

① 第一财经：《四十不惑，深圳将打造全球金融"双中心"》，https：//www.yicai.com/news/100729036.html，2020 年 8 月 10 日。

② 深圳市金融科技协会湾区国际金融科技实验室：《2020 年中国金融科技头部企业调研分析报告》，2020 年 6 月 2 日。

③ 深圳新闻网：《深圳：经济高质量发展道路上稳步前行》，https：//www.sznews.com/news/content/2020－09/28/content_23598878.htm，2020 年 9 月 28 日。

级以上科技企业孵化器累计 141 家、众创空间累计 281 家，其中有 30 家国家级孵化器、112 家国家备案众创空间、3 家国家专业化众创空间。

（3）创新能力持续增强。2019 年，深圳市全社会研发投入占 GDP 比重继续保持全国领先，国家级高新区综合排名全国第二，其中可持续发展能力指标排名全国第一。2019 年深圳专利申请量约为 26.15 万件，同比增长 14.4%；专利授权量达 16.66 万件，同比增长 18.8%；发明专利申请量为 8.29 万件，同比增长 18.4%；发明专利授权量 2.61 万件，同比增长 22.3%；PCT 国际专利申请量达 1.75 万件，在全国大中城市中排名第一。[①] 2019 年深圳新增 2 700 家国家级高新技术企业，累计超过 17 001 家，其数量仅次于北京。

（五）数字政务

以"粤省事"为代表的广东省级数字政务体系建设，为深圳市的数字政务发展提供了有力保证。从"秒批""秒报"到"秒办"，从"一件事一次办"到"i 深圳"App 一站式"掌上办"，从办事堵点难点疏解到"好差评"及时反馈，深圳主动、精准、整体式、智能化的政务服务格局已初步形成。

（1）运用互联网技术推进政务数字化，不断推进网上办事。2006 年，深圳市成为全国首个"国家电子政务试点城市"；"十一五"期间，深圳电子政务覆盖面拓宽，政府网站建设全国领先；"十三五"期间，深圳市县级政务服务事项网上公示依申请政务服务事项共 6 938 项，其中可网上办理事项 6 822 项，网上可办率 98.33%。实现"一件事一次办"，广东省政务服务网深圳市分厅共进驻部门 79 个，进驻事项 2 067 项，包括 657 项行政许可事项，深圳 100% 的行政审批事项实现网上办理，94% 的行政许可事项实现"零跑动"。[②] 深化"秒批""秒报"改革，强化电子证照和电子材料共享复用，推出"秒报"（无感申办）服务，全国首创"无感申办"新概念，首批无犯罪记录证明、小汽车增量指标摇号编码延期、居住证签注等涉及 9 个部门 74 项"秒报"事项在"i 深圳"实现。目前，深圳市已在人才引进、企业登记等量大、高频的堵点痛点领域实现"秒批"事项 158 个，商事登记等近 260 个事项实现"秒批"。《2019 年中国政府网站绩效评估报告》显示，深圳政府在线门户网站指数为 87.8，位列副省级城市第一名。

（2）搭建统一政务服务平台。2019 年 1 月 11 日，深圳市推出集政务服务、公共服务、便民服务于一体的"i 深圳"App，旨在打造个人、企业一站式服务平台，为市民提供"秒批""无感申办""区块链电子证照""千人千面""智能语音机器人"等特色服务，推动政务服务由"网上办"向"掌上办"延伸。经过一年时间的运行和持续完善，"i 深圳"成为新型智慧城市和数字政府建设的优秀案例。截至 2019 年 12 月 31 日，"i 深圳"历经 18 次版本升级，已上线 7 484 项服务事项、33 个市级单位门户、10 个区级政府门户以及 18 个国企门户，累计下载突破 1 400 万次，注册用户数达 675 万，日均活跃用户

---

① 深圳市统计局：《深圳市 2019 年国民经济和社会发展统计公报》，2020 年 4 月 15 日。

② 深圳市政务服务数据管理局：《深圳市政务服务数据管理局 2019 年工作总结及 2020 年工作安排》，http：//www.sz.gov.cn/szzsj/gkmlpt/content/8/8120/post_8120790.html#19233，2020 年 3 月 13 日。

数超 58 万，日均访问量超 200 万次。[①] 2019 年，深圳市已部署 381 台自助服务终端机，涵盖 31 个部门的 835 项行政审批业务及 26 项便民服务，系统上线以来访问量已达到 30 万次。此外，深圳还加强市行政服务大厅管理。大厅进驻单位 40 个（含水电燃气、地铁 4 家公共服务单位），进驻事项为 1 839 个，办理业务 111 万件，日均业务量 5 144 件，共收到表扬 129 次，未收到有效投诉。《省级政府和重点城市网上政务服务能力（政务服务"好差评"）调查评估报告（2020）》显示，深圳网上政务服务能力总体指数排名居全国城市首位。

（3）打造国家智慧城市标杆市。2018 年 7 月深圳市人民政府印发《深圳市新型智慧城市建设总体方案》，着力打造以大数据、人工智能等先进技术为支撑，以统一的城市大数据运行和管理中心为平台，以公共服务、公共安全、城市治理和智慧产业为应用的新型智慧城市一体化建设格局。2019 年 3 月编制的《深圳市新型智慧城市暨"数字政府"专项规划（2019—2021）》[②]，提出通过构建"一站式"掌上城市服务门户、打造区块链电子证照应用支撑平台和以多技术融合推动个性化便捷服务三项举措建设深圳智慧城市。根据"2019 智慧中国年会"发布的第九届中国智慧城市发展水平评估结果，深圳在智慧城市建设综合排名中排名第一。

三、深圳市数字经济相关协同政策与启示

（一）深圳发展数字经济的主要举措

近年来，深圳市不断加深对数字经济领域的支持。深圳市人民政府先后出台了《深圳市关于进一步加快发展战略新兴产业的实施方案》《深圳市新一代人工智能发展行动计划（2019—2023 年）》等系列文件（见表 3 - 9），加快数字经济发展，将数字经济产业列为七大战略性新兴产业之一。2020 年 5 月，深圳市工业和信息化局发布 2020 年数字经济产业扶持计划申请指南，2020 年 6 月，深圳实施 2020 年第一批数字经济产业扶持计划。人民币数字化应用、政府财政资金支撑，为深圳数字经济的跨越式发展提供了支持。

表 3 - 9　深圳市关于促进数字经济发展的相关政策与指导意见

序号	发布时间	政策文件	涉及的主要领域及发展目标	发布单位
1	2018 年 11 月	《深圳市关于进一步加快发展战略性新兴产业的实施方案》	将数字经济产业列为七大战略性新兴产业之一	深圳市人民政府

---

① 深圳政府在线：《"i 深圳"日均活跃用户 58.8 万　获评新型智慧城市典型示范案例》，http://www.sz.gov.cn/szzsj/gkmlpt/content/7/7039/post_7039296.html? jump=false#19236，2020 年 1 月 3 日。

② 中国大数据产业观察网：《中国信通院发布 2019 智慧城市十大示范案例》，http://www.cbdio.com/BigData/2019 - 12/31/content_6153819.htm，2019 年 12 月 31 日。

（续上表）

序号	发布时间	政策文件	涉及的主要领域及发展目标	发布单位
2	2018 年 11 月	《深圳市战略性新兴产业发展专项资金扶持政策》	通过专项资金扶持，推动深圳战略性新兴产业发展，加快把深圳打造成为创新引领型全球城市	深圳市人民政府
3	2019 年 5 月	《深圳市新一代人工智能发展行动计划（2019—2023 年)》	抢占人工智能发展制高点，打造产业集群，成为国际一流的人工智能应用先导区	深圳市人民政府
4	2020 年 6 月	《深圳市数字经济产业创新发展实施方案（征求意见稿)》	列出 12 大重点扶持领域，为十四五规划数字经济主攻方向确定了基调	深圳市工业和信息化局
5	2020 年 7 月	《龙华区打造数字经济先行区十大举措》	从生态体系、产业链群、空间格局三个方面提出"1＋8＋1"的发展措施，全力打造数字经济先行区	深圳市龙华区人民政府

资料来源：笔者整理。

（二）深圳市发展数字经济的主要启示

深圳以数字经济赋能高水平开放发展，充分发挥"双区"建设的战略带动作用，在建设数字经济过程中推出很多具有开创性和示范性的举措，这对广州市数字经济发展有着重要的启示意义。

一是促进科技创新，集聚高端人才。2016 年以来深圳相继出台了促进创新发展的相关文件与实施办法，坚持科技创新驱动数字经济高质量发展，如 2017 年创新"十大行动计划"、《关于加强基础研究的实施办法》、2019 年《深圳市技术转移和成果转化项目资助管理办法》、2020 年《深圳经济特区科技创新条例》。此外，深圳十分重视人才的引进与培育，先后制定并实施"孔雀计划""鹏程计划"与《深圳经济特区人才工作条例》，创新人才聘用机制，搭建创业创新平台，立法设立人才日，保护知识产权，修建人才主题公园，吸引人才落户深圳，并且在创业启动、项目研发、政策配套、成果转化等方面给予支持。

二是加快 5G 建设，助力数字经济发展。深圳率先开展 5G 试点，相继出台《深圳市关于率先实现 5G 基础设施全覆盖及促进 5G 产业高质量发展的若干措施》《关于大力促进 5G 创新应用发展的若干措施》，提高 5G 覆盖领域，加大产业发展、城市治理、公共服务等领域的应用。目前深圳已成为全球 5G 第一城：5G 基站密度国内第一，5G 手机用户占比位居第一①，5G 产业规模、5G 基站和终端出货量全球第一②，华为全球 5G 标准必要专利总量第一。深圳雄厚的 5G 产业基础和完善的 5G 基础设施为其数字经济的发展提供了坚实的基础。

三是优化数字生态环境。首先，打造数字经济公共服务平台。深圳精准布局数字经济产业通用型高层次重大平台，搭建知识型高端科技服务平台，围绕人工智能、工业互联网、云计算等领域成立实验室，聚焦数字经济产业共性技术与科技成果转化。其次，优化企业营商环境。一方面，深圳鼓励建设数字经济产业融资服务平台，落实双创政策与财政资金支持，降低数字经济企业融资难度；另一方面，深圳深化数字政府改革，依托粤港澳大湾区大数据中心建设，通过公共数据共享、业务协同办理等方式，简化企业办事流程与审批期限。

---

① 中国通信学会、腾讯手机充值、腾讯安全战略研究部：《2020 年 5G 通信发展白皮书》，2020 年 7 月 25 日。

② 资料来源：深圳市工业和信息化局官网。

第四章　广州市数字经济发展专栏一：数字金融[①]

　　数字科技的发展需要大量的数据支撑，恰好金融业在发展的过程中积累并储存了大量的数据资源，因而金融行业可以先于其他行业进入数字化阶段，可以说金融业的数字化是信息革命的必然结果。作为国民经济健康发展的中坚力量，金融业伴随着实体经济而生，又与实体经济一起，推动着社会经济大踏步向前，金融业已经成为经济发展与产业转型的基础性力量。与此同时，5G、大数据、云计算等新一代计数算法为金融业的升级发展赋能，给传统金融业的经营带来巨大的冲击与考验。毋庸置疑，数字技术对金融业的赋能为传统金融业的升级指明了方向，也会为金融新业态的构建与金融服务模式的创新提供源源不断的驱动力。金融业是继汽车、电子和石化之后的第四大支柱产业，在广州市的国民经济发展中具有举足轻重的地位，因而广州市金融业能否紧跟数字化转型的步伐，将决定广州市金融在服务实体经济方面的能力与效率，数字化转型也是广州市建设区域金融中心的必然要求。

第一节　数字金融内涵

一、数字金融的定义

　　数字金融是数字经济的组成领域之一，大致等同于互联网金融或金融科技。《关于促进互联网金融健康发展的指导意见》认为互联网金融是指便捷投资、融资、支付缴费等新型的金融服务模式，主要在传统的金融机构和新兴的互联网企业依托数字化技术所构建的互联网平台上实现；金融稳定理事会则认为金融科技所带来的金融创新能够产生新的商业模式、商用应用或商业产品，继而影响金融市场、金融机构或金融服务的提供方式；这两个概念都突出了信息技术加持下的金融服务转变，但互联网金融侧重于互联网企业进驻金融市场并利用数字技术改善金融产品和服务，金融科技则侧重于技术对传统金融业态的升级改造。

　　笔者认为，数字金融的概念应更为广泛，其所涉及的领域是互联网金融与金融科技领域的总和。因而，笔者将数字金融定义为：以数字化技术为支撑，以金融服务和产品为经营内容，以数字技术与金融服务模式的深度融合为主要标志，涉及基础设施、线上支付、

① 本章由暨南大学产业经济研究院林素兰执笔。

融资投资、数字化保险等业务领域的新一代金融业务实现模式。数字金融在创新金融业态、拓展金融服务上具有得天独厚的优势，既提高了金融赋能实体经济的效率与质量，也促进了国民经济的增长。

二、数字金融的业务领域

数字金融的主要发展模式根植于数字基础设施、支付清算、融资筹资、投资管理、数字化保险这五大业务领域当中。

（一）数字基础设施

数字基础设施是数字金融信息系统的重要组成部分，既涉及智能合约和电子身份认证等系统的构建，也囊括了金融大数据和云计算等数字平台的搭建，是数字金融发展的硬件基础。

智能合约新基建是与传统合约相对的一个概念，其基本单元是一系列可读的计算机编程代码，使合约条款的设立、签订、执行等全流程实现数字化。智能合约还可以通过智能化的数据共享实现执行程序的自动化与用户管理的个性化。与传统合约相比，智能合约的执行不以合约签订双方的意志为转移，即独立于任何机构或个体，具备一定的公平公正性。智能合约在数字金融中的应用场景十分广泛，例如，在彩票业中，可根据中奖结果进行自动结算；在停车场运营中，可根据停车时长自动计费；在音乐 App 运营中，可用于解决盗版问题，实现用户的点播即自动付费；在数字资产管理中，可实现数字资产的自动交付与价值转移；在遗产计划中，可通过数字合约形式登记遗嘱，过世后根据遗嘱条件进行遗产的自动分配等。

数字身份的本质是以数字代码为展现形式的个人专属身份信息，数字身份认证是通过向网络或相关设备终端提供与数字代码相关联的个人身份信息来证明"我是我"，从而实现个人物理身份与数字身份的一一对应，常见的身份识别形式包括 Key、指纹锁、声音锁、人脸识别、短信验证码等。数字身份认证多应用于数字金融的相关领域，用户身份识别与管理是数字金融发展的基石，也是数字金融发展的重中之重，常见的柜面业务、电子银行、网上银行、移动支付、一体化办公平台等金融服务场景都与用户的数字身份认证息息相关，安全的数字身份认证系统的构建将为数字金融的发展提供更为可靠的支撑。

大数据技术的优势是能以最快的速度从海量的、类型各异的信息中获得最有价值的内容，金融大数据平台的构建提高了数字金融的服务效率与服务精度。利用大数据系统可以实现精准营销和风险控制，例如可以通过用户的行为信息来推知用户的偏好，继而为客户推荐合适的金融产品；可基于"未来是过去的重复"这一理念，通过数据库的沉淀信息为客户提供更精准的投资风险评估与投资方案。大数据画像是大数据平台在金融领域应用的主要依据，不仅可实现精准营销与风险控制，还可以通过个人、家庭、企业等的精准画像构建全方位、多维度的征信体系。

云计算技术优化了用户获取信息、资源的渠道与方式，使用户可以像用水、用电一样，实现资源的按需使用与共享。用户的终端设备成为单纯的输入输出系统，因而中间计算环节的数字基础设施搭建也是数字金融发展的重中之重。云计算技术所提供的云服务可应用于生活的方方面面，例如线上翻译、搜索引擎等；也可应用于生活缴费、咨询服务、行情查询等数字金融领域。云计算技术降低了金融机构的 IT 成本，大大提高了金融机构的运维自动化程度与运行效率。

（二）支付清算

数字金融在支付清算领域的代表性应用场景是移动支付与数字货币。

移动支付是指通过互联网途径进行支付的一种模式，通常由具备信誉保障的第三方进行交易支付平台的搭建，实现用户与银行支付清算系统的连接，用户在手机上便可完成账单支付、购物付款、生活缴费。移动支付拉近了金融机构与用户的距离，具有交易成本低、交易便捷灵活和自主性强等特性。依托信用中介构建支付体系的支付宝、依托社交渠道构建支付体系的微信支付等，都是移动支付的典型例子，而淘宝、拼多多、京东、饿了么、美团、滴滴出行等 App，其运营都必须建立在移动支付的基础之上。

数字货币和纸质货币是两个类似的概念，只不过纸质货币以实体的形式存在，而数字货币以虚拟的形式呈现，两种形态的货币拥有相同的基本职能，法律地位对等。比特币是最初形态的数字货币，但比特币并不受主权国家认可；而法定数字货币的发行主体为主权国家，在日常生活中可以正常流通。当前中国正在进行数字人民币的部署工作，截至 2020 年 10 月底，江苏的苏州、广东的深圳、四川的成都和河北的雄安新区这四个地区的居民都已经体验过数字人民币的魅力，未来数字人民币的试点城市的范围将进一步扩大，央行也会在适当的时机将数字人民币推广至全国范围。

（三）融资筹资

数字金融在融资筹资领域最常见的应用莫过于众筹融资与网络贷款。

众筹融资是群体合作性的一种新型融资方式，由最初的艺术工作者为作品创作而进行的资金筹措演变而来，众筹融资的项目范畴不断进行纵向延伸，原本主要是指不求回报的捐献，后来成为初创企业或个体筹集资金的一种商业渠道。数字经济时代下，众筹融资的形式更加多元，股权式、债券式、公益式都是常见的众筹形式，与普通人生活最为贴近的水滴筹便是公益众筹的一种。

网络贷款依托于互联网，使用户足不出户便能完成贷款全流程。其模式主要包括个体网络贷款和网络小额贷款，前者是指个体与个体之间以互联网为中介实现的借贷模式，以 P2P 借贷为代表；后者是指互联网企业通过其控制的小额贷款公司，利用互联网向客户提供小额贷款的模式，如蚂蚁金服的花呗、腾讯旗下的微粒贷等。为遏制潜在的金融风险，2020 年政府部门入场整顿，P2P 平台或关闭，或向网络小贷、金融服务等转型。截至 2020 年底，P2P 正式退出中国市场。相比之下，网络小额贷款公司的设立实行牌照制，受地方金融办监督，其金融风险相对可控。

（四）投资管理

数字金融在投资领域的最主要应用场景是智能投顾和互联网基金。

智能投顾也叫机器人投资顾问，是一种源于美国的新型投资模式。与传统的投顾模式不同，投资者直接向投资机器人提供与自身财务状况、偏好和投资目标相关的可以用来判断投资者投资需求的个人信息，投资机器人对这些信息进行整合分析，再将投资建议反馈给投资者。与传统的投顾模式相比，智能投顾能够通过科学的计算方法更好地识别投资者的风险属性，并提供具有较高可信度的投资方案，这提高了投资者管理财富的主导权。

互联网基金是数字金融在投资管理领域的重要模式之一。以余额宝为例，这支由天弘基金和蚂蚁金服共同推出的货币市场基金，依托于支付宝平台，凭借操作简便、低门槛、低风险和较高收益等优势迅速占领了互联网货币基金的市场份额，成为互联网基金销售的先行者，引领了数字金融的潮流。随后，依托于支付宝、微信支付等移动支付平台的多支互联网投资基金也对互联网基金市场进行了补充。

（五）数字化保险

数字化保险是基于新一代信息技术手段的互联网保险服务，不仅包括线上保险销售，更多地强调数字技术对保险各环节的参与和渗透，从保险的品种、内容设计，到保险的销售环节、保险核保、保险理赔，再到保险的售后服务，数字化已经渗透到保险行业的各个环节。从实际进程来看，当下数字化保险的应用场景已经从单纯的销售数字化向承保数字化和理赔数字化转变。[①] 销售数字化阶段的产品创新性较低，形式较为单一；承保数字化阶段保险数字化的内涵进一步延伸，由销售渠道扩展至产品设计、销售和核保等环节；随后理赔环节的远程定损、自动化理赔程序和反欺诈等也得到了实现。数字经济时代下，互联网企业入场共同瓜分保险市场这一块大蛋糕，数字化保险市场的参与者不仅包括中国人寿、平安保险、中国人民保险、太平洋保险、中国太平等传统的保险公司或保险中介公司，也包括众安、易安、泰康在线等互联网保险公司，同时百度、阿里巴巴、腾讯和京东等互联网巨头、保险业务上下游关联公司也开始入场。

三、数字金融的特点

（一）服务边界扩大化

"二八法则"在传统金融的发展过程中表现得尤为明显，即一家金融机构进入金融市场后会专注于争取盈利最高的前20%的企业以及收入较高的前20%的家庭，因为这20%的客户手里攥着80%的市场份额，但当市场饱和后，金融机构再继续进行业务拓展就会相对困难。对中小微企业而言，"二八法则"则成为企业融资难、融资贵的根源所在，十分不利于企业的可持续发展，也打击了市场主体的发展积极性。"二八法则"影射的事实是，金融资源供需信息的不对称性和金融活动的高门槛特质会导致社会金融资源配置的过度集聚和失衡，金融机构往往服务于大型客户，社会资金配置向大企业倾斜，中小微企业则面

---

① 爱分析：《2020 年代：数字保险生态崛起——爱分析·中国保险科技行业报告》，https：//ifenxi. com/research/content/5293，2020 年 1 月 3 日。

临资金筹措困难等问题。而数字金融以开放的网络资源形式大大拓展了客户获取金融信息的途径，在一定程度上满足了中小微企业资金融通的需求，同时也打破了传统金融业的高门槛，金融业服务的范畴更广了，边界扩大化的特征十分明显。

（二）呈现形式网络化

数字金融所涉及的五大业务的拓展经由线上渠道实现。随着未来法律、政策监管与风险控制体系的进一步完善，更多依托于数字技术的金融产品和金融服务将会通过网络化的形式呈现，金融服务的时空界限基本消失。信息革命时代下的支付清算、网络贷款、智能投顾、金融产品营销、咨询服务等金融业务模式的服务阵地都往线上渠道转移，这是数字金融时代下的一大必然趋势，对金融实体网点的经营而言也是一大挑战。此外，金融信息通过共享与开放的网络平台进行传播，使得投资者对各种金融产品有了更深入的了解，在一定程度上也解决了传统金融业中信息不对称而导致资源配置低效的难题。

（三）信息匹配高效性

大数据和云计算等数字技术对金融业进行赋能，打破了传统金融服务必须在特定时间、特定地点进行的限制；资金闲余方与需求方以互联网为桥梁，发布与传播精确的资金信息，同时在高效匹配算法的技术框架下，实现连续且动态变化的信息序列，资金供需方之间的信息进一步透明对称化。大数据平台将完整的金融信息集中起来，云计算技术则发挥快速整合、计算与匹配的能力，两种数字技术的有机结合增加了用户的投资理财与金融机构的服务效率。

（四）交易成本低廉性

数字金融具有长尾效应，大科技平台等"新基建"一旦搭设完成，便可为海量的客户提供服务，使资金交易的边际成本降低，这为低廉的新型融资模式的形成创造了有利条件。同时，数字技术使得金融服务进一步智能化与自动化，金融机构利用技术手段，在合适的时间、地点将合适的产品推广给合适的客户，不仅使金融服务更加人性化，也降低了机构寻找有效客户的时间成本，提高了机构金融资源的分配效率。

（五）金融服务普惠性

数据金融边界的不断扩展及其所具备的高效率和低成本特质使金融服务的范围和对象不断扩大，金融服务不再是前20%大客户的专属服务。普惠性是数字金融时代的最大特色，通过对通信设施、数据平台等"新基建"的搭设，我国金融业务不断向西部和农村地区扩展，社会弱势群体也有机会享受金融服务。目前，数字金融不仅缓解了非大型企业的高融资成本困局，也发展了以余额宝为代表的吸引了大批年轻投资者的互联网基金等新型金融业态。广大百姓在手机上动动手指就可以体验数字金融带来的红利，金融服务的深度与广度进一步得到挖掘。

（六）金融风险扩大化

数字金融的本质仍是金融，因而也会面临传统金融的风险，同时数字金融服务平台是在互联网进行搭建的,与互联网相关的众多不稳定因素也是客观存在的,因此金融风险在一定程度上被扩大。一方面,缺乏风险控制经验的金融服务者在巨大潜在利益的驱使下,纷纷涌入这一新兴市场,使原本缺乏规则束缚的数字金融市场的秩序变得更为混乱;另一方面,数字金融服务对象与服务内容极为广泛,任何一个环节的风险事故都可能引发多米诺骨牌效应,局部性风险得以扩散并迅速演变为群体性风险,严重影响金融业与实体经济的正常发展。同样严重的是,数字信息作为新一代的要素资源,一旦遭遇泄露,便会损害众多的数字金融服务对象的利益。所以,数字金融时代下金融风险扩大化的趋势更要引起金融运营部门与监管部门的重视。

第二节 国内数字金融的发展概况

一、数字金融的发展历程

(一)金融电子信息化阶段

2003 年之前互联网技术已经在中国的金融业崭露头角,主要表现为银行业、证券业等金融机构的电子信息化,金融业借助互联网技术优化了业务运营途径与商业模式,但本质上并没有改变金融服务的提供模式。在这一阶段,以人民银行为引领的金融业界开始着手搭建电子信息系统,全国的金融系统开始联网,金融服务开始与电子系统挂钩,金融标准也完成了统一,操作系统的从无到有、信息记录的从手工到电子、信息系统的从单机到联网成为这一阶段的最大特征,全国电子证券交易系统(NET 系统)、现代化支付系统(CNAPS)、金融城域网等金融公共基础设施相继面世,金融业的电子信息化基本实现。

(二)金融移动信息化阶段

2004 年支付宝的诞生改变了我国支付清算领域的服务模式。支付宝的成功与中国独特的市场环境和商业模式息息相关,其核心立足点是信用,它以信用中介的第三方身份连接了淘宝商家和消费者,是电商模式下的必然产物。此后,我国的移动支付与电商模式共存共荣,得以蓬勃发展。在这一阶段,金融机构开始尝试线上服务,典型的例子是网上银行与手机银行。随着信息技术的进一步成熟,这一阶段互联网企业开始涉足金融行业,随后形成了有别于传统服务的金融服务模式,以 P2P 为代表的网络借贷模式便是在这一阶段诞生的。

(三)金融数字化、智能化阶段

2013 年余额宝在支付宝平台上线,成为业界公认的狭义数字金融时代的开端,2013 年也理所当然地被称为"中国数字金融元年"。在这一阶段,多种数字金融新业态相继出现,以百度、阿里巴巴、腾讯、京东为代表的互联网巨头进军金融领域并持续发力,企业版图得以扩张;移动支付和网络贷款平台如雨后春笋般相继冒出;众筹、线上理财、数字化保险等也开始崭露头角。在这一阶段，互联网科技公司和金融机构都更加依赖以数字技术来进行金融平台的搭建，金融科技渗透到支付清算、投资融资、供应链、货币等方面，各种金融资源的配置更加合理高效。在支付领域，支付宝与财付通等移动支付方式改变了人们的消费习惯与支付模式，也动摇了传统商业银行的支付清算体系；在投资融资领域，智能投顾和互联网基金等新业态通过更加高效便捷的途径为投资者提供投资建议与理财产品，网贷和众筹则拓宽了消费者的融资渠道，也拓展了金融服务的边界；在供应链方面，数字金融凭借其高效性和精准性实现了金融业与实体产业的高效对接，在推动产业数字化转型的同时，提高了实体经济反哺金融业的能力；在货币领域，日渐成熟的区块链技术推动了数字人民币的诞生，区块链的可信保障技术为数字货币的安全提供了天然的保护屏障。

二、数字金融的政策环境

作为一种跨界新领域，数字金融的欣欣向荣除了数字技术的支持外，还与当前的经济环境和政策支持密不可分。"十二五"尤其是跨入"中国数字金融元年"以来，国家极其重视"互联网+"催生下的金融新业态的发展，一系列鼓励金融创新、促进数字金融发展的政策措施相继出台。

2014年"互联网+"新理念在金融业得到淋漓尽致的体现：微信红包风靡一时，在移动支付市场掀起热潮；P2P网贷平台数量剧增；股权众筹尝试与传统创投分一杯羹；数字人民币开始漫长的探索与创新之旅。[①] 数字金融行动在前，政府政策制定在后，2014年3月，十二届全国人大二次会议正式召开，会上提到了互联网金融这一发展业态，点明了要鼓励和支持互联网金融的发展，同时互联网金融的监管机制的构建也要尽快提上日程。"互联网金融"完成了在政府工作报告中的第一次露面。2015年6月，国务院发布的《关于大力推进大众创业万众创新若干政策措施的意见》同样表明了对互联网金融发展的支持。2015年12月31日国务院印发的《推进普惠金融发展规划（2016—2020年）》则强调了要提升数字金融服务的普惠性与可获得性。2016年9月，在杭州举行的第11次G20峰会对数字普惠金融的模式进行了探讨，会上通过的《G20数字普惠金融高级原则》和《G20普惠金融指标体系》也由此成为各国推进数字普惠金融的指导性文件。此后互联网金融、金融科技等数字金融相关的词汇不断出现在政府的工作报告中。2019年央行明确推进"数字央行"的高质量建设，进一步指导并协调数字金融应用场景的落地。2020年，央行大力推进数字人民币试点工作，成为该年度数字金融发展的亮点。

金融业凭借自身的数据积累与储存优势，最先在数字经济领域崭露头角，金融的本质不会因数字技术而变，但风险特征会。2013年以来，金融改革在新一代信息技术的支撑下如火如荼地进行，数字金融风险也开始显现。针对日益复杂与严峻的数字金融风险问题，国家相关部门不断加强对数字金融新业态的监管指导。央行于2015年牵头出台了《关于

---

① 钛媒体：《2014年互联网金融：行动在前，政策在后》，https：//www.tmtpost.com/179249.html，2014年12月23日。

促进互联网金融健康发展的指导意见》①（以下简称《意见》），意味着互联网金融系统性监管时代的到来。《意见》指出发展互联网金融要以市场为导向，发挥好对实体经济的服务功能，服从国家宏观调控并维护金融市场的稳定，鼓励企业以创新为引领，注重风险防范，要求有关部门在监管上要做到依法、适度、分类、协同与创新；2016年国务院印发了《互联网金融风险专项整治工作实施方案》，提出对P2P平台和股权众筹等新金融业态进行重点监管与整顿；2017年和2018年的政府工作报告中都强调对金融监管的加强，提高对不良资产、影子银行和互联网金融等金融潜在风险的警惕性；2019年国务院印发了《关于促进平台经济规范健康发展的指导意见》，提出了进行"互联网＋监管"的创新性尝试；2020年，突如其来的新冠疫情倒逼数字经济的发展，"非接触型经济"持续升温，数字金融监管的步伐开始加快，国家相关部门接连发布多个金融行业标准，强化对金融业数字化转型的规范性指引。

在数字金融的快速发展下，数字金融的鼓励性政策与整顿性政策齐发。国家在为数字金融的发展提供良好政策环境的同时，兼顾数字金融行业的运行规范，强化对金融系统风险的防范意识，相关部门所出台的一系列政策措施提高了金融业赋能实体经济的能力与效率，强力支撑了"数字中国"的建设。

三、数字金融发展的风险与挑战

数字金融的本质不会因技术而变，但金融业的风险会因此增大。时间越过中国数字金融元年，移动支付、众筹、P2P网贷平台等在数字经济领域发光发热，金融风险挑战也伴随着金融变革的社会经济效益而来。除了金融业本身固有的风险之外，数字金融发展所面临的挑战还包括数字技术导致的额外风险。数字金融持续发展的风险与挑战来自对自身规范的要求，来自对消费者保护的要求，也来自对监管的严谨要求，具体可以概括为以下六种：

（一）流动性风险

数字交易平台不像传统金融业那样可以通过网点和渠道吸收客户的资金，平台通常不会设置一定比例的存款准备金，资金具备流动性但也缺乏相应的保障，对外界经济环境与金融信息的变动相对敏感，容易因资金挤兑或资产外流事件而失去对业务运营的控制能力。而大部分数字金融平台的规模较小，自有资金难以抗衡大量资金外逃的负面影响，对于这些平台而言，资金流动受阻的风险往往是致命的。

（二）信用风险

与传统金融的当铺思想不同，数字金融发展的核心不是抵押品，而是看不见、摸不着的信用，这种立足于数字技术的信用织就了一张征信大网，成为数字经济时代的新兴产

---

① 中国政府网：《人民银行等十部门发布〈关于促进互联网金融健康发展的指导意见〉》，http：//www. gov. cn/xinwen/2015 - 07/18/content_2899360. htm，2015年7月18日。

业，并与社会发展的命运紧紧相连。现有的征信体系一旦崩塌，数字金融的发展根基必然受损。信用是数字金融的基石，在发展过程中要格外警惕违约风险和信用信息滥用风险。由于当前以信用为核心的多维度征信管理体系的搭建尚未完成，无形中加大了数字金融的违约风险，成为数字筹资融资业态最大的不稳定因素之一。另外，客户的信息是判断存贷业务安全性与可信性的重要途径，客户的信息一旦被滥用、被修改，大数据就无法利用正确的信息对客户做出正确的信用评估，信用风险会随之产生。

（三）技术风险

数字金融对现代数字信息技术具有高度的依赖性，因此也会面临技术风险所带来的挑战。一方面，数字金融可能面临数字技术开发风险，现代信息技术的更新换代速度十分迅猛，如果金融平台对技术方案的使用选择不当，或者现有的技术方案无法满足系统的兼容性要求，导致线上业务运营流程不畅，客户会丧失良好的体验感甚至产生不信任感，客户的不断流失对小型金融平台而言无疑是致命的打击。另一方面，数字金融可能面临技术安全风险，安全是数字金融的命门，一旦与金融运行相关的技术被泄密或者破解，就可能引发灾难性后果，另外，如果数字金融的运行系统感染病毒，或者系统因负载过重而出现宕机，都可能影响金融交易的进行，甚至引发数字金融体系的崩溃。

（四）操作风险

对于数字金融服务平台而言，无论是技术人员，还是客户，都有可能因为操作不当而产生操作风险。倘若技术人员在操作过程中出现"乌龙指"事件，便会带来意想不到的损失；而且一旦因为操作不当使数字金融系统产生安全漏洞，网络黑客极有可能找到漏洞并进行攻击，病毒也会趁机侵入系统，不仅可能出现交易中断、交易数据丢失等情况，还会泄露客户的个人信息，影响社会征信体系的构建。另外，部分客户的防骗意识薄弱会导致对与资金相关账户的信息操作不够谨慎，造成自身资金财产的损失。此外，一些不法分子可能会通过短信、二维码等方式诱导数字平台客户进入一些"李鬼"网站，借机盗取消费者的个人信息并骗取他们的资金。

（五）隐私与信息外泄风险

生活中到处是信息科技的影子，越来越多的客户信息与隐私会被观察并被大数据记录、储存下来。数字经济时代，个人信息的价值逐渐显现，数据成为最宝贵的战略要素之一，金融机构所拥有的海量数据资源是核心资产，也因此成为不法分子觊觎的"肥肉"。一方面，与其他数据信息来源相比，金融机构储存的客户信息更全面且更具有可信度，因此更具有价值；另一方面，用户习惯在不同的互联网平台上使用相同的信息进行身份注册，因而只要其中一个平台发生隐私信息泄露事件，便可能引发连锁反应，客户在其他平台上的隐私与个人信息将会荡然无存，隐私信息外泄风险是数字金融健康可持续发展面临的一大挑战。

（六）法规与监管风险

数字金融发展至今不足十年，对应的监管框架仍未完善，法律缺位与监管缺失成为阻碍数字金融行业扩张版图的关键因素之一。尽管金融监管部门对数字金融的态度已经由只看不管转变为加强风险防范与监管，然而，与传统金融业相比，法律法规对这一新生业态的规范尚未到位，数据确权、电子数据有效性的认定、网上证据采集等领域仍存在争议。此外，数字金融业务领域广泛，现有金融监管体系无法与新生业态进行无缝对接，监管会存在一定的难度。因此，数字金融的发展不可避免地面临来自法律空白、监管缺失的风险与挑战。

第三节　广州市数字金融的发展概况

广州市数字金融发展至 2020 年，基本上拥有了完整的数字金融业态，"互联网＋金融"的数字金融发展格局基本形成。广州市的数字金融发展起步稍晚，与北京、上海、深圳相比，仍有较大的提升空间；然而与除京沪深之外的其他城市相比，广州市仍具备一定的优势，尤其是对实体经济赋能的方面，广州市数字金融发挥的作用较大。

一、广州市数字金融的发展情况

（一）发展历程

广州市数字金融发展以 2010 年为分水岭，在这之前广州金融业发展的信息技术特征尚不明显，金融业态主要依附于传统的金融平台，服务模式也未发生变革。随着诸如众筹融资、互联网理财、消费金融公司等多种金融新业态如雨后春笋般冒出，数字金融正式进驻广州并扎根萌芽。2013 年互联网金融的概念一经提出便在国内掀起热潮，广州市数字金融也紧跟步伐并迎来迅猛发展期：P2P 网贷平台数量暴涨，众筹融资顺势而起，而移动支付发展更上一个台阶，银监会将广州列为第二批消费金融试点城市之一……金融业不仅是传统金融机构的天下，数字金融时代，具备数字技术优势的互联网企业纷纷进驻金融业，成为金融业数字化转型的主要推动力，但整体看来，广州市的银行保险业、证券业实力雄厚，也能够抓住数字化转型的契机，依然是广州市数字金融的龙头。

（二）政策环境

数字化转型是大势所趋，加之金融是实体经济发展的血脉，因而能否占领数字金融的高地决定了未来广州经济的发展质量，广州市政府早已意识到这一点，相继推出了以指导和鼓励为导向的产业政策来吸引互联网金融新业态在广州落地。例如，2015 年出台的《广州市人民政府办公厅关于推进互联网金融产业发展的实施意见》，指明了广州市互联网金融发展的总体思路以及目标，即要牢牢抓住大数据金融时代下金融业发展的机遇，瞄准互联网金融带来的产业转型突破口，争取在广州建立三到五个各具特色、侧重不一的互联网产业基地，以吸引一批科技实力雄厚的互联网企业，打造影响力深远的本土互联网金融服务平台。该意见还从产业重点项目、互联网金融发展环境、监管、保障措施等方面对今后广州互联网金融的发展进行指导，这表明广州市政府部门对金融业数字化转型的决心与支持。

广州市相关部门加强对数字金融的监管治理，并推出了"五链协同"的数字金融的创新监管模式。这一模式将对互联网金融的监管细分至征信、监管、服务、风险控制、司法判决这五个环节上，各环节的监管范畴互不干扰但又紧密联系，监管信息的沟通逐步清晰起来，数字金融治理的信息孤岛困局被有效破解。"五链协同"的监管治理理念贯穿了数字金融新业态的全流程体系中，覆盖了行业生态、风险预警、数据存储、信用验证、纠纷调解等领域，为广州市的数字金融的健康发展提供了保障。

在数字金融片区建设的布局上，广州正规划建设国际金融城。如今广州国际金融城的规划建设已经进入第8个年头，未来数字技术与金融将在广州国际金融城实现更深程度的融合。另外，广州国际金融城建成后将承载粤港澳大湾区的各方金融资源，成为吸引数字金融龙头企业入驻的最有力法宝。

表4-1列举了"十二五"以来广东省及广州市相关政府部门在数字金融发展支持或监管等方面的相关政策。

表4-1　广州市数字金融发展的相关指导意见和监管政策

发布时间	政策文件	相关内容或政策措施	发布单位
综合类政策			
2014年2月	《关于促进广州市服务业新业态发展的若干措施》	用地支持；资金支持	广州市发改委
2016年4月	《广州市构建现代金融服务体系三年行动计划（2016—2018年)》	提出"金融+"的三年行动计划，包括金融+国际科技创新枢纽、国际航运枢纽、国际航空枢纽、互联网、自贸区等	广州市人民政府
2016年6月	《广东省人民政府办公厅关于金融服务创新驱动发展的若干意见》	拓展服务创新驱动发展的多元化融资渠道，促进金融更好地支持创新、支持实体经济、支持对外开放合作	广东省人民政府办公厅
2016年11月	《广州市金融业发展第十三个五年规划（2016—2020年)》	通过实施"金融+"专项行动计划，增强金融支持创新驱动发展，使金融成为广州市稳增长、调结构、促转型、惠民生的重要支撑	广州市人民政府办公厅
2019年1月	《关于支持广州区域金融中心建设的若干规定》	对普惠金融、绿色金融、农村金融发展项目给予补贴；对支持金融科技发展的企业予以奖励	广州市人民政府
2020年4月	《广州市加快打造数字经济创新引领型城市的若干措施》	多维释放数据和技术应用场景，在交通、医疗、教育、金融、政务等优势特色领域遴选一批具有全国影响力的应用示范场景，培育数字经济新业态	广州市人民政府

（续上表）

发布时间	政策文件	相关内容或政策措施	发布单位
数字金融专项政策			
2014 年 6 月	《广州市支持互联网金融创新发展试行办法》	对广州互联网金融企业的设立、租赁办公用房、业务创新、提供融资服务以及人才引入方面均给予一定的奖励补贴	广州市人民政府
2014 年 9 月	《广州市关于加快推进融资租赁业发展的实施意见》	吸引融资租赁企业落户增资；融资租赁企业业务奖励；融资租赁平台建设奖励；融资租赁项目支持	广州市人民政府办公厅
2015 年 1 月	《广州市关于推进互联网金融产业发展的实施意见》	大力发展互联网兼容产业，加大对互联网金融的扶持力度，营造良好的互联网金融发展环境，建设互联网金融安全运行区	广州市人民政府办公厅
2018 年 12 月	《广州市关于促进金融科技创新发展的实施意见》	实施"电子金融、数字金融、智慧金融"发展战略，争取用 3—5 年时间推动建成数字化、电子化、智能化的广州现代金融服务体系，将广州建设成为我国重要的金融科技强市	广州市金融工作局
金融监管有关政策			
2016 年 1 月	《广东省互联网金融风险专项整治工作实施方案》	规范各类互联网金融业态，净化金融生态环境，优化市场竞争秩序，扭转互联网金融某些业态偏离正确创新方向的局面，遏制互联网金融风险案件高发频发势头	广东省人民政府办公厅
2016 年 6 月	《广东省 P2P 网络借贷风险专项整治工作实施方案》	妥善处置和化解 P2P 网络借贷行业风险，遏制网贷领域风险事件高发的势头，维护经济金融秩序和社会稳定	广东省金融办等
2016 年 6 月	《广东省互联网保险风险专项整治工作实施方案》	规范广东省互联网保险经营，实现业务创新与风险防范并重，切实发挥互联网保险在促进普惠金融发展、服务广东经济社会方面的独特优势	广东省金融办等
2016 年 7 月	《广东省股权众筹风险专项整治工作实施方案》	规范互联网股权融资行为，惩治通过互联网从事非法发行证券、非法集资等非法金融活动，切实保护投资者合法权益	广东省金融办等
2016 年 7 月	《广东省通过互联网开展资产管理及跨界从事金融业务风险专项整治工作实施方案》	坚持防治结合，标本兼治，通过督促整改一批、取缔关停一批等整治措施，鼓励和保护有益创新，形成正向激励机制	广东省金融办等

（续上表）

发布时间	政策文件	相关内容或政策措施	发布单位
金融监管有关政策			
2016 年 9 月	《关于规范校园网络借贷业务的通知》	要求在广州注册或开展校园网贷业务的机构必须遵守"八项不得"规定	广州互联网金融协会
2018 年 5 月	《广州市决胜防控金融风险攻坚战三年行动计划（2018—2020 年)》	通过实施决胜防控金融风险攻坚战三年行动计划，形成"管理到位、发展稳健、监测全面、预警及时、处置有效、生态优良"的金融市场环境	广州市金融工作局

资料来源：广东省人民政府官网、广州市人民政府官网。

（三）发展现状

广州所处的地理位置十分优越，既可联结香港、澳门，又能辐射整个华南的辽阔腹地，经济发展的区位优势极其明显；广州还是广东省的政治、经济和教育中心，是我国南方地区的通信与交通枢纽，更拥有华南地区最大的对外贸易口岸；独特的地理位置与经济优势是广州成为区域性金融中心枢纽的坚实保障。一直以来广州都拥有极具竞争性的综合影响力，2019 年广州金融业增加值突破 2 000 亿元，达到 2 042 亿元，GDP 贡献率为 8.64%，金融业成为继汽车、电子、石化之后的第四大产业支柱。"一带一路"倡议、自贸区和粤港澳大湾区等国家战略布局先后在珠三角地区铺开，广州金融业迎来了发展的春天，以开放与数字化为特征的金融发展格局也逐渐清晰起来。然而，在数字金融的具体领域，广州的代表性新业态的发展状况差异较大，在第三方支付、P2P 网络贷款、众筹融资、数字化保险和消费金融等业务领域都有不同的表现。

1. 第三方支付

第三方支付是数字金融众多业务领域中发展得较为成熟的一项，它颠覆了我们的生活习惯，消除了普通人与专业性金融之间的距离感。合理合规且受国家监管的支付机构想要进驻第三方支付运营的领域，需经央行同意并取得第三方支付牌照。2011—2015 年这短短四年，270 张第三方支付牌照发放至 270 个支付机构，2016 年后移动支付监管趋严，第三方支付牌照的发放也趋于严格。第三方支付的业务领域见图 4-1。

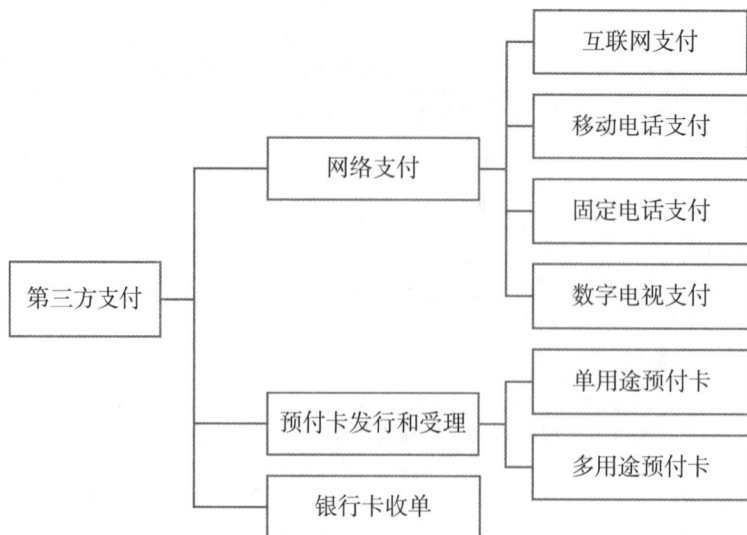

图 4 - 1　第三方支付业务分类结构

第三方支付牌照并非只发放而不撤销，截至 2019 年 4 月底，市面上仅存 237 家持牌支付机构，持有各业务领域牌照共 523 张，其中，预付卡发行和受理牌照合计 291 张，互联网支付牌照 110 张，银行卡收单牌照 60 张。[①] 从市场交易规模来看，2019 年我国第三方支付业务规模上升至 226 万亿元，其中支付宝的市场份额达到 54.4%，财付通的市场份额达到 39.4%，二者在移动支付市场中的份额超过 90%，具有绝对的领先地位。

2020 年江苏 CA、御嘉支付、艾登瑞德、华夏通支付这四家企业的第三方拍照被正式注销，市面上的持牌机构缩减至 233 家。[②] 在拥有第三方支付牌照的 233 家机构中，仅有 9 家在广州，其中的合利宝、商务通、网付通、易联支付、易票联支付、聚支付六家拥有互联网支付牌照（见表 4 - 2），没有企业拥有第三方支付全牌照。仅从持牌机构的数量来看，广州远远低于北京、上海、杭州和深圳等地，广州的第三方支付发展仍不够充分。在第三方支付市场上，支付宝和财付通这两大企业占据了过半的市场份额，广州本地的第三方支付企业的生存空间遭受挤压，企业整体市场规模不大，竞争力相对较弱。广州市持第三方支付牌照企业见表 4 - 2。

表 4 - 2　2020 年广州市持第三方支付牌照企业

企业名称	简称	业务范围
广州合利宝支付科技有限公司	合利宝	互联网支付、银行卡收单
广州商务通网络科技有限公司	商务通	互联网支付

---

① 移动支付网：《探索央行数字货币：第三方支付产业新变量》，https：//www.mpaypass.com.cn/news/202006/24102305.html，2020 年 6 月 24 日。

② 新华网：《持牌支付机构再减员　今年有 4 张支付牌照注销》，http：//www.xinhuanet.com/fortune/2020 - 12/21/c_1126885972.htm，2020 年 12 月 21 日。

（续上表）

企业名称	简称	业务范围
广州银联网络支付有限公司	网付通	预付卡受理、互联网支付、银行卡收单
广东银结通电子支付结算有限公司	银结通	银行卡收单
易联支付有限公司	易联支付	预付卡发行与受理、移动电话支付、互联网支付
易票联支付有限公司	易票联支付	互联网支付、银行卡收单
广东汇卡商务服务有限公司	汇卡商务	预付卡发行与受理
广州市汇聚支付电子科技有限公司	聚支付	互联网支付
汇通宝支付有限责任公司	汇通宝	预付卡发行与受理

资料来源：来自中央人民银行官网，经笔者整理。

2. P2P 网络贷款

我国 P2P 行业的发展可谓大起大落，从萌芽至完全退出历史舞台只用了 13 年的时间，广州市的 P2P 网贷行业也在这场浪潮中翻腾涌动。由于缺乏规范的管理，市场准入门槛较低，2012 年开始全国的 P2P 网贷平台数量出现暴涨的现象，广州市的 P2P 行业也快速发展起来。广州市的 P2P 网贷行业经营一直走稳健风格，从盈利情况看，2016 年以来整个广东地区的 P2P 网贷行业的综合收益率持续呈现走低趋势，而广州市的综合收益率走势却正好相反，2016 年略有上升，并从落后于全省平均水平的状态逐渐变为追平全省平均水平状态。

然而较低的准入门槛导致 P2P 行业的平台鱼龙混杂，网贷行业的流动性风险和信用风险被正式摆上台面，2014 年 P2P "雷声" 开始炸响，仅 12 月份全国就有 62 家平台 "跑路"。2018 年 P2P "雷声" 更是此起彼伏，经网贷之家数据统计，2018 年全国涉及提现困难、跑路、网站关闭、延期兑付等的问题平台达到 697 家，而其中处于广东地区的就有 105 家；在这 105 家问题平台中，七成以上都来自深圳，广州仅有 8 家 P2P 网贷出现问题，其中 1 家延期兑付，7 家出现经侦介入的情况。"雷声" 进行时，广东地区的 P2P 网贷平台数量逐渐减少，运营平台数量由 2017 年末的 238 家减少至 2019 年年末的 69 家；2019 年 P2P 行业的专项整治行动全面铺开，加之广州市一直以来的稳健经营风格，P2P 风险大幅出清，全市全年都未出现行业 "爆雷" 的事件，广州成为全年唯一没有平台 "爆雷" 的特大城市。

P2P 网贷发展至今天，已经不再是简单的数字金融新业态，部分平台异化成拥有网页的非法集资平台。尽管广州的 P2P 行业运营作风相对稳健，但也难以躲开 "雷声" 阵阵，2020 年政府部门入场清退，P2P 行业重新洗牌，遏制了更大的潜在金融风险的发生。广州 P2P 行业经历了从无到有、百花齐放、雷声滚滚，不过 10 年的时间，随着最后一家 P2P 网贷平台 "PPmoney" 在 2020 年 11 月底退出市场，广州彻底告别 P2P 行业。

3. 众筹融资

与国内的经济强市如北京、上海和深圳等相比，广州的众筹行业起步较晚。同样是数字金融新业态，2014 年众筹融资这种金融模式才正式在广州落地生根，广州本土平台微投网、海鳖众筹等也于 2014 年先后成立。

在大众创业、万众创新的社会浪潮推动下，广州众筹行业的政策环境也得到优化。在市政府鼓励性政策的驱动下，2015年广州众筹平台的数量呈现明显的增长趋势。2016年7月广东省人民政府发布了《关于进一步支持异地务工人员等人员返乡创业的通知》，指出对在具有传统特色的农村地区进行股权众筹形式的融资试点布局，鼓励返乡创业，提高互联网金融在"三农"发展中的服务功能，发展农村普惠金融，至此广州的众筹服务范畴从城市逐渐扩大至农村地区，众筹融资的发展模式进一步得到规范。

2014年全国范围内众筹模式的兴起热潮带动了广州众筹行业的发展，因而广州众筹平台的成立时间主要集中在2014年和2015年；而2016年政府对众筹行业的相关政策由"鼓励发展"转变为"监管整治"，面临日渐趋严的市场准入与尚未成熟的商业模式，广州众筹行业开始进入缓慢发展期，2016年新平台注册的速度明显降低，2017年以来平台数量零增长。据众筹家官网的数据显示，截至2020年11月，注册地为广东的众筹平台有102家，其中绝大多数的注册地集中在深圳，尚在运营中的众筹平台有48家；注册地为广州的众筹平台累计有12家，但目前有6家已经下线，1家（微投网）已转型，剩余的5家尚在营业中的众筹平台分别是属于综合型的粤科创投、我筹吧和属于股权型的海鳖众筹、投哪儿众筹、比逗众筹。广州本土的众筹平台数量明显低于深圳，相对而言，广州市对数字金融新业态的吸引力显然不如深圳，广州市的数字金融发展空间还较大。

4. 数字化保险

不同于其他的金融业态，广州市的数字化保险的起步走在全国前沿。早在2000年，中国人寿保险广州分公司便与中国建设银行广东省分行携手，共同推出互联网保险业务，这是广州保险业涉足互联网保险领域的第一次尝试，然而受当时的金融科技发展水平和固化的市场模式的限制，该阶段的数字化保险以互联网渠道的保险销售为主，而没有上升至提供创新型产品和优质化服务这一高度。

在新一代信息技术的催生下，2015年广州市的数字化保险业务进入了高速发展的阶段。《互联网金融消费白皮书（2015）》显示，2015年前三季度我国互联网原保险保费总收入超过1 700亿元，而广东省达到486亿元，占比达到28.58%，排名居全国首位，可见广东省互联网保险的发展走在全国前沿；2015年前三季度，广州市的保费收入为155亿元，占广东省（不含深圳）比重约为32%。截至2020年9月份，广东省（不含深圳）原保险保费总收入为3 390亿元，其中广州达到1 185亿元，占比达到35%；[①] 5年间广东省的原保险保费规模翻了将近7倍，这离不开广州市保险业的突出贡献。

在金融科技的支持下，现阶段全国（包括广州市）的金融数字化正进入加速发展阶段，数字化保险产品和模式将不断创新，迸发出新活力；而随着国家和政府的政策支持，越来越多的资本也将注入数字化保险领域。与此同时，高速发展的数字化保险也暴露出许多问题，如为吸引客户而虚假宣传、非法集资等。广州市人民政府为促进数字化保险行业的健康良好发展，规范互联网保险市场秩序，采取了一系列整顿措施。广州市政府积极响应保监会颁发的《互联网保险业务监管暂行办法》，严格把控互联网保险机构的准入标准，并要求广州互联网保险企业明确经营范围，加强信息披露力度，不虚假宣传，同时对发生违法乱纪行为的互联网企业或保险企业进行大力惩处。近年来，广州市辖内没有出现过一

---

① 资料来源：中国银行保险监督管理会广东监督局官网。

起重大保险风险事故。

5. 消费金融

消费金融是指以非银行金融机构为发起主体，向暂时缺乏资金的消费者提供小额度消费贷款的金融服务模式。与其他的数字金融业态不同，这种依托互联网进行的小额贷款服务是在国家的严密规划部署下诞生的，消费金融试点城市是有计划地层层推进的，因此并未发生"一拥而上"的情况，银保监会规定消费金融公司的业务经营必须以小额、分散为原则，不得违法吸收公众存款，因此也避免了消费金融领域乱象的出现。

2013 年，广州地区第一家进行金融消费业务经营的网站成立，成为广州市消费金融诞生的标志。2009 年银监会颁布了《消费金融公司试点管理办法》，同时设立了第一批消费金融试点城市，但广州并未在列；2013 年设立第二批消费金融公司试点城市时才将广州列入；同年，广州本土的购物网站——佰潮网开始面向大学生群体进行消费金融业务的推广，为在佰潮网上购物的大学生提供分期贷款服务。2015 年银保监放松对消费金融试点的条件认定，消费金融业务逐渐在全国范围内推开；同年 5 月，广州咪哑网络科技有限公司正式成立并涉足互联网消费金融服务，公司旗下的"如多分期"网络平台面向全国的女大学生，主要为该群体提供与整形美容和美妆等消费内容相关的分期产品；同年 11 月，广州地区第一个拥有银监会颁布的消费金融执照的消费金融公司——中邮消费金融公司正式成立，历时两年，消费金融的正规军正式进驻广州。截至 2020 年底，全国持银保监会执照的消费金融公司共 30 家，[①] 广东地区有 2 家，分别是招联消费金融公司（注册地在深圳）和中邮消费金融公司（注册地在广州）。

2016 年起相关部门对互联网金融的监管趋于严格，数字金融步入全面整顿的时期，因而部分互联网金融平台借机转型并将经营内容转变至消费金融领域，然而由于不规范因素的存在，转型过程中的违规操作现象络绎不绝，如今耳熟能详的校园贷、套路贷、首付贷等金融诈骗模式大行其道，就是此轮不规范转型所埋下的隐患。近几年，广州市各监管部门进行协调配合，强化对消费金融行业乱象的整治力度，同时将整治的重心放在金融放贷行业，消费金融领域的专项治理工作就此展开。广州的消费金融环境在这轮专项治理中得到了改善，据统计，2020 年，相关部门已经累计清理了 133 家无牌的小贷企业，66 家不合规的再贷款企业，成功打掉了 9 个套路贷团伙，引发广州消费金融乱象的机构得到整改，整体整改率超过 95%。

二、广州市推动数字金融的意义

数字金融发展至今不足十年，可以说仍处于"起跑阶段"。金融危机过后，中国经济步入新常态，国际形势风起云涌，中国找准了自身的定位，大力推进经济的数字化转型，在这场经济降速的危机中孕育出新机，在"逆全球化"的变局中开创出新局。作为老牌一线城市，广州自然不甘落后，看准时机点燃经济发展的引擎，并举全市之力打造数字经济示范区。广州本身就是一个紧跟科技潮流的城市，在中国互联网协会发布的"2020 年中

---

① 重庆蚂蚁消金、苏银凯基消金、唯品富邦消金尚在筹建期，其他 27 家消费金融公司处于经营阶段。

国互联网企业百强排行榜"中,广州有 7 家企业上榜,企业上榜数量位居全国第三。尽管广州金融行业的数字化转型步伐慢于上海、北京和深圳,但"金融+"的经济新业态已行稳致远,并给广州带来了巨大的经济效益。大力鼓励并推动广州市金融业的数字化转型对广州市整体经济的发展意义重大,主要表现为以下六点:

(1)发展数字金融是践行"创新、协调、绿色、开放、共享"这五大新发展理念的内在要求。金融业的数字化本身就是信息技术革命的重要成果,也是要素资源配置方式的革新,数字金融的发展立足于科技创新,又服务于社会协调,同时对绿色经济、开放经济与共享经济的落地生根存在促进作用。一方面,金融业是社会经济发展的血液,只有让金融资源流动起来,经济才可生生不息,数字金融恰好可以打破金融信息获取的时空限制,使资金供需的匹配更有效率,这种数字化的呈现形式使资源均衡分配至社会各个角落成为可能,从而促进广州地区的区域城乡的协调发展。另一方面,数字金融对要素资源利用率的提升就是绿色发展的最佳体现。此外,数字金融的实现离不开互联网,而开放共享的互联网途径为广州郊区以及本土中小微企业创造了更多的参与经济活动、共享经济发展成果的机会。从这个角度来看,广州市推动数字金融有助于经济的可持续发展。

(2)数字金融是广州市进行供给侧结构性改革的重要抓手。广州作为珠三角地区乃至全国的老牌电子制造基地和汽车制造基地,其传统的制造业生产模式正面临着新一轮的数字化变革,战略性新兴产业的发展也逐步向以数字技术为依托的"互联网+"智能制造模式靠拢,智能化不仅体现在产品生产车间,也体现在产品的科技属性上。为实体经济服务是金融业的使命,相比于依托线下网点进行业务开展的传统金融业,数字金融拥有更高的服务效率,这体现在能够通过大数据分析等科技手段提高金融资源分配的合理性与精准性,从而更好地为制造业赋能。从这个角度来看,金融业的数字化转型有助于供给侧结构性改革的推进。

(3)数字金融是创新驱动战略落地实施的试验场。数字金融的发展不仅产生了金融产品和金融服务的创新,还在信息技术领域和监管治理与监管制度等领域创造了不少的成果,一批又一批潜力巨大的互联网企业相继进驻数字金融领域,在其中默默耕耘并不断向社会输出创新成果,成为大众创业、万众创新举措的忠实拥护者。辅以与时俱进的良性监管环境,数字金融的创新成果得以在更广的范围内以更高的效率和更低的成本进行推广。当下,数字金融运营模式与监管模式的创新相辅相成,广州市的数字金融生态框架基本成型。

(4)数字金融发展水平是数字经济时代下构建地区经济实力的先导性力量。信息革命背景下,世界经济版图加速重构,数字化、信息化和网络化水平对国际影响力所起的决定作用越来越强。凭借日积月累的数据优势,金融行业率先进行数字化变革并走在了数字经济发展的前沿,对国家或地区的经济发展起着引领作用,因而也可以代表一个国家或地区的数字经济发展水平。广州市推动数字金融的发展在一定程度上促进了农业系统化与数字化、制造业智能化和其他现代服务业的线上化。产业转型必须依靠先进的信息技术,三大产业的数字化从来不是孤军奋战,产业转型是相互促进、相辅相成的,数字金融业作为推动资金流动的重要行业,能更好地为各个产业的转型赋能,数字金融越发达,地区的要素资源流动就会越高效,其产业转型升级的条件就会更充分。

（5）发展数字金融可助力广州市进行南沙自贸区和粤港澳大湾区等国家战略的布局。南沙自贸区作为广东地区面积最大的自贸片区，是粤港澳大湾区创新的试验田与对外开放的窗口，也是"一带一路"倡议的重要枢纽。大力推动南沙自贸区的数字金融发展是南沙区进行金融改革探索的重要内容之一，是营造更高标准的市场化与便利化营商环境的必要保证，有利于金融行业实现更高水平的对外开放。广州地处岭南核心位置，对内辐射整个华南地区，对外吸引大量优质外资，数字金融的高效率与服务边界的扩大化特点可以更好地服务粤港澳大湾区建设，响应"一带一路"倡议，是构建国内国际双循环新发展格局的重要推动力。

（6）发展数字金融有助于广州缩小与全国性金融中心的差距，也是稳住广州十大区域金融中心地位的重要保障。与上海、北京和深圳这三大全国金融中心相比，广州的金融业仍存在一些短板与不足，金融业数字化风潮的盛行正好为广州金融业的追赶提供了契机，这得益于2020年资本市场和股权交易市场的优异表现。在第12期"中国金融中心指数"的排行榜中，广州一举跃居至第4位，成为十大区域金融中心之一，排名仅次于上海、北京和深圳这三座全国性金融中心，这份优异的成绩离不开本土传统金融机构在数字领域耕耘探索所抢占的发展先机。大力推动数字金融的发展，不仅可以提高广州区域金融中心对华南腹地的辐射范围与辐射强度，还能保持甚至缩小与京沪深的距离，同时逐步扩大在区域性金融中心的发展优势，具有重要的意义。

在科学技术推动下的产业变革和供给侧结构性改革的要求下，数字金融以广覆盖、高效率、易获得的天然优势成为我国构建多层次金融体系、助力普惠金融发展的重要途径。对于全国经济中心和区域金融中心广州来说，数字金融产业的创新、集聚和规范有助于广州抢占经济发展的制高点，构建充满活力的金融生态圈，实现广州产业创新发展与提质升级的重要举措。推动广州市数字金融的发展势在必行。

三、数字金融的广州实践

（一）"穗岁康"商业补充健康保险

"穗岁康"是广州全体医保参保人专属的补充健康保险，2020年12月1日，为期2个月的投保期正式开放。这是目前唯一经由广州市政府同意的保险项目，也是广州数字化保险在互联网销售渠道与"一站式"赔付结算的一次最新尝试。

"穗岁康"的定位决定了其参保的零门槛，参保年龄不设限，既往病史也不会追究，服务人群覆盖至广州市全体医疗保险参保人。为了服务好数量庞大的参保群体，广州市医疗保障局以公开招标的方式确定了以中国人寿保险为首席引领的4家商业保险机构组成"穗岁康"共保体，共同承保"穗岁康"保险项目的运营，其余3家共同保险机构分别是平安养老保险、中国人民财产保险、中国太平洋人寿保险。同时，作为信息化时代下的互联网保险项目，"穗岁康"的投保主要依托于微信这一社交软件："穗岁康""广州医保""中国广州发布"这三个官方微信公众号均开通了投保渠道，另外，宣传单、海报等宣传媒介上的二维码也可直达"穗岁康"投保页面。当然，移动支付也成为保费支付的首选途径，开通了医保卡线上支付、微信支付和银联支付等多种支付途径。

无疑，"穗岁康"已经将互联网保险销售的渠道从传统的官网、第三方平台、中介代理等转移至微信等移动社交平台上，参保更加便利，同时与第三方支付平台合作，实现了移动支付方式的多元化，这种以社交平台为媒介的推广方式加大了该保险项目的普惠性，重疾患者可以通过更接地气的信息途径获知保险信息，更大程度地减轻了患病参保人的资金负担。可见，"穗岁康"这一商业补充医疗保险的设计与销售，都足够人性化与普适化，是广州数字化保险发展的一大特色。另外，在保险赔付方面，"穗岁康"实现了"一站式"结算，即符合条件的费用可以直接在医保系统上报销，而不需要提交理赔申请并由保险公司经手，更不需要提供相关理赔材料。"穗岁康"项目的推进意味着广州已经踏进承保数字化和理赔数字化的阶段，是广州数字化保险发展的一大创新体现。

（二）中邮消费金融有限公司

金融信贷一般可分为消费信贷和生产性信贷，消费金融便是由消费信贷衍生而来的一种金融模式，通常以互联网途径进行模式的实现。中邮消费金融有限公司（下称"中邮消费金融"）成立于 2015 年，是广州本地唯一由银保监会批准设立的消费金融公司，属于持有消费金融营业执照的全国性金融机构，其业务范围已经覆盖线下 16 个省市，是广州市消费金融业态的一个典型的合规案例。

中邮消费金融坚守普惠金融的发展理念，以资金供给方的身份开展全方位的消费金融服务，更好地挖掘居民的消费潜能，助力城乡居民的消费升级。中邮消费金融官方自主开发并推出企业专属 App "中邮钱包"，通过 App 操作便可进行小额度的消费贷款，贷款渠道由线下扩展至线上；如今，中邮消费金融的贷款渠道已经由专属 App 扩展至社交平台（微信）与第三方支付平台（支付宝）。中邮消费金融的主打产品主要有三款：邮你贷、邮你花、邮你购（见图 4 – 2），基本覆盖购物、支付与贷款全流程。

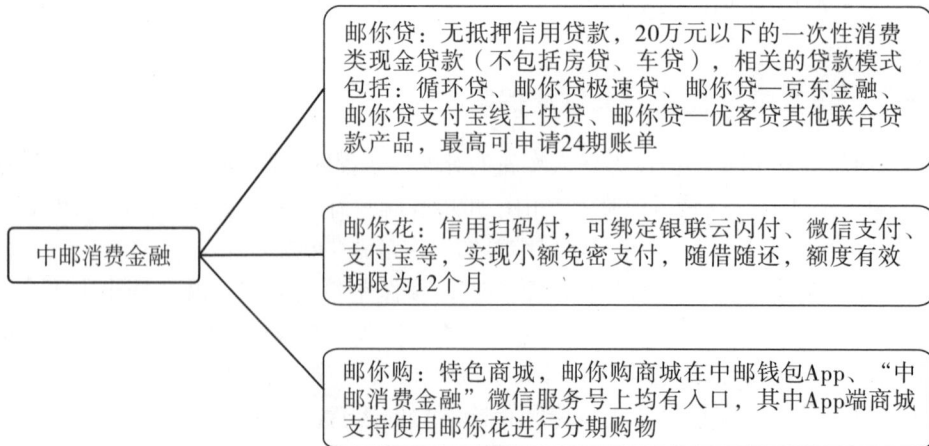

邮你贷：无抵押信用贷款，20万元以下的一次性消费类现金贷款（不包括房贷、车贷），相关的贷款模式包括：循环贷、邮你贷极速贷、邮你贷—京东金融、邮你贷支付宝线上快贷、邮你贷—优客贷其他联合贷款产品，最高可申请24期账单

中邮消费金融

邮你花：信用扫码付，可绑定银联云闪付、微信支付、支付宝等，实现小额免密支付，随借随还，额度有效期限为12个月

邮你购：特色商城，邮你购商城在中邮钱包App、"中邮消费金融"微信服务号上均有入口，其中App端商城支持使用邮你花进行分期购物

图 4 – 2　中邮消费金融产品体系

资料来源：中邮消费金融官网。

中邮消费金融在创新金融服务模式的同时，其平台服务系统的规模、系统的性能都得到较大的提升。目前中邮消费金融所拥有的应用系统已经超过 100 个，其中超过 90% 的系统都是自主研发的，得益于先进的应用系统，中邮消费金融 5 年间的贷款审批处理效率翻了 30 番左右，贷款的自动审批率也大大提高，其中 80% 左右的贷款申请可以在 2 分钟内完成审批。

除了稳定的系统支撑，中邮消费金融还利用现代信息技术打造消费金融的渠道平台、人工智能服务平台等，优化了营销、风险控制、资产保全、客户针对性服务等消费金融环节的服务质量。其中，渠道平台利用了千人千面的标签特征划分客户群体，综合考量客户在人口学、行为、业务等方面的特征，并结合云计算、大数据等算法，让处于不同需求阶段的客户拥有专属的服务与体验。人工智能平台则综合利用了语音、图像等现代化信息技术，将人工智能应用于消费金融场景。

（三）"5G + 智能银行"

2020 年 9 月 29 日，由中国建设银行打造的第一家以住房金融服务为主题的"5G + 智能银行"正式在广州亮相，银行有 4 层，但仅依靠 10 名员工便可实现正常的运维，科技属性的加持大大降低了金融机构运行所需的人力成本。这是一家融合了住房需求与金融服务的数字化银行，在这里客户不仅可以了解住房金融服务的文化，也可以通过智能屏幕的展示方式了解更多的住房信息，更可以与智能机器人进行交流，最终完成住房交易等，一站式的"住房 + 金融"生态场景服务是从传统银行向未来银行转变的一种崭新探索，也是数字金融重塑金融服务的最新尝试成果。

在这里，体验者可以从由智能数据系统构建的广州三维地图中了解到广州现有的房源信息，还能通过可视化的方式对比各区的房价与户型，更加方便快捷且高效地获取房产信息；物理世界中的银行网点在 5G 技术助力下也挪到了虚拟端，客户只要带上 VR 眼镜就可以了解银行的更多信息；5G 虚拟银行区给体验者提供了"徜徉"于各实体网点的机会，客户可将银行随身携带，在任何时刻任何地点都可以随心所欲地享受高质量的金融服务。

与其他数字金融应用场景不同，融合了居民住房金融与银行服务的智能银行是数字技术对传统银行服务的革新，尽管现在尚不具备大范围推广的现实条件，但是"住房 + 金融"的模式给传统服务机构的转型提供了很好的思路，未来的金融服务将更有生活气。

（四）数字金融力量服务"云上"广交会①

因疫情防控需求，第 127 届和 128 届中国进出口行品交易会（即"广交会"）首次亮相"云端"，广州各行各业以背后的科技之长护航"云上"广交会。金融机构大放异

---

① 同花顺财经：《数字金融服务"云上"广交会》，http：//field. 10jqka. com. cn/20200619/c621222676. shtml，2020 年 6 月 19 日。

彩，以"工农中建"①四大国有银行和广发银行等主流银行为代表的首届"云上"广交会的首批金融服务商把握住数字金融的大发展趋势，3D 数字银行展厅、金融直播间、一体化金融服务平台纷纷亮相，智慧金融、绿色金融、科技金融的发展理念在"云上"广交会落地开花。银行等金融机构通过数字途径为参会各方人员定制专属的金融服务，成为金融科技落地应用的代表性实践。极具特色的"广交案例"是数字金融赋能实体经济的有力体现。

中国建设银行为"云上"广交会打造的特色金融服务是 3D 数字银行展馆，同时结合金融直播间的全方位讲解，融资、结算等服务环节都以数字化的形式呈现，以更加便捷与人性化的方式满足了海内外客商对资金的需求。同时，中国建设银行还开通了全球一体化服务平台，24 小时不间断地更新展会的资金与交易信息，并提供详细信息搜索、资源信息匹配、个性化产品推荐等金融服务。

中国银行利用 VR 技术和动画视频等媒体科技工具为"云上"广交会打造专属的 VR 数字银行，参展客户的体验感得到大大的提升。此外，中国银行在手机 App 端推出"中银广交荟金融直播间"；为提供精准的资金融通服务，中国银行还推出贸易贷、退税贷、税贷通、企 E 贷等金融服务产品，并开通了线上快速受理和绿色审批通道。

中国工商银行为"云上"广交会开辟了专属的"云上工行"专区，提供了覆盖企业开户、贷款融资、跨境结算、现金管理、手机银行、信用卡等全领域的一揽子金融产品，更好地满足了海内外客商的金融服务需求。另外，中国工商银行还在广交会的官网开通了贷款通道，为参展商提供"广交贷"这一展会专属贷款产品。

中国农业银行侧重于提供数字金融服务方案，其所开设的农银线上 e 汇通、网银结售汇和挂单交易以更加便捷的途径解决参展商的结算与汇兑等难题，海内外参展商和采购商足不出户就可以实现资金汇兑和跨境贸易结算，更好地控制了潜在的汇兑风险。同时，中国农业银行也在线上推出多款贷款产品，以解决参展中小企业融资难与融资成本高等问题。

中国进出口银行延续本身在外贸服务领域的独有政策性优势，并提供与网上银行和手机银行对接的开户和外汇等精准化服务，广交会官网也开通了中国进出口银行的金融服务专区，专区对政策性的进口信贷和出口信贷进行全面介绍；同时中国进出口银行也推出了面向小微企业的贸赢贷、保理 E 贷等融资产品，降低了中小企业的融资成本与融资难度，为国内的外贸企业开拓国际市场助力。

广发银行以"稳外贸"为服务落脚点，与中国人寿平台合作，将保险服务融进个性化的综合性服务方案中，服务的覆盖面大大提升。广发银行为海内外参展商提供专项信贷资源与针对性的优惠措施，优化了"外贸＋金融"服务模式，使之更加智能化。

科技金融赋能外贸交易，是"云上"广交会完美落幕的不可或缺的力量，这是数字金融优势的一次完美呈现，助力了实体产品的对外交流，实现了为"云上"广交会保驾护航的目的。

---

①　中国工商银行、中国农业银行、中国银行、中国建设银行。

四、广州市数字金融发展的潜在约束

广州市互联网行业和金融业的发展水平可以说是"比上不足，比下有余"，目前的发展水平明显高于国内的二三线城市，但与京沪深这三个一线城市相比，追赶空间仍比较大，数字金融发展的短板与不足相对明显，因而在发展过程中也面临着一些不可避免的客观约束。

其一，同列于粤港澳大湾区城市群的核心引擎地位，广州和深圳的金融和互联网资源分配存在明显的竞争关系。[①] 大湾区拥有地理距离相近的两座一线大城市，但资源分配也难以完全平均。广州凭借制造业和外贸起家，深圳则拥有深圳证券交易所和众多的金融机构，稳居三大全国金融中心之一，从这个角度看，广州和深圳的金融业发展土壤本身就存在差距。此外，由于明显的集聚效应存在，深圳仅凭在金融业的先发优势便可吸引大量金融资源，且广州和深圳的空间距离较近，于是也在无形之中加大了广州金融业发展的难度。因此广州和深圳如何进行两地的金融发展战略布局，决定着广州在粤港澳大湾区的定位，也在一定程度上决定了未来粤港澳大湾区的发展质量。同样，广州和深圳的互联网行业的发展存在类似的问题。深圳的互联网行业发展由腾讯和华为等互联网龙头企业进行引领，广州本土没有互联网行业的超级巨头，加之文化底蕴和政策土壤等一系列因素的影响，新生互联网企业和人才更愿意驻扎深圳，从而在一定程度上挤压了广州互联网行业的发展。因而，金融领域与数字领域的发展短板明显对广州市的数字金融给行业造成制约，这在移动支付以及网贷领域表现更为明显，例如，在 P2P 行业发展的鼎盛时期，广东省大部分 P2P 平台选择在深圳注册，占全省的 70% ～ 80%，而在广州注册的只占 20% 左右；而在第三方支付领域，腾讯旗下的财付通强力支撑了深圳数字金融的发展，广州本土的移动支付企业根本无法与财付通抗衡。可见，在发展大环境的制约下，广州的数字金融想要取得突破性的发展，必须综合考虑粤港澳大湾区城市群，尤其是深圳的发展战略，才能实现区域的协调发展与共赢。

其二，广州缺乏具备全国影响力的金融交易平台，金融对外辐射和带动的能力有限。广泛存在于金融界的"马太效应"揭示了强者恒强发展规律，拥有大型的金融交易平台的城市往往能够吸引更多的金融资源，形成金融市场的资源集聚与人才集聚，金融市场交易保持活跃的状态，因此，原本具备发展优势的城市的金融业的发展质量与发展速度会逐渐与其他城市拉开距离，金融业发展的优势会逐渐显现。因而，广州金融业发展慢于其他一线城市，有一部分原因是广州没有证券交易所这样的覆盖全国的金融交易平台，导致金融业发展进度慢于北京、上海和深圳。对市场上的金融资源缺乏吸引力，对广州市数字金融的发展也是一种制约，更多金融新业态愿意选择在上海、深圳等具有全国性交易平台的城市扎根，以便更好地享受金融资源集聚的红利，从而为企业争取到更好的发展资源。就广东地区而言，深圳往往会吸引到大部分的新业态和新平台，金融对外辐射和带动周边产业

---

① 李奇霖：《广州如何金融补短板》，https://baijiahao. baidu. com/s? id = 1659570381327097133&wfr = spider& for = pc，2020 年 2 月 26 日。

发展的能力也强于广州。

其三，广州金融业的开放程度明显滞后于其经济发展水平，[①] 金融业的发展与实体经济的发展并不十分协调。广州优越的制造业发展土壤强力支撑了本土的外贸行业，广州在汽车、电子和石化等以技术和资本密集型为特征的产业发展方面具备得天独厚的优势，而金融业等现代服务业的发展成熟度远远不及汽车、电子和化工这三大支柱产业。有力的证据是，从2010年起，广州金融业的增加值增速明显低于第二产业的增加值增速，金融业增加值的年增速落后于房地产行业。因此，广州金融业的发展滞后于实体经济的发展是不争的事实，其在对实体经济的赋能方面还有一定的提升空间。

其四，广州市的互联网生态圈尚未发育完善。在众多城市中，普遍认定的数字经济建设强市非北京、上海、深圳和杭州莫属。然而，与京沪深相比，杭州市数字产业发展的先天基因并不突出，但杭州的数字经济却能够力压广州，成为"互联网＋"经济形态下的增长新一极，关键在于杭州能够发挥庞大的浙商优势，后来居上大力发展数字技术，在电子商务和企业服务领域，围绕新形成的独角兽企业，形成一个相对完整的互联网生态圈，为杭州数字金融的落地生根提供了肥沃土壤。广州也拥有众多的互联网企业，但缺乏的是与杭州类似的能够孕育新业态的互联网生态。一个城市如果只是拥有数字技术领域的企业，而没有形成囊括大中小型、上中下游的经济生态圈，企业之间并未发生交互，那么这个城市就难以具备宏观影响力。从这个角度讲，广州尚未形成大规模的可循环、可持续的互联网生态系统，这极有可能成为未来数字金融发展的一大潜在约束因素。

金融业能否紧跟技术变革的浪潮，引领众多数字新业态的数字化转型，已经成为衡量一个城市综合实力的关键因素。一个城市要想保持或者提升竞争力，必须勇立于每一次产业变革的潮头，尽管目前广州一线城市的地位不可动摇，但广州也必须居安思危，具备长远的发展眼光，在这场马拉松式的金融数字化征程中，尽早认清发展的潜在约束，抓住数字化转型的契机，努力缩小广州市与京沪深金融业发展的差距。

第四节　广州市数字金融发展的对策建议

日新月异的数字科技成为金融业的发展驱动力，金融业数字化成为数字时代的必然要求。广州应该抓住最新一轮技术改革所带来的发展机遇，强化金融业的发展优势：一方面，金融机构应当加大技术研发投入，不断提高自身的数字化水平与服务效率；另一方面，相关部门应当注重对数字金融产业的引导，优化政策环境，完善监管体制、机制，从而使数字金融能够更好地为实体经济与外贸行业赋能。

一、做好顶层设计，加强试点实践

广州仍具备数字金融发展的优势，但由于金融资源竞争等问题又不可避免地面临着发

---

① 搜狐网：《"金融＋科技"深度赋能广州"经济第一区"，天河数字服务新突破》，https：//www.sohu.com/a/411701528_161795，2020年8月6日。

展制约。对此，笔者建议：一是相关部门合理设定数字金融的发展框架，完善广州数字金融发展的顶层设计，将加快金融业的数字化转型纳入广州"十四五"规划当中，同时在产业发展和财税征收上给予支持，培育良好的政策土壤；二是在可控的条件下逐渐增大广州金融新业态的试点范畴，从大量实践经验与试错经验中摸索出符合广州数字金融的发展路径。

二、加强政策支持，夯实竞争基石

数字技术是信息革命时代重要的先决力量，数字技术已经渗透到数字金融的价值链当中，不仅强化了金融的功能，还丰富了金融资源的供给途径。广州市应该从政策的角度加大对数字金融的支持力度：一是完善金融产业发展规划，优化金融产业政策，促进"互联网＋金融"等产业金融的深度融合，在确保传统金融机构顺利完成数字化的同时，吸引更多金融新业态在广州落地生根；二是在合理的范围内减轻对数字金融企业税收征管强度，达到鼓励数字金融企业创新发展的目的；三是加大科研资金支持，利用好广州本土的高校资源，促进产学研深度融合，为技术创新投入市场按下快进键。

三、平衡风险创新，改善金融监管

金融在经济社会的发展中具有定海神针般的地位，在稳定的金融环境下，社会经济才能得到更好的发展，因而必须处理好创新与风险的关系：一是构建以风险为导向的监管体系，在小范围内创建"监管沙盒"，并在风险可控的条件下将创新监管模式进行全市推广，以更好地控制潜在风险；二是明确金融机构的主体责任，督促金融服务过程中"负责任金融"经营理念的贯彻落实，同时加强机构的信息保护，保障消费者的信息与资金安全；三是在风险可控的条件下适当放松监管强度，建议采取分级分类的监管方式，适度保持监管弹性，确保行业的可持续发展。

四、解决社会痛点，构建良好生态

数字金融本身就是一种创新尝试，因而在服务社会时难免出现走偏的时候，笔者建议相关部门加强对数字金融服务功能的引导，以问题为导向制定法律法规，对金融机构的服务行为进行规范，大力倡导数字普惠金融在社会各角落中发光发热，继而解决农村经济的发展困局，为精准扶贫与乡村振兴出力献策。另外应注重与数字金融相关的标准认定与建设，内容覆盖从金融基础设施到服务社会的全流程，从而构建良好的金融生态以进一步推动数字金融的发展，提高金融与社会经济的交互影响力。

五、加强金融教育，提升金融素养

数字经济时代的到来让社会各阶层的消费者都能享受"数字红利"，但金融本身的专业性，要求使用者必须拥有一定的金融知识与素养，否则可能掉进"数字鸿沟"的陷阱中，进而引发金融排斥现象，弱化数字金融服务的社会公平功能。因而应当注重金融知识在社会尤其是农村偏远地区的普及，提高社会金融教育和消费者金融素养的整体水平。与此同时，应当识别、区分出真正的数字金融和伪劣互联网金融，并及时进行宣传与知识普及，减少伪劣互联网金融对数字金融的污名化，保护公众利益。

六、发挥自身优势，提高国际影响

广州的金融业在早期的市场实践中已经积累了些许发展经验，金融生态圈也逐渐完善，广州金融业在服务更广泛社会群体并释放经济影响力方面的条件日渐成熟。广州应当正确认识自身的发展优势，鼓励本土具备领先地位的传统金融机构和互联网金融机构加大对数字金融领域的探索力度，鼓励向外输出并传播具备中国特色或广州特色的金融实践模型与金融标准，推动广州金融业在全国和全球的金融经济治理领域的深度参与，提高广州市数字金融的国际影响力。

第五章　广州市数字经济发展专栏二：数字贸易①

随着数字信息技术在多个领域的运用与普及，将互联网与新兴科技融合进传统贸易的数字贸易将成为我国数字经济发展的重要引擎。党的十九大报告中提出了"贸易强国"的理念，从顶层设计的角度明确了贸易往来对我国在当今世界政治经济格局下提高经济发展质量的重要战略意义。而广州作为传统商贸往来的重要城市，必须把握住新时代背景下的重大发展机遇，全力推进数字贸易这一新兴贸易形式的建设，发挥数字贸易在简化贸易成本、扩大潜在市场覆盖范围等方面的显著优势，为推动形成国内国外双循环、实现传统贸易形式转型升级助力。本章将聚焦数字贸易这一重要领域，从数字贸易发展现状出发，深入探讨广州市在数字贸易领域发展过程中面临的机遇与挑战，并在对其发展前景进行深入剖析的基础上提出相应建议。

第一节　数字贸易内涵

一、数字贸易定义

目前，国内外学术界尚未对数字贸易形成统一的定义，随着数字信息技术的不断发展，各国政府对数字贸易的认识也日新月异，本部分将从纵向视角对数字贸易的定义演变过程进行大致梳理，并在最后给出数字贸易的定义。

早在2010年，就有学者针对数字贸易这一概念展开一系列讨论。国外学者中最早提出这一概念并试图对其做出阐述的是 Weber（2010），他在一篇探讨数字经济背景下的国际贸易新规则的文章中对数字贸易作出了定义。Weber 认为，通常来说，数字贸易是指借助互联网技术等信息化、电子化技术交换产品或服务的商业行为，其核心内容是数字产品或服务。② 国内较早进行数字贸易相关研究的是熊励等（2011），他们认为数字贸易是在互联网这一平台上，借助数字信息技术实现企业与企业、企业与消费者之间的信息交互，并最终达成交易。③

通过对贸易标的进行分类，可将数字贸易这一概念的发展历程大致分为三个阶段。

---

① 本章由暨南大学产业经济研究院杨一娉执笔。

② Weber, R. H. Digital Trade in WTO-Law-Taking Stock and Looking Ahead. *Ssrn Electronic Journal*, 2010, 5 (1): 1-24.

③ 熊励、刘慧、刘华玲：《数字与商务——2010年全球数字贸易与移动商务研讨会论文集》，上海：上海社会科学院出版社，2011年。

（一）第一阶段：数字贸易萌芽时期（2012 年及以前）

由于电子信息技术的有限以及互联网技术尚未广泛运用于商贸领域，在 2012 年及以前，数字贸易的发展仅处于萌芽时期，这一概念尚未被学界与主流社会认可，因此各国在提到数字贸易时往往会将其与电子商务认定为同一类型的事物。同时在这期间电子商务的发展经历了两个阶段：1998—2003 年属于电子商务 1.0 阶段，这一阶段电子商务的主要模式是网上展示和线下交易的外贸信息服务模式，主要目的是给企业信息和产品提供网络展示平台，并不涉及网络交易；2004—2012 年属于电子商务 2.0 阶段，这一阶段电子商务开始脱离纯信息黄页的展示模式，逐步将线下交易、支付以及物流等环节电子化，在线交易平台开始形成。

（二）第二阶段：数字贸易起步阶段（2013 年）

该阶段主要是将数字贸易的标的物限定在数字产品与服务范围内。以美国国际贸易委员会（USITC）在 2013 年 7 月发布的《美国与全球经济中的数字贸易Ⅰ》为例，该报告首次从美国政府的视角正式提出了"数字贸易"定义，认为数字贸易即通过互联网传输产品和服务的国内商务和国际贸易活动，具体的交易标的为：音乐、游戏、视频、书籍等数字内容；社交媒体、用户评论网站等数字媒介；搜索引擎；其他产品与服务。这一定义实质上是将数字贸易理解为通过数字化方式传输的贸易，实体货物的贸易被排除在外。这一阶段的数字贸易标的范围相当狭隘，与经济现实脱节较为严重，因而很快被全新的概念替代。

（三）第三阶段：数字贸易发展阶段（2014 年及以后）

在这一阶段，实体货物被纳入数字贸易的交易标的中，强调数字贸易是由数字技术实现的贸易。美国国际贸易委员会在 2014 年 8 月发布了《美国与全球经济中的数字贸易Ⅱ》，报告将数字贸易解释为互联网和互联网技术在订购、生产以及递送产品和服务中发挥关键作用的国内商务或国际贸易活动。数字贸易的标的具体包括：使用数字技术订购的产品与服务，如电子商务平台上购买的实体货物；利用数字技术生产的产品与服务，如存储软件、音乐、电影的 CD 和 DVD 等；基于数字技术递送的产品与服务。2015 年欧盟委员会发布的《数字单一市场战略》中提出，数字贸易即利用数字技术向个人和企业提供数字产品和服务。2017 年，美国贸易代表办公室将数字贸易的概念进一步扩展，不仅明确地指出互联网上销售的产品属于数字贸易，而且将实现全球价值链的数据流、实现智能制造的服务以及无数其他相关的平台和应用纳入数字贸易范围中。这主要是基于经济社会中数字技术与传统产业融合发展的现实，越来越多的商业活动采取了数字化的形式，企业普遍运用数字技术参与国际竞争与合作。2018 年日本在《通商白皮书》中提出数字贸易是基于互联网技术，向消费者提供商品、服务与信息的商务活动。

在跨境电子商务发展日趋成熟的今天，我国社会各界对于数字贸易的定义中蕴含了更多带有中国特色的理解。在 2017 年举办的第四届世界互联网大会上，敦煌网 CEO 王树彤发表了对中国特色数字贸易模式的理解，她认为，在消费互联网逐渐发展为产业互联网的背景下，各大中国互联网企业创造了全新的数字贸易中国样板，该样板有三个显著特点，分别是别具一格的商业模式、具有普适性的行业标准以及容易借鉴的实践经验，中国互联网企业的历史实践与宝贵经验为国内中小企业甚至是其他国家发展数字贸易提供了宝贵的依据，有助于推动更多企业借助数字贸易的手段拓展全球市场。

在根据时间发展顺序进行梳理并结合中国实践研究分析后，本书对数字贸易做出如下定义：数字贸易是借助网络信息技术，以互联网平台或应用程序作为沟通媒介，将实体商品、数字化产品与服务、数字化信息作为贸易标的进行交换的现代贸易方式，是传统贸易模式在新时代背景下的产物。

二、数字贸易的特点

（一）虚拟化

按照商品从生产到交换的流程来看，数字贸易的虚拟化属性贯穿始终。在数字化产品的生产过程中，厂商需要投入大量虚拟化的生产要素，如信息化技术与服务，以实现生产要素的虚拟化；在供需双方开展交易的过程中，需要借助数字技术在虚拟平台上开展远距离的交流，支付货款时也是通过电子货币进行支付，这保证了交易过程的虚拟化；在贸易的最后阶段也就是货物交割时期，由于许多数字贸易的标的是虚拟的数字化产品或服务，因此传递给厂商时无须借助物流运输，仅通过网络即可将产品传输到购买者手中，即运输过程的虚拟化。数据显示，2020 年全国网上零售额达 11.76 万亿元，同比增长 10.9%。其中，实物商品网上零售额达 9.76 万亿元，同比增长 14.8%，占社会消费品零售总额的比重接近四分之一。由此可以看出，在线交易已成为我国十分普遍的消费方式。

（二）平台化

由于供需双方的信息不对称，因此数字化的平台在数字贸易发展过程中的地位十分重要。数字化平台能够汇集各方资讯并优化资源配置，最大限度地满足供需双方的需要，因此平台化的运营模式已被各大互联网公司广泛接受并使用，成为当今数字贸易的主流商业模式。以亚马逊、阿里巴巴等全球性电商平台为例，他们为世界各地的厂商与消费者搭建了展示、交流与开展商贸活动的桥梁，提高了资源配置的效率，有利于各方需求的高效对接。除此以外，各大传统制造企业也纷纷加快建设工业互联网平台的脚步。以海尔智家为例，早在 2017 年海尔智家便发布了 COSMOPlat 这一国内首个自主研发、自主创新的工业互联网平台，并开始对外提供社会化服务。该平台的主要功能是连接人、机、物多个端口，为平台上的不同类型的企业提供定制化的智能制造方案与设计，帮助不同规模的企业实现制造转型升级。

（三）集约化

通过数字信息技术能够实现产业链各环节的集约式管理，能够从设计、采购、生产、销售、运输等多个维度提高效率，并保证劳动力、技术、资本等生产要素的利用效率最大化。举例来说，多家服装制造企业将信息技术融入生产制造过程中，以智能化系统记录产品需求与销售情况，力图明确市场发展趋势，减轻企业库存压力，实现生产要素的高质量配置。利用在线交易的形式，企业可直接与消费者进行沟通，省略了经销商等一系列中间环节，在这种集约式的销售方式下，企业既能节约搜寻信息的成本与沟通成本，又能及时收到消费者的反馈意见。

（四）个性化

在传统贸易形式当中，由于受到空间和时间的限制，消费者的个性化购买意向往往难以得到充分满足。但随着数字贸易被人们广泛接受并使用，越来越多的消费者开始享受数字贸易在定制化服务方面提供的便利。数据显示，在亚马逊海外购的平台上，消费者的选择十分多样化，原本并不受大众重视的、销量少的部分产品逐渐走入消费者的视线，销量增长势头迅猛。数字贸易使得商家和消费者之间的需求对接更加匹配，也带动了一大批提供定制化服务的商家崛起。

（五）公益化

近年来，各大线上贸易平台纷纷推出公益助农活动，借助各平台广泛的消费群体，为部分线下滞销农产品打开销路，帮助一大批落后地区的弱势群体脱贫致富，助力其开拓新市场、获取新资讯。仅靠一根网线，一台电脑，就能与网络另一端的消费者相连接，将贫困地区的农产品与广阔的市场联系起来。数据显示，由中国供销电子商务公司出资打造的"贫困地区农副产品网络销售平台"在2020年元旦之际正式上线，短短一年的时间内就已有超过5 000家供货商入驻平台，供货商来自全国797个国家级贫困县，商品种类超过24 000种，年成交额已超过3亿元。

第二节　国内外数字贸易发展情况

一、数字贸易发展概况

（一）国内数字贸易发展概况

国家工业信息安全发展研究中心于2020年10月发布的《2020年我国数字贸易发展报告》显示，2019年中国数字贸易规模已达1.4万亿元，相较于2018年的近1.2万亿元增长了约19.0%。其中，2019年数字贸易出口总额为7 869.5亿元，相较于去年同期增长约22.0%。数字贸易进口额接近6 000亿元，同比增长15.6%。我国在数字贸易领域呈现出明显的贸易顺差，2019年贸易顺差高达1 873.9亿元，并且这一态势正在快速增长之中，反映出我国在数字贸易领域的全球领先地位。

按细分领域来看，我国在各领域的数字贸易规模差异较大，存在几个较为突出的极点。例如，我国在电信、计算机和信息服务领域与提供专业和管理咨询服务等方面的出口规模明显大于进口规模，其中，2019 年我国在电信、计算机和信息服务领域的出口规模为 3 603.6 亿元，提供专业和管理咨询服务出口规模约为 1 600 亿元，在领域内呈现明显的贸易顺差的同时，这两者的出口规模远大于其他商业服务或金融服务，占我国数字贸易出口的半壁江山。与此同时，我国在部分领域主要以进口为主，如知识产权使用费、技术类商业服务与研发成果转让费及委托研发等领域的进口规模较大。以知识产权使用费为例，2019 年我国在该领域的进口规模约为 1 478 亿元，而出口规模仅有 287.1 亿元，存在着明显的贸易逆差，反映出我国在科技创新领域仍无法摆脱国外先进技术的桎梏，自主研发的科技成果尚无法满足当前生产生活需要的现实。

作为服务贸易最新的表现形式之一，数字贸易的快速发展无疑会推动服务贸易规模的上升和结构的进一步优化。数据显示，近年来数字贸易在服务贸易中所占份额呈现出逐年上升的趋势，2018 年数字贸易占我国服务贸易的 22.2%，2019 年该比重上升至 25.6%，同比上升 3.4 个百分点。与此同时，数字贸易对服务贸易的贡献率不断攀升。根据《2020 年我国数字贸易发展报告》中的数据，相较于 2019 年我国服务贸易进出口 2.8% 的增速，2019 年我国数字贸易整体增长率高达 19%，几乎是服务贸易整体增长率的 7 倍，说明数字贸易在服务贸易升级提速的过程中起到了至关重要的引领作用，是带动服务贸易发展的"火车头"。

（二）全球数字贸易发展概况

由于目前各国尚未对数字贸易形成一致的定义，因此在统计过程中难免出现统计口径不一的问题，进而导致各国间难以准确比较数字贸易发展现状。为此，联合国贸易和发展会议（UNCTAD）发布了"可数字化服务贸易规模"这一指标，力图为各经济体之间提供横向比较的基准。该指标衡量的是具有数字化交付潜力的服务贸易，包括已经数字化的和未来可能数字化的服务贸易部分。2019 年，我国可数字化服务贸易规模约为 2 718.1 亿美元，根据"2019 年可数字化服务贸易规模排名前十经济体"排名，我国在数字贸易领域排在全球第 7 位，虽然增长潜力巨大、发展前景乐观，但与欧美发达国家相比仍有一定差距。

在跨境电子商务领域，全球跨境电商一直保持着高增长的态势。信息通信技术帮助传统贸易方式实现转型升级，而跨境电商平台、智慧型物流、新型监管模式为传统国际贸易的现代化添砖加瓦。根据艾媒咨询出具的《2019 全球跨境电商市场与发展趋势研究报告》显示，2018 年全球 B2C 跨境电商交易规模达到 6 760 亿美元，同比增长 27.5%，全球跨境网购普及率达 51.2%。根据对外经济贸易大学北京企业国际化经营研究基地、社会科学文献出版社共同发布的《企业海外发展蓝皮书：中国企业海外发展报告（2020）》，2020 年全球跨境电商交易规模突破 10 000 亿美元，年平均增速高达 30%，远超传统贸易模式的增长速度。从国别发展来看，发达国家的电子商务贸易规模较大，但发展中国家也有着极大的市场潜力。联合国贸易和发展会议发布的"零售电子商务指数"是国际社会公认的衡量电子商务发展规模的重要指标，根据联合国贸易和发展会议 2019 年底公布的数据，该指数排名前十的国家均为发达经济体，其中八个国家来自欧洲，剩余的两个席位则属于新加坡与澳大利亚，中国由于网购的人数在总人口中的占比较少，仅排在全球第 56 位。

但发展中国家在电子商务领域表现出了极强的发展潜力。据 Statista 全球统计数据库预测，2018—2022 年，印度、印度尼西亚、南非等发展中国家的电子商务平均复合增长率将达到15%，是同期欧美发达国家的两倍以上。

从电子商务交易主体来看，B2B 交易数量较少，但占据了交易总额的绝大部分。随着越来越多的企业开始使用信息化手段进行交易，生产链上下游的企业结合得更为紧密，从而带来了电子商务交易额的持续高增长。据 eMarketer 提供的数据显示，2014—2017 年，全球电子商务交易额中 B2B 交易额占比均超过 70%，且有逐年上涨的趋势。

（三）我国数字贸易战略规划

尽管目前世界各国对于数字贸易还未形成统一的认识，但各国都已在出台的多份数字经济规划当中强调数字化服务和产品在数字贸易中的核心地位，数字贸易正在被越来越多的国家和贸易协定认可和接受。为顺应全球推进数字贸易发展、加快建设数字贸易强国的趋势，我国也相继制定了多份与数字贸易相关的战略规划性文件。

例如，中共中央、国务院于 2019 年 11 月出台《关于推进贸易高质量发展的指导意见》（以下简称《意见》），为提高我国贸易竞争优势、实现多种贸易形式的高质量发展助力。《意见》明确强调要大力发展服务贸易与数字贸易，具体举措有：加深服务贸易领域改革深度，拓宽服务贸易开放程度，在全国范围内设立服务贸易发展创新试点区域，鼓励以先进经验带动落后地区发展，进一步完善该领域内的政策环境与管理体系；加快数字贸易发展，在数字化服务、中医药服务等特色领域打造出口基地；制定更为完善的进出口管理体系，优化数字贸易进出口全流程的办事流程与政策法规，可效仿市场监管领域的先进做法，出台数字贸易领域的负面事项清单；在跨境数字贸易中加强与各国贸易伙伴的交流与合作，尽快打造具有我国特色的品牌及形象。与此同时，《意见》还提出，应进一步提升贸易数字化水平；打造以数字化平台为媒介、以信息技术与大数据为核心驱动力、以商业产业融合为内涵的平台化、数字化、多元化的数字贸易发展模式；培育企业在贸易往来过程中的数字化水平，提高企业生产经营流程中的智能化管理能力；针对外贸型企业，加快提高其服务数字化质量与水平。我国应积极参与国际数字贸易规则的制定与磋商，争取为我国相关行业的发展提供一个良好的外部环境，在保障自身利益的同时加强与世界各国的贸易往来。

在 2020 年中国国际服务贸易交易会"数字贸易发展趋势和前沿"高峰论坛上，商务部副部长王炳南表示，由信息通信技术衍生而来的数字经济相关行业已成为带动中国社会经济增长的领头羊。国内各大城市纷纷开展数字贸易相关规划的制定工作，以北京、上海等地为例，他们正积极研究制定鼓励数字贸易高效、优质发展的战略行动，前期的数字化城市治理已为当前的数字贸易规划提供了大量先进经验。未来，商务部将尽快明确我国数字贸易发展过程中几个比较重要的问题，如该领域的发展定位、长期建设目标等，制定并出台具有中国特色的数字贸易发展战略规划与具体举措，为我国数字贸易领域的发展提供坚实的制度基础。

为顺应国家大力发展数字贸易的趋势，同时也为了保持广东省在数字经济领域的领先地位，广东省政府已出台了多份与数字经济发展息息相关的政策文件，在人工智能、大数据等各个细分领域都为行业的前进发展提供了方向指引。以《广东省数字经济促进条例（征求意见稿）》（以下简称《条例》）为例，《条例》中提出，县级以上人民政府应鼓励当地数字经济实现进一步开放，投身"丝绸之路经济带"和"21世纪海上丝绸之路"的建设，积极与沿线国家在数字贸易领域开展交流合作，在电子商务和数字化产品与服务等细分领域实现共同提升，形成以国内大循环为核心、国内国际双循环为辅助保障的新型开放格局。针对电子商务行业，《条例》提出了更为细化的行动举措方针。例如，有关部门应引领和鼓励电商平台的搭建与电商服务体系的健全，加快建设跨境电商试点区域，打造数字化服务出口专区；在工业领域推广普及电子商务，在农业领域以电子商务带动贫困地区致富，同时加强电子商务在社交、直播等领域的应用。

（四）广东省数字贸易发展概况

广东省已连续多年蝉联我国数字经济发展排名第一，无论是在电子商务还是服务贸易等多个数字经济领域都有着十分亮眼的表现。2019年广东跨境电商进出口总值高达1 107.9亿元（不含海外仓、邮快件进出口渠道），占全国跨境电商贸易总值（1 862.1亿元）的一半以上。其中，出口总额为741.6亿元，同比增长62%，占当年全国跨境电商出口总值的78.6%。同年以互联网为媒介开展的服务贸易出口总值为2 700亿元，而依托网络信息技术进行交换的数字化产品与服务出口总额也超过2 000亿元，数字经济总体规模超过4万亿元。无论是在数字化的货物贸易还是数字服务贸易领域，广东省贸易规模都处于全国领先的地位。同时，广东省具有优越的数字经济产业基础，很长一段时间内，数字贸易将成为带动广东外贸发展的主要增长极。

广东省拥有广州、深圳两个服务贸易创新发展试点城市，为响应全面审核服务贸易创新发展的号召，在当前数字经济发展新形势下实现稳步提升，广东将加大对数字服务、版权服务、在线教育等新业态的引导力度，鼓励企业通过数字化技术对产业链与供应链做出调整升级，尽快完成产业数字化转型，进一步加深省内服务业与制造业的融合程度，借助服务外包等形式将生产性服务业融入全球价值链当中，发展带有广东特色的新型服务贸易模式。2020年，广州市天河中央商务区被正式认定为"国家数字服务出口基地"，这一重大事件也成为广东加速数字化产品与服务出口、顺应数字经济时代发展潮流的里程碑。

广东省在全省范围内布局了多个数字贸易试点区域，以深圳前海深港现代服务业合作区（以下简称"前海合作区"）为例，在2020年下半年举办的中国（深圳）数字贸易产业创新发展峰会暨前海数字贸易产业促进联盟启动仪式上，前海数字贸易产业促进联盟宣布，计划在2023年以前，在项目建设方面，建设10个及以上的数字贸易示范项目，在人才发展环境方面，培养不少于1 000名的数字贸易专业人才。2020年是深圳经济特区建立四十周年、深圳先行示范区建设一周年，也是前海合作区成立十周年。在此次峰会上，前海管理局发布了包括《中国（广东）自由贸易试验区深圳前海蛇口片区关于促进数字贸易快速发展的若干意见》等一系列新政策，希望借此能够在制定数字贸易相关规则、创新数字贸易发展模式、建设数字贸易新型基础设施等方面跨出新的一步，为广东省内其他地区的后续发展提供实践经验，体现前海合作区的模范带头作用。

目前，前海合作区已在数字贸易领域取得了令人惊喜的成绩。2020年上半年跨境电商进出口货值接近 140 亿元人民币，是 2019 年上半年进出口货值总额的 2.5 倍左右。截至 2020 年底，前海合作区已落地"1210 保税备货进出口""9610 直购进出口""9710 B2B 出口""9810 海外仓出口"等多个"阳光化"跨境电商试点模式，在探索数字贸易发展新形势、打造数字贸易发展高地等方面卓有成效。

在前海合作区，政府并不是数字贸易发展的主导者与核心人物，由通信技术、金融服务、物流运输等数字贸易相关产业的行业协会与企业联合设立的前海数字贸易产业促进联盟才是当地推动数字贸易前进的领军组织。该联盟的主要目标是优化营商环境、发展数字贸易、实现产业融合与共同进步，预计到 2025 年，该地区将基本形成具有前海合作区特色的数字贸易新生态、新模式。

二、数字贸易发展趋势

社会各界普遍认为，数字贸易发展至今在各个领域创造了许多不俗的成绩，下文将从数字贸易的多个环节与维度的特征，对数字贸易当今与未来的发展趋势进行分析。

（一）贸易成本普遍降低

借助数字信息技术与互联网，数字贸易能够充分降低生产价值链各环节的费用支出，与传统的贸易形式相比，无论是前期沟通还是后期商品运输都能有效为企业减少成本支出。首先，各个市场主体能够在互联网平台上开展充分沟通，跨越时间与空间的限制，实现与市场需求最完美的对接，显著减少了各个市场主体在供需对接环节上的沟通成本。其次，在具体的商业贸易往来的过程中，如商务洽谈、合同签订与海关清关等事项中，数字贸易也能大幅缩短沟通的时间，节约劳动力的投入。最后，在后续的商品运输过程中，由于大部分数字贸易往来都会采用智能化的物流作业，因此通过物流信息集成系统能够简化工作流程，减少货物运输时间，帮助企业更快收到货品，缩短收货周期。

（二）中间环节大幅减少

在传统贸易的观念中，可以按照获利方式将中间商分为加价销售中间商和佣金中间商。针对佣金中间商这一环节，利用市场信息公示系统，各市场主体可以进行征信查询、企业资质审查等工作，对各环节贸易主体开展资质方面的审查，既能保证贸易的合法性、保证贸易往来的顺利进行，又能提高贸易效率。同时，目前许多企业已在数字技术的帮助下，取消了中间商，与消费者实现直接沟通并完成交易，这大大削弱了中间商这一角色的作用，精简了中间环节，消费者与企业都能够享受到技术带来的红利。

（三）生态系统智能互联

在数字技术介入贸易往来的背景下，数字贸易与传统贸易在各环节的互联互通上产生了明显的区别。与以往单一的链条式交流不同的是，数字贸易更强调集约式平台的作用。作为各环节沟通有无的核心要素，数字生态化平台在贸易过程中的作用日益凸显，其通过整合价值链上下游的生产制造端、物流运输端与市场营销等节点，促进各主体间的有机竞争，实现协同发展。

（四）弱势群体广泛参与

中小企业与贫困落后地区在传统的贸易过程中往往会被划分为弱势群体，尤其是在市场集中度较高的行业当中，这些市场主体在市场竞争中难以匹敌具有强大市场势力的跨国公司或大型企业。但在互联网平台的帮助下，借助引流等数字化营销手段，中小企业能够享受到与大企业同等的平台政策与机制，进而帮助其产品吸引到一定的客流量，扩大产品受众面，助推企业发展。数字贸易发展显著降低了企业参与国际贸易的门槛，减少了中小企业与落后地区在交易中因信息不对称导致的利益损失，实现了多种类型市场主体的广泛参与。

（五）个性偏好充分体现

传统制造型企业为实现规模化、批量化生产，往往会选择将某一适用范围较广的产品进行大批量生产，虽然这种模式能够满足大部分消费者的需求，并在很大程度上节约了企业的时间与成本投入，但显然无法满足所有消费者的需求，部分个性化、小众消费者的需求总会为传统商家所忽视。但在数字贸易蓬勃发展的今天，越来越多企业与商家开始提供个性化的定制服务，从产品多样化角度充分满足了不同类型消费者的需求，弥补了传统贸易在产品差异化角度的不足。

三、数字贸易发展战略意义

虽然我国在贸易体量上领先全球，但大部分企业仍处于价值链的低附加值环节，仅靠低端产品的生产难以达成贸易强国的伟大目标。为此，须进一步完善贸易体系，培育新兴贸易业态，鼓励多样化的贸易发展。因此，无论是从顶层设计还是从现实需求的角度来看，大力发展数字贸易都具有重要的战略意义。

（一）有利于丰富对外贸易的新形态

近年来，跨境电子商务等数字贸易主要表现形式彻底改变了国际贸易原有格局，数字贸易衍生出了多种新兴的贸易模式与业态。首先，借助国际化贸易平台，跨境电子商务实现了蓬勃发展，各国企业打破了地域与时间的限制，做到了自由的沟通与交流。其次，数字贸易鼓励了产业间的融合创新，促使产业数字化与数字产业化共同推进，创新了价值链管理方式，将设计、物流运输、市场营销等环节集中到一个平台，为将来丰富对外贸易形态提供了新思路与实践模板。

（二）有利于实现贸易强国的宏伟愿景

目前，我国与贸易强国的目标仍存在一定差距，但数字贸易为早日实现这一目标提供了更为高效、高质量的发展路径。从市场主体参与程度来看，数字贸易扩大了市场主体覆盖面，大幅降低了市场准入门槛，惠及更多中小企业。从贸易方式转型升级的角度来看，数字贸易促进了各个产业融合互联，引入数字信息技术帮助产品各生产和流通领域之间实现更多创新应用,有助于帮助我国实现贸易强国的伟大目标。

(三)有利于增强全球网络的辐射能力

随着我国企业在世界各地并购企业、建设新工厂,一张遍布全球的、集生产贸易服务等功能为一体的国际贸易网络已逐渐形成并快速发展。从生产端来看,数字信息技术的发展能够帮助企业在全球范围内搜索最合适的生产基地,选择与企业需求最为匹配的地理位置与贸易政策。从服务端来看,数字贸易日趋成熟带来的是数字化服务的进一步深化,使企业能够为消费者提供更为完善的售后服务,各生产环节间的交流也更加密切。以上种种对于增强国际贸易网络的辐射能力、形成更加合理的贸易格局有着极为深切的影响。

(四)有利于培育新的竞争优势

数字贸易凭借着集约化、精简化、高效、高质量发展等特色与传统贸易产生了明显区别,从而也为各经济体争取新的国际竞争优势开辟了新空间。部分中小企业虽然没有跨国公司优越的管理制度,或是龙头企业在大规模生产中的成本优势,但凭借着定制化的产品与服务,或是某一细分领域的先进技术,也能够在激烈的市场竞争中占有一席之地。许多小型互联网公司正是瞄准了小部分人群的消费需求,针对性地推出了极具特色的数字化产品或服务,成功在市场竞争中存活下来,并逐渐发展壮大,最后成为引领行业发展的龙头。因此,数字贸易有利于挖掘新的消费增长点,培育新的竞争优势。

第三节　广州市数字贸易发展情况

一、发展概况

(一)贸易基础

广州外贸基础雄厚。一座广州城,半部外贸史,作为千年商都,对外贸易长期占据广州经济的重要位置。2019 年,广州认真落实"稳外贸"相关政策,外贸进出口总额 9 990.7亿元,较上年增长 1.8%,增速居全国第一,对欧洲、日本和韩国的进出口保持两位数增长。预计到 2022 年,广州外贸规模将达到 1.1 万亿元,进出口额超 1 亿美元的企业将超过 300 家。

(二)政策支持

政策利好有利于推动数字贸易快速发展。广州市委、市政府高度重视数字经济发展,通过数字化手段打造活力高效的创新创业环境,鼓励新兴业态发展。同时,广州先后出台《广州市建设外贸强市三年行动计划(2020—2022 年)》等多项促进外贸增长的政策措施,在《CEPA 货物贸易协议》、《粤港澳大湾区发展规划纲要》、"一带一路"倡议、《广东省优化口岸营商环境促进跨境贸易便利化措施》等多项政策措施叠加作用下,效果显著,不断推动数字贸易高质量发展。为加快推动工业互联网建设，2018 年底广州市人民政府出台了《广州市关于深化"互联网＋先进制造业"发展工业互联网的行动计划》，明确提出要引进建设一批工业互联网平台和企业，率先打造形成国内领先的工业互联网基础设施体系。作为广州智能制造发展先行区，黄埔区专门出台了促进工业互联网产业发展的办法，着力推动工业互联网产业发展，成功创建广东省工业互联网产业示范基地。

（三）平台建设

广州市外贸发展平台载体能力全国领先。多年来，广州积累了一流的外贸发展平台，广州南沙区全球首个数字贸易综合服务系统上线运行，南沙自由贸易试验区正准备申请成为国家进口贸易促进创新示范区，逐步发展成为粤港澳大湾区贸易自由化的先行地和示范区。同时，广州开发区、南沙开发区、空港经济区三大海关特殊监管区域正争取转型为综合保税区。平台能力不断增强对广州市数字贸易发展具有深远意义。

（四）基础设施建设

近年来，广州数字信息基础设施建设水平稳步上升，新华三数字经济研究院连续三年（2018—2020 年）公布的《中国城市数字经济指数白皮书》显示，从 2018 年开始广州信息基础设施建设水平一直位于全国城市前列。事实上，广州是我国三大信息枢纽之一，天河二号超算中心的计算能力全球领先，六次蝉联世界超级计算机第一名，亚太信息引擎数据中心、广州云谷南沙数据中心、下一代互联网国家工程中心粤港澳大湾区创新中心等一批大数据中心建设稳步推进，南沙区正布局建设国际 IPv6 根服务器等重大项目。此外，广州的网络和信息安全保障体系进一步完善，政务信息安全和保密安全的准入控制机制基本建立，重要政务信息系统和涉密信息系统的安全防护能力大幅提升。近年来，广州突出光纤网络、4G 信号覆盖工程、公共区域无线局域网建设，光网城市建设全面推进，宽带无线网络升级加快，积极打造珠三角世界级宽带城市群和全国信息化先导区。作为全国首批 5G 建设试点城市之一，广州以实现 5G 网络走在全国前列为目标，先后出台实施了《广州市信息基础设施建设三年行动方案（2018—2020 年）》《广州市加快 5G 发展三年行动计划（2019—2021 年）》等政策措施，加快推进 5G 试验验证，推动 4G 向 5G 的平滑演进及规模组网。

二、标杆案例

（一）线上举办广交会

受新冠肺炎疫情影响，2020 年广交会整体搬上"云端"，以"云上"展会的形式吸引了众多海内外客商积极参加。将原有的平面浏览式的广交会官网开发升级为一个能够互动交流，同时承载大规模数据和全球访问的优质特色的线上外贸平台，把全国最大的贸易展搬上云端，这在国内乃至世界都是首次。

"直播带货"是当下国内电商行业中非常火热的一个风口，在本届广交会中，直播场面也异常火爆。受疫情影响，展会由传统的"面对面"变成了"屏对屏"，广交会为此专门设立了全时空、强互动、可定向的 10×24 小时专属直播间，营造类实景的营销互动场景，让参展商更直观地展示推介企业和产品。线上直播打破时间和空间限制，展客商虽相隔千里，也能达到身临其境的参展效果。有采购商表示，本届广交会使采购人员在办公室通过"屏对屏""线对线""云洽谈"等方式，就能找到更多更好的产品，实现了精准对接。本届广交会推出的直播营销服务，顺应了网上办展的特点和要求，引领企业创新营销模式，提升供采对接的效果，也推动了外贸企业加快数字化转型升级的步伐。

广交会从实体展迁移到网上，不是一个简单的复制，而是一个全新的结构设计和流程再造。除了时间紧、任务重的平台搭建，还要应对参展商的组织和采购商的邀请工作，最大的挑战是网络安全。本届广交会得到了国家各部委和地方的大力支持，采取了加强监测、研判、处置和协同联动等科学有效的措施，确保广交会网上平台的安全平稳运行。

广交会尽管是全球最大的展览，有 118.5 万平方米的展览面积，但是由于物理空间受限制，其展位对于外贸企业满足率只有 60%，所以有将近 40% 的企业会与参展失之交臂。而这届广交会由于在线上，没有物理空间的限制，使一些以往达不到参展门槛的企业通过敦煌网、中国制造网能够加入广交会，体验商机共享。

2020 年的广交会把连续举办 63 年的广交会整体搬上云端，是在更深层次上拥抱数字化的全新尝试，这一尝试已经成为"互联网＋会展"的标志性事件，将进一步助推广交会线上线下深度融合发展，打造"互联网＋"时代的竞争新优势。近年来广交会一直在探索并尝试利用电子商务来推动发展，中国对外贸易中心也在逐步加快智慧广交会建设，到 2019 年底，广交会在数字化转型方面迈出了一大步，智慧广交会一体化软、硬件支撑体系基本建成，系统互联互通、技术标准统一的集成化基础已完成搭建，以新业务模式为核心的线上线下一体化初现雏形，这为第 127 届广交会线上的顺利举办奠定了坚实基础。

（二）南沙区创新数字贸易模式

南沙区充分利用数字化新技术，将区内三大创新项目进行创造性的融合重构，打造出了以全球溯源中心、全球报关服务系统与全球优品分拨中心三大项目为核心的极具广州特色的数字贸易集成平台，为南沙区建设国际领先的自由贸易港提供了宝贵的实践经验，为将来参与国际贸易规则体系的制定提供了参考。以全球优品分拨中心为例，该中心的建设主要依托南沙保税港，建设目标为探究新型口岸监管形式。该中心的工作重心是力求对不同类型的贸易往来的商品提供更为简便快捷的清关服务，在海关这样的特殊监管区域对跨境贸易的货物提供一体化、高质量的供应链服务，帮助商品更快完成进出口、仓储与集成流转的贸易全过程。全球优品分拨中心的主要特点是"生态在线、智能决策、全球履约"，集合了包括经销、采购、物流供应链等多个行业的超过 400 家企业入驻，涵盖了近千种品项的商品，商品类别总数多达 5 000 余种，已实现超过 200 亿元人民币的进出口货值，服务对象涵盖全球 138 个经济体，充分显现出该中心在产业集聚方面形成的优势。

以 2020 年 7 月 30 日举行的"美赞臣跨境中心启动暨加入全球溯源体系仪式"为例，下文将详细介绍企业与南沙区全球溯源中心的合作内容。早在 2020 年 5 月，美赞臣就已进驻了南沙全球优品分拨中心，而 7 月底的进驻仪式更是美赞臣与南沙区的进一步合作，充分展现了这一享誉全球的婴幼儿食品企业对于南沙区数字贸易发展前景的高度信赖。由于生产基地与贸易对象遍布全世界，美赞臣十分重视在全球范围内寻找成本低廉、流程高效、贸易运输便利的贸易基地，甚至将其上升到了与产品安全同样重要的战略高度。

在美赞臣的溯源包装车间内，无处不体现出全球优品中心对其产生的影响。该车间主要负责为产品加注溯源信息，使下游经销商与消费者能够很方便地查询到产品从生产到流通最后到消费的整个周期各个环节的信息，为企业提供便于后续管理改进的数据的同时，也让消费者能够精准判断产品的真伪，有效维护了品牌形象。而前文提到的正品溯源服务正是由南沙区全球优品分拨中心提供的，借助一物一码的技术，该中心为每一件商品定制了独一无二的二维码，将产品生命周期的全部信息都采集于二维码当中，保证了价值链各环节都能快捷精准地查询商品信息，有助于品牌实现高效管理。

全球优品分拨中心与全球溯源中心的通力合作，充分体现了南沙对数字贸易这一新兴贸易形式的运用正从传统的供应链服务转变为新型的贸易配给服务。一方面，全球溯源中心搭建了一套权威的国际贸易质量溯源体系，并提供了专业的工具以供各市场主体进行识别；另一方面，全球优品分拨中心在监管形式上勇于突破和创新，为不同贸易类型的产品提供了不同的配送方式与管理模式，搭建了多样化的极具针对性的供应链服务新场景。在数字贸易快速发展的今天，以美赞臣为代表的全球跨国公司纷纷进驻南沙，在推动自身经营情况改进的同时，也推动了南沙当地的数字贸易进程发展，帮助其提升在全球跨境贸易中的地位，实现"立足南沙，辐射全球"的目标。

（三）工业互联网标识解析国家顶级节点建设稳步推进

截至 2020 年 11 月底，广州市规模以上企业"上云上平台"比例达 40%。广州市工业互联网标识解析国家顶级节点（广州）接入二级节点 24 个，占全国 32.4%，标识注册量和累计解析量均居全国五个顶级节点首位，覆盖了 17 个行业的 774 家企业。

近年来，广州先后引进了树根互联、阿里云、海尔科技等 20 多家国内知名科技平台。全市 128 家工业互联网平台商和解决方案服务商，入选广东省工业互联网产业生态供给资源池，数量居全省第一，广州牵头推进的广东省产业集群数字化试点数量也居全省第一。

在应用场景的建设方面，广州家居、汽车、服装等领域正在探索大规模个性化定制的工业 4.0 生产模式，已形成欧派、索菲亚、尚品宅配等领先企业集聚的定制家居产业集群。全市共 41 个企业项目入选国家、省工业互联网领域的创新发展、试点示范、应用标杆等。工业互联网是实现产业降本增效的重要渠道，也是新一轮工业革命的重点发展领域。接下来，广州将瞄准纺织服装、美妆日化、箱包皮具、珠宝首饰、食品饮料五大产业集群，组建"1+2+N"供应商联合体，形成集群数字化转型解决方案。

三、存在问题

（一）政策法规尚未健全

当前及未来一段时间，数字基础设施建设将成为经济新增长点和实现经济中长期发展的重要支撑，广州市也正在以前所未有的力度推动这项工作。但在某些方面广州尚未建立完善的制度环境，行业的发展与运行缺乏指导性文件。

在数字基础设施领域，广州虽然高度重视数字基础设施建设，但一些具体的相关配套政策措施还不够完善，如5G基站等新型基础设施建设的用电成本、租金成本、场所开放等问题需要同步解决；新型技术设施关键技术研发、应用推广、场景试验还有待提升，尤其是工业互联网、政务服务、教育、医疗、农业等重点领域的5G融合应用和5G示范应用等还有广阔潜力等待挖掘。

当前，我国数字安全领域的立法进程相对缓慢。数字安全已经成为阻碍数字经济发展的主要障碍和威胁，特别是物联网的发展将带来前所未有的网络信息安全挑战。根据国际电信联盟《2017年全球网络安全指数》报告，目前全球只有38%的国家发布了网络安全战略，另有12%的国家还在制定相关战略，意味着全球大多数国家仍然没有清晰的网络威胁应对策略，而中国的排名仅为第32位。根据互联网监控公司Arbor Networks的数据，每年网络犯罪、攻击对全球经济造成的损失高达4 000亿美元，法律体系亟待完善。我国与监管数字技术相关的法律框架、技术手段、组织架构、能力建设等都还不健全，国内相关合作较少，必然对广州发展数字经济带来不利影响。这突出表现为法律制度供给滞后于数字经济时代快速到来的情况下所产生的现实需求，在部分领域表现出法律法规的空白或不适用，特别是已有相关立法主要是在国家层面开展，地方治理中遇到的数字领域的争端和新矛盾难以有效解决，例如在个人信息保护、数字贸易、数字伦理等领域都须尽快出台专门性法律，行业部门的监管政策也需要及时出台，以回应市场主体的发展需求，明确相关主体的权责边界。政府在加强安全防控和个人信息保护的同时，也需要对人工智能、区块链、大数据、云计算等创新发展中的新现象持审慎包容态度，减少数字技术发展和应用的制度障碍，如出台监管例外、豁免条例，或者开展试点项目，为特定的数字技术应用创造"安全地带"，以促进稳健的创新生态系统建设。

在数据开放领域，由于数据开放标准、信息数据安全、信息数据应用范围等尚未出台具体实施细则，因此目前广州信息数据开放共享尚处于审慎探索阶段，信息数据要素交易市场和交易规则还不够完善，跨行业、跨部门、跨组织的信息数据资源融合和协同开发利用程度还不够高，数据加工智能化水平还有待进一步提高，高端数据应用与服务水平有待提升，信息数据资源潜力挖掘与社会化利用水平还有待寻找新的途径来提升，这也在一定程度上影响了智慧城市和数字城市的建设进程，不利于社会公共服务的效率提升和成本降低。

（二）技术水平落后、缺乏专业人才

首先，数字经济是高技术、高科技行业聚集的经济形态，代表了人类科技的最前沿领域，基础理论和技术研究无疑是开启新科技革命的关键和核心。当前的数字技术发展水平和数字时代的发展阶段分别处于低水平和初级阶段，技术大爆发、广泛运用的阶段还没有到来。比如在人工智能领域，当前全球技术攻关主要集中在机器学习、计算机视觉、知识工程、自然语言处理、语音识别、计算机图形学、多媒体技术、人机交互技术、机器人、数据库技术、可视化技术、数据挖掘、信息检索与推荐13个领域，顶尖人才团队主要集中在美国，且都还处于探索阶段，而中国的相关人才和技术主要分布在北京、上海、深圳，且大部分技术并非处于国际顶尖水平。

其次，数字人才教育培训体系不健全，可能造成数字人才供给断层。数字经济是知识密集型经济，需要大量的创新型人才作为支撑。广州职业教育和高等教育发展水平在国内处于领先地位，但适应数字经济、数字社会的人才教育培训体系还不够健全，数字人才自我培养和供给能力还有待提升，应进一步加强数字化人才队伍建设。

最后，现有理论和技术无法有效利用指数级增长的大数据，需要新理论、新学科、新技术、新装置、新工艺。在区块链领域，加密技术、智能合约、分片、跨链、侧链等关键技术仍处于试验或试用阶段，程序和代码上的漏洞仍是全球性难题，离大规模商业化应用还有很大的距离。在这一全球技术背景下，广州虽然起步并不晚，但往往扮演着"跟随者"的角色，最为缺乏的仍然是顶尖科学家以及颠覆性技术，从而导致人工智能产业领域缺乏革命性产品，更多的是利用现有人工智能技术对传统行业产品进行改良。如在科研体系方面，与数字技术相关的创新机构、创新团队还相对较少，主要集中在商业应用领域，产学研体系还未能够高效率地"打通"。从国际横向对比来看，广州直接关联数字经济领域的技术和产业落后于全球一流水平，尤其是在人才储备、基础研究、产业链等方面面临较大挑战。

第四节　广州市数字贸易发展的机遇与挑战

一、发展机遇

（一）政府高度重视数字贸易发展

为顺应数字贸易发展趋势，尽快占据数字贸易发展的高地，各部委纷纷出台与数字贸易发展相关的政策文件，例如《国家信息化发展战略纲要》《关于利用电子商务平台开展对外贸易的若干意见》《电子商务"十三五"发展规划》等，指出了数字贸易发展的前进方向，树立了数字贸易发展的远大目标。首先，政府部门极其重视人工智能、大数据、5G等技术领域的创新，大力扶持新兴科技企业发展，引导数字技术与制造业、服务业的融合发展，推动产业数字化与数字产业化的转型升级。其次，我国政府正致力于加快相关领域法律法规的制定。在细化监管方式、变革海关程序等方面进一步完善已有制度体系，为数字贸易的发展提供完善的制度环境。最后，各级政府正在全国范围内加快建设跨境电子商务试点区域，引导各省市创新数字贸易的业务流程、技术标准与监管方式等，为将来建设数字贸易强国探索新路径、寻找新方向。无可争议的是，我国政府对数字贸易的高度重视为该领域后续发展清除了制度层面的障碍，优化了发展环境，为未来数字贸易发挥推动经济发展的重要功效奠定基础。

广州市也设立了多个数字经济发展试点区域（见表5-1），意图在全市范围内基本形成"一中心、多片区"的重大平台基本布局，充分发挥平台对数字人才、科技、金融的集聚功能和辐射带动能力。

表 5 - 1　广州市部分数字经济重大平台

平台名称	建设目标
广州人工智能与数字经济试验区	总面积约 81 平方公里，包括琶洲核心片区、广州国际金融城片区和鱼珠片区，重点发展新一代信息技术、互联网、云计算、人工智能、大数据、数字金融、数字贸易、数字创意、5G、区块链等数字产业。到 2030 年建成人工智能与数字经济技术创新策源地、数字领域产业集聚发展高地、人工智能与数字经济发展全球优选地
白云湖数字科技城	总面积约 28 平方公里，重点发展新一代信息技术、人工智能、数字文化、新兴软件、智能终端等产业，利用 3—5 年时间打造总产值千亿元规模的数字产业集群，建设成为世界一流的数字科技产业生态园
南沙国际人工智能价值创新园	总面积约 5 平方公里，重点发展人工智能、智能网联汽车等产业，将建设成为全国一流的"AI +"智能城市示范区和全球领先的人工智能产业核心聚集区
天河软件价值创新园	总面积约 3 平方公里，重点发展软件、大数据、互联网应用、云计算、物联网、金融创新、信息安全、创意设计、科技服务、数字会展等产业，2020 年主导产业收入将达到 400 亿元
黄埔智能装备价值创新园	总面积约 1 平方公里，重点发展工业机器人、智能装备传感器、先进控制器等产业
番禺智能网联新能源汽车价值创新园	总面积约 5 平方公里，重点发展智能网联汽车产业，建设智能网联新能源汽车制造基地和华南汽车文化中心
广州市 5G 产业园	入选广东省首批 5G 产业园，按照"3 + 2 + 6"模式布局建设，即建设 5G 高端制造基地、5G 应用创新研发基地、5G 高端服务基地 3 个核心产业基地；建设"5G + 互联网"融合创新基地、"5G + 人工智能"融合创新基地 2 个关联产业基地；建设"5G + 智能制造"产业基地、"5G + 超高清视频"产业基地、"5G + 智慧交通"核心产品研发生产基地、"5G + 智慧物流与智慧航运"产业基地、"5G + 智慧交通"解决方案创新基地、"5G + 智慧农业"产业基地 6 个衍生产业基地

资料来源：笔者整理。

（二）服务贸易迎来新的机遇

作为现代化产业体系的重要环节，服务业对于一个经济体实现持续增长、缓解失业危机起着不可忽视的重要作用。数据显示，目前全球范围内，大多数经济体的服务业增加值均占国内生产总值六成以上的比重，欧美、新加坡等发达地区和国家的经济体目前都已跨入了以服务业为主导的经济发展模式，部分国家的服务业增加值占国内生产总值的比重高达七成以上。在许多发达国家中，服务业创造了 65% 以上的产出，吸引了 70% 左右的 FDI，对于发展中国家而言，服务业最重要的功能就是产生了大量就业岗位。

但与服务业在世界经济发展中占据重要地位不同的是，服务贸易在国际贸易中的比重并不高。根据世界银行的统计数据，在全球跨境贸易总值中，服务贸易所占比重仅有 20%，这种现象的出现有几大主要原因。首先，服务业对供需双方的要求较高，许多服务形式要求供给方与需求方必须出现在同一时间、同一地点，因此服务业很难超越地理界限输出至其他国家或地区。根据联合国贸易和发展会议统计数据显示，相较于第一、第二产业，服务业的贸易成本极高，尤其是建筑、零售等受到物理属性约束极为明显的行业或是餐饮、美容等受限于专业性较高的劳动力投入的业态。其次，各国对于市场监管的力度差异较大，市场准入门槛与政策法规各不相同，且服务业对一国经济的发展影响较大，因此许多国家或地区暂未全面放开外国企业进入，以达到维护本国政治经济安全以及社会稳定的目标，但从另一个角度来说也阻碍了服务业在全球的扩张。

（三）企业数字化整合供应链的能力得到锻炼

2020 年以来，新冠肺炎疫情的全球大蔓延对世界经济造成了巨大冲击，但这也给我国部分企业带来了新的发展机遇。以跨境电商行业为例，疫情期间经营门槛的提高使我国跨境电商产业整体竞争能力增强。疫情的全球大流行所带来的资金困难、经营风险和断货危机让大部分跨境电商企业无所适从，并给跨境电商从业者的供应商管理、资金管理、物流管理、人力资源管理等方面带来了巨大考验。这客观上提高了我国跨境电商产业的经营门槛，只有具备优秀综合能力的企业才有机会生存，并最终推动产业整体竞争力的提高。同时，疫情期间国际供应链管控能力的不足使海外仓和保税仓建设成为新一轮投资热点。海外仓和保税仓作为备货体系的补充和跨境物流的新方式，不仅减轻了疫情对跨境电商卖家的海外备货影响，还能发挥本地化运营优势，以及凸显物流配送时效、退换货物流便利等优势。海外仓和保税仓的上述优势使其成为改善国际供应链管控能力的重要手段和新一轮投资热点。

疫情使更多传统贸易企业开展了跨境电商业务。在疫情全球大蔓延的冲击下，传统外贸企业的损失已不可避免，而跨境电商这一新兴业态的逆势增长则成了传统外贸企业破局蜕变的重要渠道。这就要求传统外贸企业进一步发挥跨境电子商务独特的优势，利用平台展开在线营销，完成在线交易，争取实现保订单、保市场、保份额的目标。得益于额温枪、耳温枪、电子体温计需求大增和阿里巴巴国际站"三月新贸节"的线上流量扶持，杭州华安医疗保健用品有限公司（以下简称"华安医疗"）2020 年 3 月线上询盘量与去年同期相比增长 10 倍，外贸订单同比增长 8 成。2020 年 4 月起，华安医疗每天安排 6 位业务员上线维护在阿里巴巴国际站上开设的 2 个账号，并从大量的客户中选择从事医疗领域经销的优质大客户。

疫情使传统制造企业向互联网转型并成为跨境电商供应链的有机组成部分。受疫情全球大蔓延的影响，熬过了国内复工生产难的传统制造企业又面临着新一轮考验，包括运输难、接单难等一系列供应链难题。面对这些挑战，部分传统制造企业选择通过互联网转型，积极参与跨境电商供应链建设，最终实现逆势增长。20 多年前，雕牌洗衣粉已经迅速铺货至全国各地，其母公司纳爱斯集团也在之后不久发展成为日化行业的龙头企业。而纳爱斯集团终于在 2020 年正式携手阿里巴巴国际站，积极布局"三月新贸节"。来自阿里巴巴国际站的后台数据显示，"三月新贸节"开启前两周，纳爱斯集团在阿里巴巴国际站的店铺日均询盘客户数环比增长 127%，日均商品曝光量环比增长 243%，日均店铺访客数环比增长 283%。

二、面临挑战

（一）各种贸易摩擦阻碍国际贸易

随着数字贸易的蓬勃发展，世界贸易组织（WTO）主要成员均围绕数字贸易议题提出本国议案，但在很多细则方面存在争议，至今未能在 WTO 框架下形成关于数字贸易的综合性协定。第一，数字贸易使得有形货物和无形服务的界限更加模糊，在传统国际贸易规则（如 WTO 的 GATS 协定）下，数字贸易产品的分类和界定尚不明确、统一。第二，数字贸易严重依赖于数据的自由流动，而各国由于法律法规、文化习俗、历史传统的不同，对数据隐私保护的要求程度也不同，因此在数据隐私保护上难以达成一致意见。第三，各国数字贸易发展程度差异较大，从而使得各国有关数字贸易的政策目标不同，监管规则和重点自然也不同。在这种情况下，数字贸易产品的生产、交易、支付和使用等环节的法律规则体系缺失严重，国际社会还没有制定出一套完善的数字贸易国际规则体系来对其进行引导和监管。为抵御数字贸易自由化对本国发展的冲击，许多国家以保护国家安全、信息和个人隐私等为由，纷纷设置一系列专门针对数字贸易的非关税贸易壁垒，包括数字贸易本地化措施、数据隐私保护、知识产权保护、网络审查和技术性壁垒等。这些措施的核心不同在于是否允许数据和信息跨境自由流动，而后者是数字贸易发展的关键。此外，与数字贸易相关的市场准入门槛和外国投资措施也在一定程度上限制了数字贸易的发展，例如对电子支付的准入限制以及要求数字产品的软、硬件达到本国的特定技术标准。数字贸易国际规则的不完善以及由此形成的各国贸易壁垒在一定程度上限制了其发展。

以中美两国为例，中美共同推动全球数字贸易发展，但两国数字贸易发展模式存在很大差别，对于多边数字贸易规则也有着不同诉求。中国基于互联网平台，形成以跨境电商为代表的数字贸易体系，对于多边数字贸易规则的制定，更多地着眼于在全球范围内达成推动跨境电商发展的相关准则，例如，提高跨境电商政策框架透明度、改善跨境电商基础设施等，但是反对没有任何限制的跨境数据自由流动。美国的数字贸易偏重于数字服务贸易，因此更关注数据的跨境自由流动。而美国认为很多国家存在严禁数据出境、要求数据本地化存储等限制数据跨境自由流动的政策，由此建立起的数据边境增加了数字企业的经营成本，阻碍了双边数字贸易的开展，希望制定相关多边数字贸易规则，实现数据的跨境自由流动。美国、中国对于数字贸易规则制定都有着各自的诉求，在短时间内还难以达成一致，全球统一的多边数字贸易规则仍需在多方协商和探讨的过程中推进。

（二）线上运营增加传统企业经营难度

当部分传统企业开始向数字贸易转型，难免会面临技术人员缺失、运营经验不足等问题。新冠肺炎疫情期间，大量企业实体销售受阻，不得不转为线上经营。但面对大量潜在消费者涌入电商平台的突发情况，许多企业并没有相应的营销策略，不但没有有效利用好平台为扶持企业引导的流量，反而被突如其来的客流量打得措手不及，从前期的客户服务到后期的物流运输都遭遇了大大小小的问题，给消费者带去了恶劣的购物体验，也没有实现从线下到线上的顺利转型。

另外，线上运营与传统的实体销售有着较大的区别，以 2020 年的线上广交会为例，许多企业反映在线上举办展会后，虽然没有了地域的限制，但吸引客流量的难度大幅增加。在传统线下展会上，同类型企业的展位相隔并不远，头部企业吸引来的客流容易流向中小企业的展位。哪怕前期没有其他准备，中小企业展位的工作人员也可以现场"截胡"，随时招徕过往的客流。而线上寻找参展商，往往需要采购商主动搜索，而采用不同的检索关键词，也会导向不同的结果排名，差异巨大。当一家企业被罗列在上千个五彩斑斓、一眼看上去无甚差别的网页入口之中时，除了熟门熟路的老客户，要想被采购商精准找到、引起新客户的兴趣并获得询盘，机会近乎渺茫。在此情况下，参展商引流的主观能动性有所降低，如果企业品牌知名度再有所欠缺，那么，一眨眼的工夫可能就会被采购商略过，淹没在茫茫的线上窗口中。如何做到信息有效触达、如何通过远程方式建立信任、如何开展新客户后期跟进，这三点将成为外贸企业线下转型至线上的过程中需要面对的关键性挑战。

三、应对策略

（一）积极参与制定国际数字贸易规则

（1）积极维护多边贸易规则。积极维护 WTO 贸易争端解决机制，以自贸区为抓手，加强区域之间的贸易协作，探索国际贸易新规则，推动国际数字贸易规则的建立。积极主动地参与双边区域数字贸易规则的谈判，坚持开放进程和发展导向，尊重发展中国家成员的合理诉求，在技术进步、商业发展与各国合理的公共政策目标之间实现平衡，通过协商等手段实现互利共赢的局面。

（2）深度参与国际标准制定。在移动通信、物联网、云计算、大数据与网络安全等核心技术与关键领域，必须发挥龙头企业与社会组织的作用，不断深化国际标准制定的参与程度，完善数据管理与信息安全政策体系，推动构建一个平等合作、创新发展的数字贸易国际合作新框架，加强我国在该领域的话语权，提高我国在数字贸易及相关领域的国际地位。

（3）强化数据信息安全维护。建立并完善大数据安全维护机制，在个人信息、数据跨境流动、机密信息维护等衍生领域细化管理措施，在保证数据被合理利用的同时，维护网络空间安全以及网络数据的完整、安全、可靠。加强技术保证能力建设，推进防泄露、防窃取、匿名化等大数据保护技术研发与应用，促进网络信息安全威胁数据采集与共享，建立统一高效、协同联动的网络安全管理体系。

（二）推动跨境电商发展，提高企业数字运营水平

（1）跨境电商平台应协助中小企业通过平台大数据、所提供的线上服务和工具发展视频营销与社交媒体营销等新兴线上营销方式，提高企业内容运营策划、营销图文处理和企业形象包装等数字营销能力，推动品牌数字化以培育目标群体的品牌意识，同时关注线上

商品的货源是否充足，动态调整商品库存量和下架缺货商品，以确保外国消费者能够在平台上采购到目标商品，提升跨境电商企业的营销转化率。

（2）政府应当鼓励传统企业通过向跨境电商转型的方式改善营销渠道，支持跨境电商平台对新签中小企业提供起航补贴，在减免所须交纳的注册会员费和宣传费等基本增值费用的基础上，对初次使用平台相关外贸综合服务的传统企业提供特殊津贴，减免和补贴部分由政府和平台协商承担，最大程度上降低传统企业向跨境电商转型的压力，协助传统企业全面融入跨境电商生态系统。

（3）鼓励传统外贸企业开展数字化转型。把握数字贸易发展机遇，推动传统外贸企业实现发展策略转变，将工作重心转移至跨境电商。推动传统外贸企业转变市场方向，努力开拓新市场，例如以"一带一路"建设为契机，积极拓展以非洲、东盟等经济体为代表的新兴国家市场。支持企业拓展海外业务布局，增设海外办事机构与业务网点，鼓励有条件的企业在海外建设工厂、购置生产线，在科技水平较高、科研资源较丰富的国家或地区设立海外研发中心，加快融入国际创新体系的步伐。

（4）应用数据精准预测，规划企业生产经营策略。政府应当鼓励跨境电商平台基于人工智能、大数据、云计算等数字化技术为跨境电商企业提供精准预测和精准匹配交易需求的服务，鼓励中小企业基于跨境电商平台大数据云计算结果有序规划自身的生产经营策略，动态调整生产计划以规避缺货、断货等供应链管理风险，提前调整企业品类结构以降低运营成本，并利用海外仓实现提前备货以降低物流成本和清关费用，保障目标市场货源充足。

（三）推动电子商务持续高速发展

（1）建立多主体联动的电子商务生态。通过政府支持、电商平台牵头、电商企业参与形成合力，推动跨境电商发展，发挥大型龙头企业在数字贸易中的主导作用，在已有的跨境电商业务基础上，进一步开放平台、整合优质资源，鼓励和支持省内企业积极融入由省政府支持搭建的生态系统，争取形成行业集聚效应与规模效应，抢占平台企业与外贸企业两方面的先发优势。支持有实力的电商企业通过投资或并购积极走出国界，进军海外市场，提前布局，开展海外营销、属地化服务。鼓励进口跨境电商的采购行为由小批量多批次逐步转变为大规模的集中采购，向规模化、集约化迈进。

（2）拓宽跨境电商线下渠道。依托各跨境电商综合试验区，支持各类出口加工区、综合保税区、空港经济示范区等大力发展跨境电子商务保税进口、B2B 出口业务。将业务范围拓展至无人便利店、智能无人柜等多种类型的跨境电子商务线下经营实体，给消费者带来即买即用的优质购物体验。

（3）提升物流通关服务能力。提升跨境电商通关便利化水平，实现出口"简化申报、清单核放、汇总统计"和进口"税款担保、集中纳税、代扣代缴"的通关模式，依托线上综合服务平台，实现"一次申报、一次查验、一次放行"。加大海外仓等基础设施建设，通过批量发货，降低跨境运输成本，缩短当地配送时间，提升客户诉求回应速度。鼓励有条件的大型物流企业与跨境电商企业合作，加快发展航空货运，发展壮大跨境物流运输体系。

（四）打造数字贸易优质发展环境

（1）优化数字贸易监管服务体系。有关部门应借助高效的联席会议制度，打造部门间联合的协同治理机制，开展多部门联合执法，形成市场监管合力。应联合社会各界建立互联网行业多方治理机构，就热点、重点、难点问题进行研讨磋商，推动建立政府依法管理、社会各界参与的协同治理体系。应创新政府监管手段，积极运用大数据、人工智能等新技术提高治理能力，加强事中事后监管，完善多层级信用体系，对各主体行为进行高效约束，加快培育信用服务市场，积极发展第三方信用服务，建立各平台间的守信激励与失信联合惩戒的机制，提高个体失信成本，共同促进业态的健康发展。在开放环境下探索新监管体系，要扩大开放，遵循《外商投资企业法》，进一步降低数字贸易壁垒，扩大增值电信业、电子商务等领域外商投资准入范围；要完善监管，制定存储本地数据负面清单，制定跨境流动数据负面清单，强化平台垄断监管治理与数据要素市场监管治理；要保障安全，加强数字服务供应链安全、关键数据安全、市场体系安全等方面的研究。

（2）完善应对国外壁垒的支撑体系。在当前日益复杂的国际环境下，可借助 WTO、FTA、BITS 等谈判机制，推动解决网信企业在海外拓展中遇到的困难和问题，如歧视性监管及不公平待遇等。行业主管部门应协调建立针对数字贸易的法律援助体系，加强对基本规则的研究跟踪，定期发布报告，为企业"走出去"提供基本情况支持。扶持成立一批高水平的法律、公关及相关服务机构，使企业遇到问题时能够及时获得专业援助。

（3）完善国际综合服务支撑体系。建立政府服务信息平台，加强对各国数字贸易相关法律、法规和政策的研究，为企业提供可靠、权威的国内外市场需求、投资环境、宗教文化和法律法规等信息。引导企业以行业协会或商会为媒介，在融资融智、技术创新等方面协同合作，拓展国际信息化交流合作渠道。建立企业走出去数据库，动态收集、滚动更新"一带一路"沿线国家和地区信息化发展水平、政治环境、经济开放程度、双边关系、当地税制等信息，服务企业"走出去"。大力发展国际信息服务和中介机构，建立资源共享平台，加强与其他国家相关机构、驻外使领馆的沟通协作，为数字贸易企业提供更多信息和指导，规避风险。

（4）加强国际交流与合作。通过政府间合作，加强数字贸易领域国际间的交流与合作，增进其他国家对我国企业和技术的了解，为我国民营企业实现国际化发展创造更多机会。同时充分利用各种区域组织、国际组织和多双边交流机制，如"一带一路"、上海合作组织、澜沧江湄公河合作机制、国际电信联盟、中美互联网论坛、中英互联网圆桌会议、中国—东盟信息港论坛等，为我国企业宣传推广其优势技术产品和服务创造机会，减少观念误区。此外，推动与他国共建产业园区、自由贸易区等，切实推进园区内各国电子商务、数字内容等相关产业的投资自由化、贸易自由化和便利化，同时结合数字贸易企业全球化重点需求并综合考虑国际科技合作总体布局，建设一批高水平的海外科学研究基地。

第六章 广州市数字经济发展专栏三：数字政务[①]

数字政务是数字经济发展的助推剂，为数字产业发展创造良好的营商环境。数字政务秉承数字化思维，制定信息化发展战略，把握互联网技术风口，引领数字产业的发展；新基建的财政投入、数字人力资本的培育积累，为数字经济的发展夯实基础；新一代信息技术在政务服务领域的应用，大大缩短了企业开办、政策咨询以及项目审批等服务时间，提高了企业办事效率，降低了企业营业成本；统一协同的治理体系优化了生产要素的流动配置，激发了企业创新创业的活力；开放共享的数字环境为企业运用大数据技术提供了数据支撑，有利于创造公共数据的价值。数字经济的发展又反哺政府数字化转型。新信息技术成果有助于建设一体化的政务服务平台，企业的数字管理经验可协助政府创新服务模式。数字政务与数字经济密不可分，两者相互促进，相辅相成。

本章基于数字政务发展的统计数据和典型案例，多维度探讨我国数字政务发展水平、发展特点和面临的挑战，重点着墨广州市政府的数字化转型。广州市政府率先进行数字化改革，在数字政务领域积累了丰富的实战经验，引领我国数字政务创新趋势。本章的结构安排如下：第一节从理论层面厘清数字政务的内涵及其表现形式，为下文分析全国和广州市的数字政务发展现状构建框架；第二节基于数字政务的调查数据，量化分析我国数字政务发展水平，并结合全国和地方政府的政策文件及实践案例，从发展战略、数字能力、一体化平台建设以及特色实践等多角度探讨我国数字政务建设现状，并分析存在的问题；第三节将视角聚焦广州市，从政府政策文件、政府在线服务水平等角度，估判广州市数字政务所处的发展阶段，从机制、战略和模式三个角度阐明其发展特点和创新方向，并结合广州市政府和区政府发展数字政务的典型案例，总结其创新模式和发展经验。最后，本章基于上述三节的分析，归纳出广州市在发展数字政务过程中存在的问题，从用户体验感、政府权责数据可控性、政企合作、基层认同以及一体化协同治理等维度提出具体的应对措施。

第一节 数字政务内涵

电子政务和数字政务是两个不同的发展阶段，数字政务是电子政务向更高阶段的发展，电子政务的发展为数字政务建设奠定坚实的基础。与电子政务的发展模式不同，数字政务不仅仅是依托新技术颠覆政府工作方式，更是重塑"以人民为中心"的公共服务理念以及一体化的数字治理思维的体现。电子政务向数字政务的迈入，是推进国家治理体系和治理能力现代化的重要举措，也是落实网络强国战略的必经之路。本节将对数字政务的概

[①] 本章由暨南大学产业经济研究院杨梦霞执笔。

念进行阐述，从而使读者能够把握我国数字政务所处的发展阶段，理解其具体表现，为本章的分析搭建理论框架、提供思考维度。

一、数字政务的定义

在早期的国内外文献中，数字政务与电子政务概念并无明显的区分。随着互联网发展的不断深入，政府治理方式发生变革，"数字政务"概念也不断清晰。2005 年，随着韦斯特出版《数字政府：技术与公共领域绩效》一书，人们开始正式探索数字政务的建设。"数字政务"即政府运用新一代信息技术，以战略数据化、理念数据化、资源数据化、业务数据化为着力点，以人民为中心，通过数据驱动政府组织方式、管理结构、业务架构和决策议程的变革，实现用数据决策、数据服务和数据创新的新型政府管理和服务形态。

政府数字化是一个不断发展的长期过程。分析数字政务的发展与演化，有助于更精准地理解数字政务的内涵，为政府数字化转型提供思路。根据各阶段的发展特点，数字政务发展进程可大致分为三个阶段：电子政务—网络政务—数字政务（见图 6-1）。第一阶段，政府主要通过使用信息技术将政务信息数字化，便利信息的传播，从而提高政府办公效率。在我国，数字政务第一阶段是 20 世纪 90 年代末到 2001 年，这一时期主要是将网络技术和设备运用于政府办公与管理过程中，以提升政府的行政效率。该阶段，我国基本完成了三金工程建设、政务上网工程等。第二阶段，政府主要通过云计算、移动互联网等技术，为公众提供数字化的服务，从而优化服务质量。我国第二阶段的数字政务建设大致开始于 2002 年，至 2015 年我国已从战略上部署了政务信息化发展规划，实现了线上线下双渠道办事。第三阶段，政府主要通过大数据、物联网和人工智能等技术进行政府组织数字化转型，以理念数字化和数据资产化为核心，加速数据开放共享。我国于 2015 年启动国家大数据战略，数字化治理成为政府的核心任务。

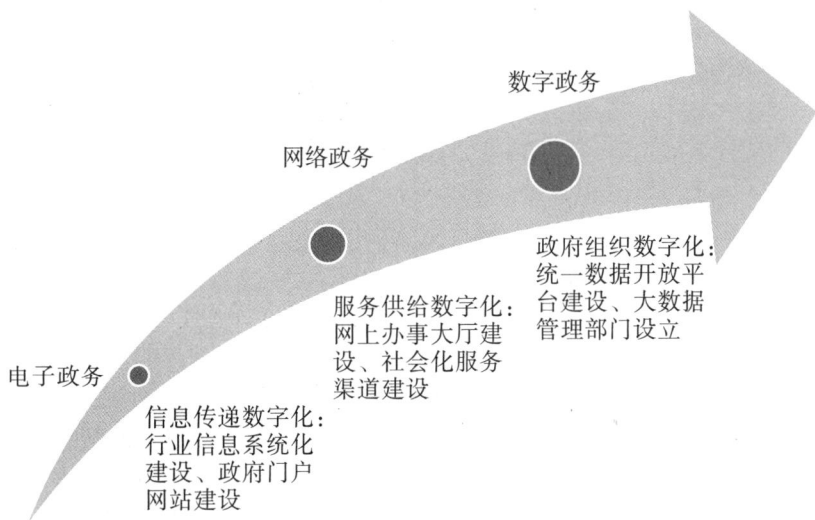

数字政务

网络政务

政府组织数字化：
统一数据开放平
台建设、大数据
管理部门设立

服务供给数字化：
网上办事大厅建
设、社会化服务
渠道建设

电子政务

信息传递数字化：
行业信息系统化
建设、政府门户
网站建设

图 6-1　数字政务的演进路线

资料来源：国脉科技研究院。

二、数字政务的表现

（一）核心——数据治理

数据已成为国家发展的关键战略资源，数据治理是数字政务建设的核心任务，对提升政府现代化治理水平有着重要的价值。治理好大数据，发挥数据的公共价值使其成为政府科学决策、精细管理和精准服务的决定因素，是政府数字化转型的关键。

政府数据治理架构大致可包括数据整合、数据管控和数据利用（见图6-2）。政府数据治理架构以实现资源利用为目标，将数据作为重要的公共资源，并对其进行资产化管理，加快开放共享，释放数据红利。数据整合，即政府通过业务信息化，将大量的政务信息以及公共数据以统一、标准的格式进行收集和存储，并在网上同步更新，实现各部门间的数据传递和交换。数据管控，即数据既要开放共享，又要安全可控。一方面，政府加强跨层级、跨地区、跨职能部门间的信息协同，打破数据壁垒，联通数据孤岛，实现数据的开放共享，保障民众和企业合法使用数据的权利；另一方面，政府加强监管，对数据的所有权、使用权和管理权作出明确的规定，从法律和制度的层面上保障数据的安全性和可控性，保护公民的隐私。数据利用方面，以往政府决策往往依靠过去的管理经验，更多地从主观层面来制定政策；在数字政务时代，在数据帮助下，政府可有效预测公民需求，并对未来做出预判，实现科学决策。开放共享的数据环境，有助于激发社会的创新创业活力，充分发挥数据的价值。

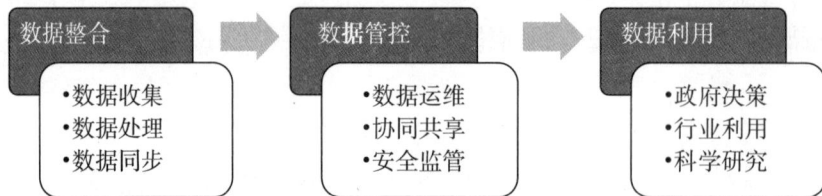

图6-2　政府数据治理架构

资料来源：笔者整理。

（二）关键——数字参与

公民数字参与是数字政务建设的关键内容。联合国对数字参与的定义是：公民通过信息通信技术参与到公共决策、行政管理、服务设计和服务供给的过程中来，以扩大和深化公民的政治参与，公民数字参与是数字政务发展水平评估的重要维度。随着互联网技术的不断渗透，公民政治参与向数字参与转型，公民成为数字政务建设的重要参与者。数字政府的职能已远不只简单的服务供给，更是构建政民共治的电子民主社会。

数字参与便利了公民参与社会治理的方式，拓宽了公民参与治理的渠道，公民通过政府网站或移动政务等方式，可随时随地参与到公共事务中来，从而激发了公民的政治参与热情。数字参与包括公共政策参与、服务设计参与和服务评估参与。在公共政策参与方面，一方面，政府通过官网、移动政务应用等平台向公民公开信息，增进了公民对政府活动的了解，使公民能够更高效地参与公共事务管理；另一方面，政府将公民的数字参与过程纳入决策体系，让政策制定体现公民的利益，这有助于促进政策的形成，彰显公民的主人翁地位，公民也更容易理解政府的行为，有助于政策有效推行。在服务设计参与方面，数字政府给予了公民更多的发言权，政府与公民以及企业的双向互动模式有助于提升政府精准服务和精细管理的能力。在服务评估参与方面，数字参与有助于提高政府工作的透明度，便于公民对政府实行监督，从而优化政务服务，提高公民的满意度。

（三）基础——信息技术

应用数字化技术是数字政务发展的基础和重要标志，对新基建、技术研发和人才培养的投入成为各国发展数字政务的普遍做法。数字政务充分运用数字技术，对政府的治理理念、治理机制和治理模式等进行创新，从而实现社会治理的深度变革。新技术的应用，包括5G、云计算、大数据、物联网和区块链等技术，在政府数字化转型中扮演着重要的角色。将新一代信息技术广泛应用于政务数据收集、业务办理以及政策决策等环节，能够压缩行政成本，提高办事效率，加速政务服务管理模式向数字化、智能化转型。

以区块链为例，区块链是由多个参与主体共同记录和维护的共享数据库，具有难以伪造、公开透明、全程可追溯的优点。将区块链应用到社会管理上，可以减少民众和企业业务办理时间，提高办事效率，优化营商环境，改善民生福祉。对于数据治理而言，区块链技术促进了不同部门间建立数据信任，还有助于统一数据标准，促进数据的整合，提升政府数据治理能力。国外数字政务的领先者如爱沙尼亚、美国等国家较早就将区块链技术应用于服务本国国民。我国政府也积极推动区块链技术的应用。2020年，多地政府将"区块链＋政务服务"模式写入政府工作报告，宣布要利用区块链技术建立政府信息资源共享系统。① 此外，数字政务的建设离不开网络安全技术的发展。用户身份信息泄露等会损害政府的公信力，阻碍公民参与数字政务建设。因此，可靠的信息安全技术为政府数字化发展提供了安全保障。

数字政务的铺开除了对新基建的投入，还需要使用、运维、研发数字技术的人，即在数字素养上与技术相匹配的群体。数字素养培养的目标是：公民能够熟练使用互联网技术，享受政府提供的政务服务；政府机构人员也具备专业的技术，能够从技术层面保障网络平台的运维，确保系统的安全性和流畅性；相关的研发人员也拥有先进的信息技术，能够根据民众需求，不断发明新技术，完善网络平台。

（四）目标——以人民为中心

数字政务建设离不开技术升级，但是技术终究只是政府提供服务的路径和方式，人民才是数字政务建设的出发点和落脚点。以人民为中心，以公民需求为导向，设计用户需求

---

① 《证券日报》：《22省市将区块链写入政府工作报告　电子政务成为重要布局方向》，http://www.zqrb.cn/jr-jg/hlwjr/2020 – 02 – 26/A1582726311756. html。

驱动的服务模式，提高公民的满意度和体验感才是数字政务的目标和价值所在。

随着数字政务的不断发展演变，公民的参与意识不断增强，对政务服务的需求更广、期许更高。数字政府改变了以往"以部门为中心"的工作模式，向"以公众需求为导向"转变，建立统一的身份认证系统，实现灵活、迅捷、主动、个性的数据驱动型数字服务。传统的政府以过往的经验为依托，从主观层面自上而下地提供服务。而数字政务凭借大数据、区块链和云计算等数字化技术，分析挖掘公共数据，对用户的需求进行分析和预测，并按照用户的特点，精准且主动地为用户提供客制化的政务服务，满足公民个性化、多元化的公共服务需求。此外，数字政府采用平台的模式提供服务。政务服务平台联通各个政府部门，构建跨层级、跨区域、跨职能的横向和纵向相互打通的一体化服务网络，以简化审批流程、减少办事手续为手段，让数据多跑路，群众少走动，为公民提供一站式的便捷服务。

第二节　国内数字政务发展现状

我国已步入数字政务发展的高级阶段，近年来，在数字战略、一体化平台建设等方面取得了显著的成效。在中央政府和地方政府深化"放管服"改革、推动"互联网＋政务服务"的不断努力下，我国已从顶层设计上制定了一体化的数字发展战略，建立了全国的一体化政务服务平台。各地方政府结合本地区的发展状况，摸索出了各具特色的发展模式，涌现出了很多成功的案例。地方政府数字政务在完备度、成熟度、满意度、准确度和成效度等方面取得了较大的提升，但与此同时，也面临着区域间发展不均衡、部门间治理的协同、信息的安全与可控、政策法规的跟进、人力资本的匹配等方面的问题。

本节首先分析了我国数字政务发展战略，从顶层设计上探讨政府对数字政务建设的重视程度、数字政务的发展方向和重点领域；其次基于数字政务相关调查报告以及政府数字化转型的举措，分别从全国整体层面和地方政府角度，剖析我国数字政务发展水平和发展特点；最后基于以上的发展现状，在数字政务理论体系之下，探讨目前存在的问题。

一、发展概况

（一）数字政务发展战略

数字政务战略是推动政府数字化转型的指南针，为数字政务发展擘画新蓝图。为顺应数字化发展潮流，我国高度重视数字政务的发展，制定数字政务发展战略，以深入推进政府数字化转型。自2016年"十三五"规划提出以来，党中央、国务院已发布十多项有关发展数字政务的文件（见表6-1），并将其上升为国家发展战略目标。从政策执行的地区分析，早期政府文件主要从"互联网＋政务服务"试点城市着手，推动城市内部的政务服务精简化改革，再到建立城市圈的政务服务体系，以长三角、泛珠三角和京津冀三大城市群为试点，致力于打通跨地区服务的堵点，从而打造互联互通的全国一体化政务服务体系，实现从点到块再到面的全覆盖。从工作内容角度分析，早期政府文件主要以信息技术为切入点，注重政务服务平台的建设，后期更重视服务质量的提升以及相关法律制度的完善。从全国性的指导方针发展到具体的实施路径，数字政务发展战略体系更加完善和细化。我国政府不断深化"放管服"改革，推进数字政务建设，尤其是近年来，政府把握信息时代的发展趋势，不断完善战略决策，从顶层设计上引领数字政务的建设。

表 6 - 1　　"十三五"期间关于数字政务的文件汇总

发布时间	文件名称	主要内容
2016 年 3 月	《中华人民共和国国民经济和社会发展第十三个五年规划纲要》	实施网络强国战略，推广"互联网＋政务服务"，全面推进政务公开
2016 年 4 月	《推进"互联网＋政务服务"开展信息惠民试点实施方案》	以 80 个信息惠民国家试点城市为试点单位，实现"一号、一窗、一网"的目标
2016 年 7 月	《国家信息化发展战略纲要》	提出深化电子政务、以信息化推进国家治理体系和治理能力现代化的战略目标
2016 年 9 月	《关于加快推进"互联网＋政务服务"工作的指导意见》	从优化再造政务服务、融合升级政务服务平台渠道、夯实政务服务支撑基础三个方面明确了推进"互联网＋政务服务"的具体要求
2016 年 12 月	《"十三五"国家信息化规划》	提出统筹发展电子政务的重点任务，建立统一开放的大数据体系
2017 年 1 月	《"互联网＋政务服务"技术体系建设指南》	围绕业务支撑体系、基础平台体系、关键保障技术体系和考核评价体系等四个方面，提出了优化政务服务供给的信息化解决路径和操作方法
2017 年 5 月	《政务信息系统整合共享实施方案》	加快推进政务信息系统整合共享，加大对政务信息的机制体制保障和监督落实力度
2018 年 6 月	《进一步深化"互联网＋政务服务"推进政务服务"一网、一门、一次"改革实施方案》	对推进政务服务"一网通办"和企业群众办事"只进一扇门""最多跑一次"等作出部署
2018 年 7 月	《关于加快推进全国一体化在线政务服务平台建设的指导意见》	部署了政务服务一体化、公共支撑一体化、综合保障一体化三方面共 14 项重点建设任务，充分发挥"两微一端"等政务新媒体优势
2019 年 4 月	《国务院关于在线政务服务的若干规定》	明确了在线服务平台建设的目标、原则、机制、要求以及法律效力等，从行政法规层面明确了电子材料的法律效力
2020 年 9 月	《关于加快推进政务服务"跨省通办"的指导意见》	提出 140 项全国高频政务服务"跨省通办"事项清单，解决群众和企业异地办事的堵点问题

资料来源：中国政府网，http://www.gov.cn/。

在中央政府的积极推动下，各省市也纷纷印发相应的政策文件，从顶层设计上推动数字政务的建设。如广东省人民政府发布《广东省"数字政府"建设总体规划（2018—2020年）实施方案》，确立了数字政府改革建设的总体框架。江苏省人民政府印发《进一步推进"互联网＋政务服务"深化"不见面审批（服务）"改革工作方案》，推进业务跨层级、跨地区的协同治理。浙江省人民政府印发《浙江省深化"最多跑一次"改革推进政府数字化转型工作总体方案》，全面深化政府数字化改革。各地方政府不断深化"放管服"改革，将数字政府建设纳入政府工作报告，创新政务转型升级模式，实践经验逐渐丰富，成功案例陆续涌现，数字政务建设成效显著。

（二）数字政务发展现状

1. 全国数字政务发展现状

在我国政府不断深化"放管服"改革，推进"互联网＋政务服务"发展模式的努力下，我国数字政务发展已取得显著的成果（见图6－3）。根据第47次《中国互联网络发展状况统计报告》，截至2020年12月，我国在线政务服务用户规模达8.43亿，占全国网民的85.3％，共有政府网站14 444个。2019年5月，已初步建成了联通32个地区和46个国务院部门的国家一体化政务服务平台。2020年初，新冠肺炎疫情的爆发更加速了政府数字化转型，"互联网＋政务服务"有力地助推了疫情下的复产复工。

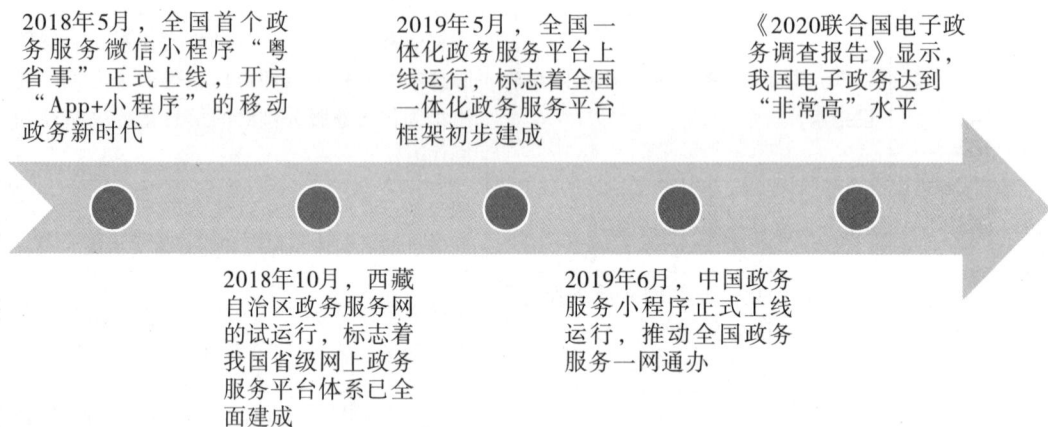

图6－3　我国数字政务发展大事记

资料来源：笔者整理。

联合国电子政务调查评估自2001年启动以来，至今已连续发布了11次报告，成为全球电子政务评估最权威的报告。联合国电子政务的评估指数包括电子政务发展指数（E-Government Development Index，EGDI）和电子参与指数（E-Participation Index，EPI），两者共同构建了系统、科学、综合的评估体系。

（1）电子政务发展指数。该指数是衡量国家电子政务发展水平的综合指标。它量化了一国政府机构在行政管理时，使用在线或移动技术为国民提供政务服务的能力，成为联合国评估各国电子政务排名的主要依据。联合国电子政务发展指数主要从三个方面衡量：在线服务指数（Online Service Index，OSI），通信基础设施指数（Telecommunication Infrastructure Index，TII）以及人力资本指数（Human Capital Index，HCI）。OSI 指数主要基于问卷数据，对成员国在线政务服务水平进行评估；TII 指数包括 4 种衡量角度：每 100 名居民的移动电话用户数量、互联网使用人数百分比、每 100 名居民的固定（有线）宽带用户数、每 100 名居民的移动宽带活跃用户数。HCI 指数从成人识字率、入学率、教育年限等方面衡量。[①] 每个指数均进行标准化处理，因此反映的是在某一时期该国和其他国家的相对关系和综合情况，方便不同国家间的比较。

近年来中国电子政务水平发展迅速，已进入全球领先行列。《2020 联合国电子政务调查报告》显示，中国电子政务发展指数在 2020 年达到 0.795（满分值为 1），较上一次调查提升了 16.7%，排名提升了 20 位，升至全球第 45 位，首次进入"非常高"EGDI 组（最高等级为"非常高"），创下了历史新高。其中，作为衡量国家电子政务发展水平核心指标的在线服务指数达到 0.906，排名从全球第 34 位跃居全球第 9 位，达到"非常高"水平。

从中国历年来电子政务的发展趋势分析，2005 年到 2010 年中国电子政务发展指数稍有下降，全球排名也随之在 2005 年到 2012 年期间稍有跌落。2014 年后，中国电子政务发展指数快速增长，并在 2020 年取得了历史最大进步。

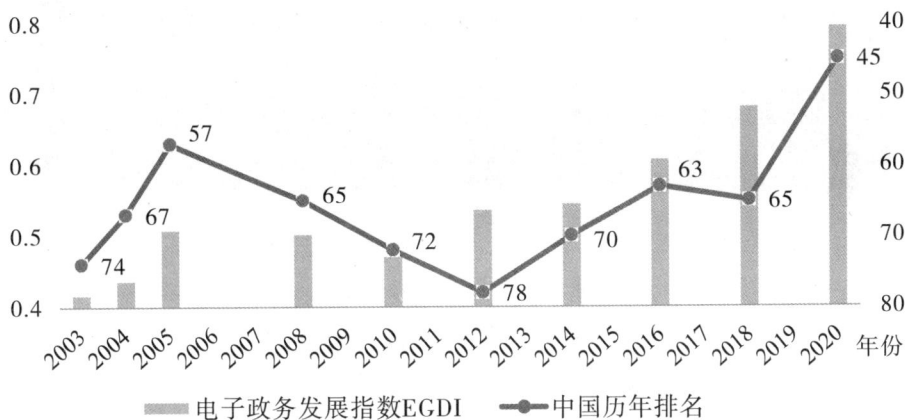

图 6-4 2003—2020 年中国历年电子政务发展状况

资料来源：《联合国电子政务调查报告》。

说明：《联合国电子政务调查报告》的统计年份非连续，因此部分年份数据缺失。

---

① 注：联合国电子政务发展指数评估体系逐年优化。2008 年及之前，衡量电子政务水平的指标叫电子政务完备指数（E-Government Readiness Index），包括网络测量指数（Web Measure Index）、通信基础设施指数（Infrastructure Index）和人力资本指数（Human Capital Index）。2010 年后改名为电子政务发展指数，相较于此前的计算方法略微有改动。其中，OSI 指数同样基于问卷数据，问卷的问题会根据实际发展情况进行调整；TII 指数变为 4 种衡量角度：每 100 名居民中的移动电话用户数量、使用互联网的人数百分比、每 100 名居民的固定（有线）宽带用户数、每 100 名居民中移动宽带活跃用户数。HCI 指数拓宽到 4 个方面，在原先的基准上增加了预期受教育年限以及平均受教育年限，权重也相应地有所改变。

　　将中国电子政务发展指数的结构拆分分析，中国过去在在线服务、通信基础设施、人力资本三个方面发展极不均衡（见图6-5）。其中人力资本指数一直处于较高的水平，而在线服务水平和通信基础设施则比较薄弱。2003年到2010年期间，中国的电子政务发展缓慢。在线服务水平在2014年后才开始较快地增长。通信基础设施水平则在2020年的报告中呈现同比近乎翻倍的提升。历年来，人力资本水平指数一直较高，但是2010年后呈现下降的趋势，然而相比其他方面，人力资本的优势并未持续保持。2020年，中国电子政务发展步入更高阶段，不仅总体的EGDI排名比上次调查提升了20名，三个主要指标也都均衡发展，且等级都为"高"及以上。其中，OSI等级为"非常高"，TII和HCI等级都为"高"。调查结果表明，中国在线服务表现较好，但是基础设施和人力资本发展欠缺。因此，中国在提供在线服务的同时，还应在电信基础设施方面加大投资，加强数字扫盲，以支持高水平的政务体系发展。

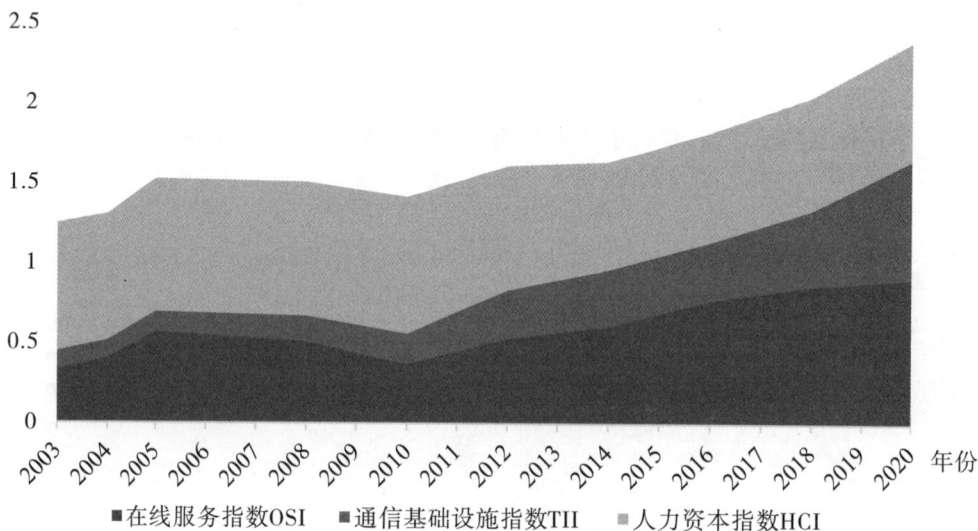

图6-5　2003—2020年中国电子政务发展结构

资料来源：《联合国电子政务调查报告》。

说明：《联合国电子政务调查报告》的统计年份非连续，因此部分年份数据缺失。

　　（2）电子参与指数。该电子参与指数作为EGDI指数的补充，扩展了调查的维度。电子参与指数评估了政府在利用信息技术让公民参与到政策制定的过程中，政府所提供服务的质量和有效性，反映公众如何参与民主建设，以及如何发挥民主建设的作用。联合国电子参与指数的评估内容包括电子信息（E-Information），政府通过网站发布信息；在线咨询（E-Consultation），政府网站提供在线咨询服务；在线决策（E-Decision-Making），公民在线参与决策的过程。

　　电子参与指数调查结果显示，中国电子参与度排名一直较靠前。中国在2008—2012年期间电子参与指数呈现下降的趋势，自2012年开始，电子参与度增长很快，并在2016年的调查中进入"非常高"组。其后经历了短暂的下降，2020年电子参与指数上升至历史新高，排名进入全球前 10，取得了较好的成绩。这反映了中国政府在鼓励公民参与电子政务方面取得的显著成效。

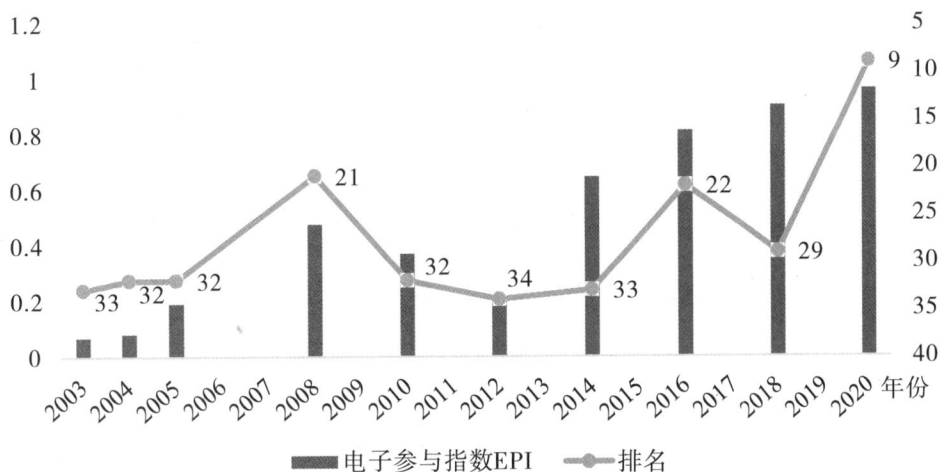

图 6-6　2003—2020 年中国历年电子参与指数

资料来源：《联合国电子政务调查报告》。

尽管我国目前电子政务发展水平已处于国际较高水平，但是与我国的数字经济发展规模仍不相配。《中国数字经济发展白皮书（2021 年）》显示，2020 年我国数字经济规模达到 39.2 万亿元，占 GDP 比重为 38.6%，位居世界第二。此外，根据《全球数字经济竞争力发展报告（2019）》，中国在全球数字经济国家竞争力榜中排名第三。其中，中国在数字产业竞争力方面位居全球第一，但在数字经济治理等领域竞争力较弱。数字政府是数字中国的有机组成部分，是推动我国数字经济发展的重要抓手和动力。因此，后期我国仍须继续加强数字政务的建设，为推动我国数字经济发展、提高总体数字经济竞争力提供良好的社会环境。

2. 地方政府网上政务服务能力

中央党校（国家行政学院）电子政务研究中心对 31 个省级地方政府的网上政务服务能力进行了评估。该评估体系在联合国电子政务调查评估的框架之下建立，并结合我国地方政府在线服务的实际情况进行了改进。评估主要围绕在线服务成效度、在线办理成熟度、服务方式完备度、服务事项覆盖度以及办事指南准确度 5 个维度开展，同样也对各分项进行标准化处理。

根据历年的调查报告，我国省级政府的网上政务服务能力在近年来显著提升，总体指数平均值为 83.82。网上政务服务能力总体指数和五项分项指数均有所提高。其中办事指南准确度分数最高，于 2019 年达到 92.33。服务方式完备度和服务事项覆盖度近三年来得到稳步的提升。而在线办理成熟度和在线服务成效度一直是数字政府发展的短板，近三年来提升的速度也较缓慢，其中在线服务成效度指数在 2018 年度的调查中较上年甚至出现了下降，在 2019 年又出现较大的回升（见图 6-7）。

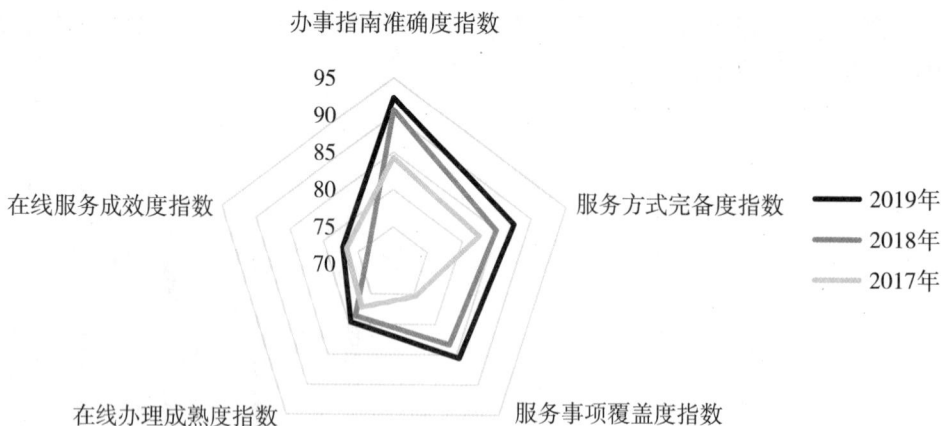

图6-7 2017—2019年我国省级政府网上政务能力指标分析

资料来源：《省级政府和重点城市网上政务服务能力（政务服务"好差评"）调查评估报告（2020）》。

《省级政府和重点城市网上政务服务能力（政务服务"好差评"）调查评估报告（2020）》显示，2019年我国网上政务服务能力指数为"非常高"（≥90）的地区增加到8个，占比25%；指数为"高"（80~90）的地区增加到15个，占比为46.87%；指数为中（65~80）的地区，占比为28.13%；而网上政务服务能力为"低"（≤65）的地区数首次降为零。其中，有12个省份的网上政务服务能力指数超过平均值。2019年省级政府网上政务服务能力总体指数排名中，广东/浙江（并列）、上海、江苏/贵州（并列）分别位列前三。根据政府网上政务服务能力的区域分布图分析（见图6-8），区域间网上政务能力发展不均衡，呈现三个明显的梯度区分。指数较低的地区主要聚集在西部和东北部，中部地区普遍的政务服务水平为高，而东部政府网上政务服务能力遥遥领先其他地区。网上政务服务能力指数增幅较大的地区主要集中在中西部和经济欠发达地区。河南、河北、湖北等地充分发挥"后发优势"，凭借一体化平台提升政务服务水平，在政务服务覆盖度和完备度等方面取得了较大的进步。

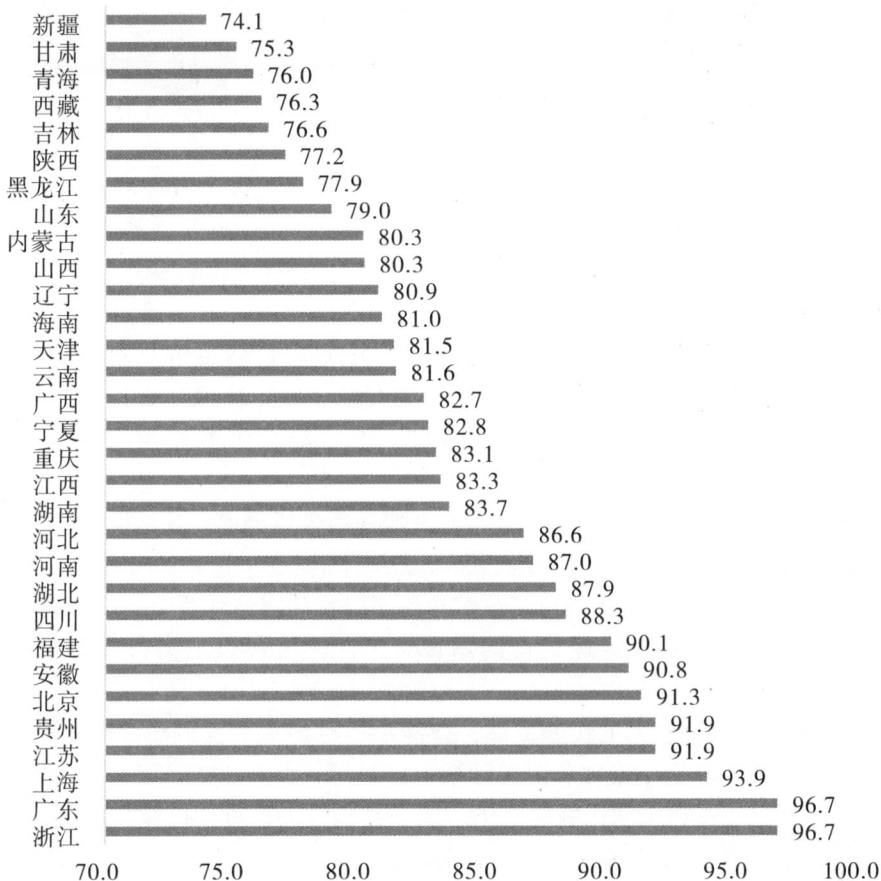

图 6-8　2019 年各省网上政务服务能力指数

资料来源：《省级政府和重点城市网上政务服务能力（政务服务"好差评"）调查评估报告（2020）》。

3. 全国政务服务"一张网"

（1）一体化政务服务体系初步建成。2019 年 5 月，全国一体化政务服务平台上线试运行，标志着以国家政务服务平台为总枢纽的全国一体化政务服务平台框架初步建成。上线至今，全国政务服务平台已经接入了 31 个省（自治区、直辖市）、新疆生产建设兵团和46 个国务院部门，实现了国家政务服务平台和地方政务服务平台的互联互通。企业和群众通过中国政府网（www. gov. cn）首页设置的入口，即可进入全国一体化平台，享受分类清晰的服务。

全国一体化平台已经成为公众和企业办理业务的主要入口。截至 2021 年 1 月 31 日，国家政务服务平台的注册用户达到 2.02 亿人，总访问用户数超过 10 亿人，总浏览量 133亿次。

（2）网络密度提高。政务服务的网络密度仍在不断增加。一方面，京津冀、长三角等区域相继推出跨市的"一网通办"，以企业审批、社保、公积金等高频服务事项为切入口，加强区域间政府数据治理的协同共享，疏通跨界办事难的堵点，优化地区间的营商环境，从而更高效地促进生产资源的合理流动和配置。我国数字政府建设正在形成由点到块再到面的发展格局，从建设省级政务服务平台，到长三角、泛珠三角以及京津冀三个城市圈间的协同，最后通过这三极带动周边地区发展，实现全国的数字政府建设。

另一方面，覆盖省—市—区（县）—镇（街）—村（社区）五级的网上服务体系初步建成。我国31个省级政务服务平台均已覆盖省、市、县三级以上，其中浙江、广东、贵州等21个区域的基础服务边界已延展至乡、村五级，打通"最后一公里"，实现"村村通"的政府服务体系。

（3）服务渠道多元化。政府服务更加普惠化，公众获取服务的渠道更加多样化。国家政务服务平台已全面开通PC端、App和小程序等入口。截至2020年5月初，国家政务服务平台仅微信小程序的实名注册用户就超过5 000万，成为注册用户数量最多、使用率最高的国家级政务小程序。

政府网上办事大厅一直以来是民众获取政务服务的主要渠道，其建设时间较长，平台体系成熟。根据第47次《中国互联网络发展状况统计报告》，截至2020年12月，我国共有政府网站14 444个，主要包括政府门户网站和部门特色网站。其中，中国政府网1个，国务院部门以及下属的垂直管理机构网站894个，省级及以下的行政单位政府网站13 549个。

此外，随着移动网络技术的快速发展，智能手机已经成为人们生活中不可或缺的工具。第47次《中国互联网络发展状况统计报告》显示，截至2020年12月，我国手机网民数量达到9.86亿，手机上网比例占比99.7%。移动政务的推广已经具备了良好的用户基础和技术基础。与传统政务服务相比，移动政务在便捷性、及时性、交互性、服务效率以及用户体验上都更具优势，能够更快捷地向公众传递信息和提供服务，提升群众获得感。为顺应互联网发展的潮流，各地区纷纷将移动政务服务作为数字政府创新的突破口，将业务量大、民众使用频率高的服务事项延伸至移动端，拓展服务边界。目前，全国共有32个省级行政区建设了省级政务服务移动端App，实现政务服务事项"指尖办"。

随着第三方互联网媒体"微技术"的日益成熟和不断渗透，第三方平台成为政务服务的重要载体。例如小程序，由于其"轻、易、便"的特点，与政府普惠化的服务理念一拍即合，成为各地政府的"新宠"。2018年5月，全国首个省级政务服务微信小程序"粤省事"正式上线，开启了以"App＋小程序"为主要服务渠道的移动政务新时代。随后，小程序的普及速度非常快，2020年，近八成省级地方政府已经建立了政务服务小程序，"App＋小程序"成为政务服务供给的标配和主流模式，第三方应用开始重构政务服务和用户体验新模式。

（4）服务精细化。

《2020联合国电子政务发展报告》显示，我国在线政务服务指数整体上不断提高，在2020年达到"非常高"的级别。我国政府的网上政务服务不仅覆盖范围不断扩大，而且质量也不断提升。一方面，政务服务平台联通了国家和各省级平台，服务事项涵盖人民生活的方方面面，打造"数字政府即平台"。截至2020年5月，平台已涵盖360多万项全国服务事项和 1 000 多个高频服务事项①，如防疫、公积金、社保卡、教育等全国性和地方性的热点服务事项，民众在一个平台上即可享受一站式的便捷服务。另一方面，全国政务服务平台服务供给精细化。2019 年，全国 32 个地方政府平台可以供给本地区 1 804 个部门 6 类依申请政务服务事项 52 973 项，较 2018 年增加了 22. 35%。平台收集了群众的高频服务需求，并对其进行细化分类，设置了服务专栏，优化了服务界面，方便用户查找和办理，主动为群众提供精细的服务。例如，平台设置了"新冠肺炎疫情防控专题""粤港澳大湾区政务服务专区""留学服务"等高频服务栏目，为各个地区、各个年龄段、各种需求的用户提供所需的服务，实现一站式办理，让"数据多跑路"，让"群众少跑腿"，切实提升群众的办事体验。

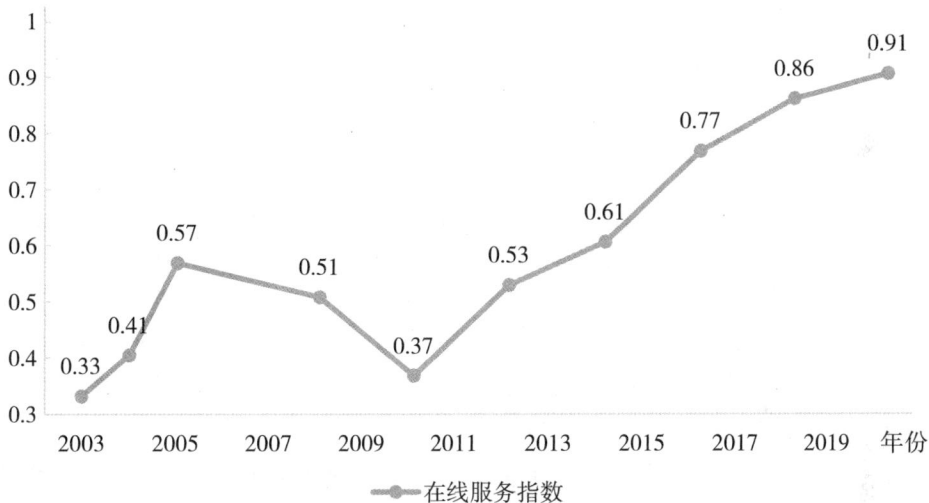

图 6 - 9　2003—2020 年中国历年在线服务指数

资料来源：《联合国电子政务调查报告》。

说明：《联合国电子政务调查报告》的统计年份非连续，因此部分年份数据缺失。

4. 各地区特色实践

各地方政府结合自身实际，在战略决策、机制体系、管理模式等方面进行了探索，涌现出很多独具特色的创新实践。例如广东的"政企合作"、浙江的"最多跑一次"、上海的"一网通办"、贵州的"云上贵州"等成功案例，已经成为全国一体化政务服务平台建设的典型标杆，在全国发挥了数字政府建设的引领和示范作用。

广东省率先提出数字政府改革。在 2018 年 10 月，广东省人民政府印发《广东省"数字政府"建设总体规划（2018—2020 年）》，对 2018—2020 年数字政府建设的重点工作内

---

① 新华网：《累计 8 亿人在使用的国家平台，你用了吗？》，http：//www.xinhuanet.com/politics/2020 - 05/08/c_1125958890. htm，2020 年 5 月 8 日。

容进行了部署，建立政企合作、管运分离的数字政府管理体系，① 将数字政府建设作为推动经济高质量发展、优化营商环境的着力点和突破口。广东省成立了数字政务服务数据管理局和数字广东网络建设有限公司，率先进行机构改革，将管理和运营分离，以数字化的思维和理念，积极探索制度创新与技术创新相融合的在线政务服务新模式。广东省打造了"粤省事""粤商通""粤政易"等系列政务服务品牌，在提升政务服务成效度和群众办事满意度等方面取得了积极进展。

浙江省作为全国首个信息经济示范区，在数字政务建设上承担着三个国家级的试点任务。浙江省人民政府于 2018 年 12 月印发《浙江省深化"最多跑一次"改革推进政府数字化转型工作总体方案》，致力于打造"纵向贯通、横向协同、上接国家、覆盖全省"的数字政府体系，实现"掌上办事、掌上办公"。② 浙江省通过建立行政权力运行制度，规范政府行政行为，以人民为基本出发点，优化政务服务供给水平，大力推进平台互联互通，深入数字协同治理，实现数据共享。浙江省人民政府打造了"浙里办""浙政钉"等移动政务服务平台，在数字化转型方面取得重大突破，走在全国前列。

上海市大力推进数字政务建设，2018 年 3 月发布《全面推进"一网通办"加快建设智慧政府工作方案》，③ 全面推进机制体制改革，率先提出"一网通办"，以"一网通办"为着力点，拓宽"一网通办"服务范围，统一服务标准；加强数据管理，应用新技术，推进"一网通办"协同治理。通过几年的努力，上海市基本建成"一网通办"的服务体系，实现"一件事一次办"服务，并且率先打造了能实现跨省办理的"随申办"App，大大提高了民众的办事效率。上海市还深入推进政务服务"好差评"制度，实现以部门管理为中心向以用户服务为中心转变，提升公众办事体验感。

贵州省数字政务的发展水平在中西部经济欠发达地区中独树一帜，2019 年政务服务全国排名第三（与江苏省并列）。2018 年 6 月，贵州省印发《省人民政府关于促进大数据云计算人工智能创新发展加快建设数字贵州的意见》，以"大数据＋政务"引领数字政府建设，以数据治理为切入点，创新政务数据管理机制。④ 贵州省建立了全国首个省级政务民生服务综合平台——"云上贵州"，推动线上线下深度融合，加快信息数据的整合共享，运用大数据提升政府管理与决策能力，探索出符合西部地区经济社会和政务服务发展的"贵州模式"。贵州省在大数据助推脱贫上已取得显著成效，为西部地区以数字政务助推数字经济发展提供了宝贵的经验。

① 广东省人民政府：《广东省人民政府关于印发广东省"数字政府"建设总体规划（2018—2020 年）的通知》，http：//www.gd.gov.cn/zwgk/wjk/qbwj/yf/content/post_162020.html，2018 年 10 月 26 日。
② 浙江省人民政府：《浙江省人民政府关于印发浙江省深化"最多跑一次"改革推进政府数字化转型工作总体方案的通知》，http：//www.zj.gov.cn/art/2018/12/28/art_1229019364_55369.html，2018 年 12 月 28 日。
③ 上海市人民政府：《市政府新闻发布会介绍上海全面推进"一网通办"、加快智慧政府建设相关情况》，http：//www.shanghai.gov.cn/nw12344/20200813/0001-12344_55559.html，2018 年 4 月 12 日。
④ 贵州省人民政府：《省人民政府关于促进大数据云计算人工智能创新发展加快建设数字贵州的意见》，http：//www.guizhou.gov.cn/zwgk/zcfg/szfwj_8191/qff_8193/201806/t20180621_1352060.html，2018 年 6 月 21 日。

二、面临挑战

（一）平衡发展

中国数字政务发展不均衡不仅表现在区域发展不均衡，还表现在分项指标发展层次不一。首先，从空间的维度分析，区域间网上政务能力发展不均衡，呈现东部强、西部弱，南部强、北部弱的局面，并且有差距进一步拉大的趋势。无论是省级政府还是重点城市，中西部地区以及经济较落后地区的网上政务服务能力水平普遍低于全国平均水平。数字政务发展水平往往与经济发展水平存在较大的相关性。一方面，经济实力强的地区有足够的资金投入到新基建、开发政务平台、开展技术研发；另一方面，经济发达省份的民众所受的教育水平更高，能够为数字政务发展提供数字素养相匹配的服务对象，以及高水平的技术人才。我国各地区经济发展不均衡，地区间人民收入水平差距较大，为数字政务的一体化发展造成了一定的阻碍。

其次，从联合国电子政务发展指数分析，中国虽然在总体的指数上达到了"非常高"的水平，但是通信基础设施和人力资本分项却拉低了总水平。具体地，结合各地方政府网上政务服务能力的评估结果显示，在线服务成效度和在线办理成熟度是我国数字政务发展的短板，说明政府在政务服务一体化程度以及在线办事效率方面还有待提高。此外，数字政务分项指标发展的不均衡现象，主要集中在政务发展总指数低于全国平均水平的省份。并且，在数字政务发展水平低的区域，政务服务存在着广度和深度的矛盾性，多样的服务供给方式、详尽的服务内容以及高服务满意度不可兼得。例如江西省的在线服务完备度排名较高，但是在线服务成效度和服务事项覆盖度大大拉低了整体水平；广西和新疆服务供给清单详尽，但是群众获取服务的渠道以及体验感有待加强；而天津和内蒙古的在线办理成熟度和服务方式完备度是短板，因此政府后期应致力于打破广度与深度不可兼得的僵局。

（二）协同治理

我国数字政务在协同治理方面面临较大的挑战。尽管国家一体化建设平台已初步建成，但是各地统筹的方式和深度不一，国家政务平台与各省的平台间的互联互通仍存在一定障碍，还没有真正形成一体化的发展格局。例如一些部门缺乏大数据理念，在审批系统设计之前就仅以自己部门的需求为导向，而未进行部门之间的统筹部署，导致审批系统集约化和一体化程度低，对后期跨部门、跨平台的数据融合和治理造成了较大的阻碍。还有一些部门思维固化，对电子材料认可度低，阻碍了电子材料的应用和数据化治理。

在信息共享上，传统的科层制政治体系虽然在纵向信息传递上效率较高，但是在横向的业务协同上，各部门却可能由于时间成本和资金成本高，而将数据资源私有化，不愿意共享，形成部门间的信息壁垒。随着政府数字化深入发展，各个部门平台分别产生了海量的数据。而各地区事务办理的标准、口径和规范不一，所需的材料、办事流程等都存在较大的差异，导致信息以纸质文件、文本、图片、视频等多种形式存储。加之各部门间的职能和需求存在差异，数据信息统一和共享的难度增加，形成信息碎片。部门间的业务协同和信息的共享是实现民众一站式服务的关键，政府后期应致力于数据协同治理，充分利用数字红利。

（三）信息安全

数字政务面临的安全问题主要来自信息安全和技术风险。随着数字政务不断深入演化，数据安全的重要性更是不言而喻。尤其是全国一体化在线政务服务平台的建立，大部分政务服务事项都纳入集约化的平台办理，全面实现"一网通办"。这也意味着政务服务平台承载着全国用户的身份信息、各企业的运营数据以及公共部门信息。数据的集中存储增加了安全的风险，一旦出现泄露，则可能牵一发而动全身，其后果不堪设想。信息泄露一方面会直接影响政务平台的有效运作，威胁政府的公信力，另一方面也会影响企业、医疗机构等公共部门的经济利益，甚至威胁国家安全，造成不可逆的社会代价。此外，数字政府要求公共数据开放共享，但是在实现共享和开放的过程中，数据的所有权、使用权和管理权边界不清晰，难以确定责任主体，也阻碍了数字政务建设的进程。

政务服务平台的建立并非一劳永逸。随着公共数据量愈发庞大，政府数据接入口剧增，对政府数据的存储、管理和使用造成了巨大的挑战。IT技术的迅猛发展使得信息泄露、病毒感染以及黑客攻击等问题频繁发生。这就要求政府在建设在线政务平台之前，首先做好在线平台安全漏洞的预防和处置措施。在平台运维过程中，时刻加强安全管理，加强对技术人员的培训和技术的研发，提升系统防御能力，避免系统遭受非法分子的网络攻击。

（四）政策法规

法律法规是数字政务建设的保障。虽然数字政务的发展飞快，相关的法律法规却跟不上其发展的步伐。一方面是因为全国的法律法规制定的滞后，另一方面是因为不同区域间的政策不协同。从国务院出台的文件中也可以看出，政府对数字政务法律保障文件出台的时间要明显晚于数字政务的发展。数字政务的相关法律涉及信息资源产权的界定、数据资源管理方案以及信息安全等方面，我国政府仍须在顶层制度上进行完善，以支撑数字政务的迅猛发展。

此外，各地区在数字治理过程中的规则不协同。例如地区政府之间对电子材料缺乏统一的法律认可。浙江、广东等地区较早地从行政法律上认可电子签名、电子证照等电子材料的法律效力。但是民众在进行跨区域的业务办理时，这些电子材料的法律效力并未在异地得到认可，严重阻碍了电子材料在全国的推广。此外，在政务共享方面，各地开放共享的清单不一，对数据使用的权责界定存在差异。后期还需在顶层制度上实现各地间数字治理制度的规范和统一。

（五）人力资本

我国大数据产业发展处于国际领先水平，但是在关键技术和应用领域仍存在较大的进步空间。一些部门管理主体缺乏数字化理念和与时俱进的互联网思维，墨守成规，应用型人才稀缺，因此并未充分发挥大数据技术对科学决策的价值。首先，政府部门须配备信息技术的专业人才来负责在线平台的推广、运营、维护和升级。其次，决策者须具备数字化思维和数字领导能力，能够充分挖掘大数据背后的价值，通过数据分析来预测发展形势，挖掘民众的需求，助力科学决策。

政府实现数字治理离不开公民的参与以及信息技术的普及。数字政务的发展，需要用户群体在数字素养上与之相匹配。用户的数字能力包括基本的网络知识和文化素质，至少能够使用电子设备上网。日新月异的互联网时代对个人培养提出了更高的要求，用户需要不断学习以适应新的网络技术，这就需要用户花费更高的学习成本。尤其年长群体、残疾人士等特殊人群，其数字能力的提升跟不上信息技术的发展速度，导致数字鸿沟的扩大，对实现数字政务的普惠化造成了阻碍。

第三节 广州市数字政务发展现状

广州市是数字政务改革的先驱，引领着全国数字政务的发展和创新。广州市数字政务改革成果为我国发展数字政务和数字经济提供了宝贵的经验。广州市首先在政府组织机构上进行大胆的革新，创新"政企合作、管运分离"的模式，建立广州市数字政府运营中心，专门负责政务的数字化建设和革新。一方面，广州市政府立足于粤港澳大湾区建设，始终以市场需求和民众需求为导向，将数字政务作为优化营商环境、发展数字产业的抓手，制定市场导向型的政策文件，推动数字产业和数字政务的协同发展。另一方面，广州市政府吸纳市场上的技术成果，与数字公司合作，将技术平台的建设工作交给市场。目前在市政府、区政府、基层部门人员以及数字公司等多方努力下，广州市在网上政务服务成效度、服务范围覆盖度、好差评建设等方面取得了显著成效。

本节聚焦广州市数字政务的发展现状，首先，从颁布的政策文件了解广州市数字政务的发展重点和组织架构，根据网上政务服务能力指数来量化评估其在线政务服务水平。其次，基于广州市的政务改革策略和举措，对其独具特色的发展模式进行归纳总结，并就机制、战略和模式三个特点展开分析。最后，选取市政府或区政府在探索数字政府建设方面的典型案例进行论述，分析广州市数字政务改革的成效，以期为我国数字政务改革提供示范和可供效仿的先例。

一、发展近况

（一）政策文件

广东省是全国数字政府改革的先驱省份。2018 年 10 月，广东省人民政府发布全国首个数字政府主体规划和实施方案，即《广东省"数字政府"建设总体规划（2018—2020 年）》和《广东省"数字政府"建设总体规划（2018—2020 年）实施方案》，描绘了广东省数字政府建设的蓝图，构建"政企合作、管运分离"的运营模式，以数据治理驱动政府治理体系改革和治理能力提升。在数字规划的引领下，广东省数字政务发展取得了卓越的成绩。省级政府网上政务服务能力调查结果显示，广东省的网上政务服务能力在 2019 年排名全国第一（与浙江省并列），成为全国数字政府建设的标杆。

在广东省数字政府建设的总体规划指导下，广州市立足于粤港澳大湾区建设，从顶层设计上不断推进政府数字化改革，推动政务服务流程优化再造，加快打造"一网通办"平台，优化营商环境。2019 年以来，广州市政府发布了一系列数字政务建设的政策文件，为发展数字政府和数字经济提供战略支撑。从广州市政府颁布的系列政策文件可以看出（见表 6－2），广州市数字政务发展较成熟，目前的政策制定更注重数字政务对数字经济的引领作用，提升社会福祉。广州市将数字政府建设作为数字产业发展的着力点和突破口，始终以市场需求为导向，以需求驱动政务服务流程的优化再造，促进数字经济发展；重视区块链等新技术的应用，推动数字政务向智慧政务迈进。

表 6－2　2016—2020 年广州市数字政务主要政策文件

颁布时间	文件名称	主要内容
2016 年 10 月	《广州市网上办事管理办法》	提出平台整合、一个入口、线上线下统一、网办优先、电子证照同等效力等原则
2019 年 2 月	《关于进一步优化营商环境提升开办企业便利度有关工作的意见》	推进企业全程网上办，优化"一网通办"平台，实行"一窗通取"等便利服务，提高企业和人民创业办事的便捷度
2019 年 7 月	《广州市"数字政府"改革建设工作推进方案》	提出了 2019 年改革建设重点任务清单，为政、企、民三方勾画出未来数字生活蓝图
2019 年 10 月	《广州市深入推进审批服务便民化工作方案》	创新服务审批改革，深入推进审批服务标准化和集中办理，提升粤港澳大湾区政务服务便利化程度
2019 年 12 月	《广州市人民政府工作规则》	推进政务服务事项全流程网上办理，实现数据资源的互联互通和协同共享
2020 年 2 月	《广州市对标国际先进水平　全面优化营商环境的若干措施》	加快"智慧政务"平台建设，以优化营商环境为主线，改革审批制度，提升政务服务市场主体满意度
2020 年 3 月	《广州市开展"证照分离"改革全覆盖试点工作方案》	加强涉企经营信息数据共享归集，深化应用电子证照，持续深化"放管服"改革
2020 年 4 月	《广州市加快打造数字经济创新引领型城市的若干措施》	以"区块链＋政务服务"优化营商环境，推进"减流程、减材料、减时间、减成本"，实现"零见面、零上门"
2020 年 7 月	《广州市政务区块链＋营商环境工作方案》	把区块链技术广泛运用到数字政府、优化营商环境等多项改革，推动广州"政务区块链＋营商环境"走在全国前列
2020 年 11 月	《广州市政务服务"好差评"实施细则》	建设全市政务服务"好差评"工作，做好评价标准的统一、渠道的对接、信息的公开和结果的运用

资料来源：广州市政务服务网，http：//www.gdzwfw.gov.cn/。

（二）发展水平

1. 网上政务服务能力指数

根据《省级政府和重点城市网上政务服务能力（政务服务"好差评"）调查评估报告（2020）》的评估结果显示，广州的网上政务服务能力总体指数为"非常高"，仅次于深圳，位居全国第二（与杭州、南京并列）。广州市网上政务服务水平在全国遥遥领先，且各分项发展得较均衡。

2018 年，广州市在线政务服务的五个分项发展层次不一，在线服务成效度和在线办理成熟度两项拉低了整体水平。相较于 2018 年，广州市 2019 年网上政务服务总体指数以及各分项指数均有较大的提升，并且各分项发展更均衡。尤其是在线服务成效度、在线办理成熟度以及服务事项覆盖度方面在 2019 年度进步较大，补齐了在线服务的短板（见图 6-10）。

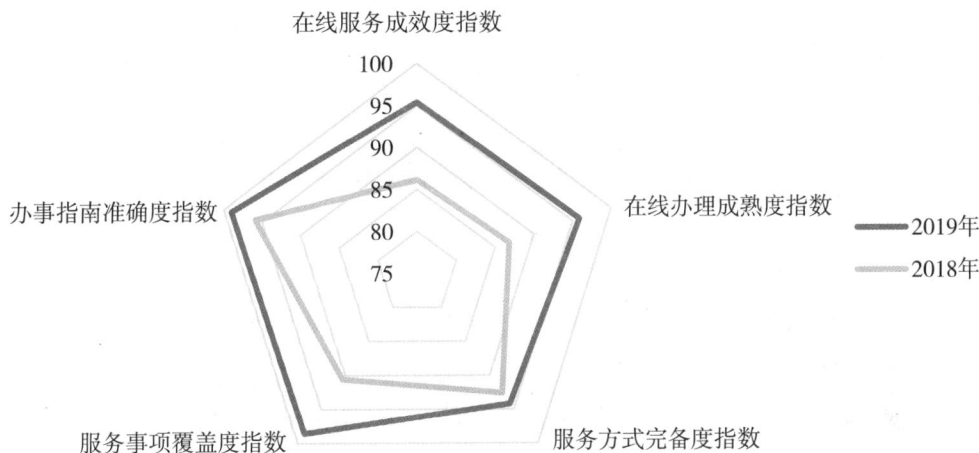

图 6-10　广州市网上政务服务能力指标

资料来源：《省级政府和重点城市网上政务服务能力（政务服务"好差评"）调查评估报告（2020）》。

2. 发展成果

近年来，广州数字政府建设已取得显著成效。广州市政务服务网显示，截至 2020 年 11 月，广州市在线政务服务平台已进驻 60 个市级部门和 383 个区/县级部门，政务服务普及化深入推进。即办的行政许可证占比 47.16%，零跑动占比 97.02%，承诺时限压缩比 80.17%，在线服务成效度进步显著。网上进驻的依申请事项指南数 15 829 个，全市公共服务事项指南数 5 837 个，服务事项覆盖度高。广州市已签发市级电子证照种类 266 个，已关联电子证照的材料数 1 403 个，网上缴费事项数 71 个，[①] 在线办理成熟度高。广州市政务服务平台注重好差评建设，自 2019 年 9 月平台接入"好差评"体系以来，至今收到 3 318 条差评（共办件 4 092.6 万条），差整改率为 100%，获得 9.5 分的用户平均评分，

---

① 资料来源：广东省政务服务数据管理局官网，http://www.gdzwfw.gov.cn/xnjd。

便民服务建设获得了市民的一致肯定。广州市近三年在数字政府建设上取得了显著的成效，在全国数字政务发展中起着引领和示范作用。

| 2017年12月，签发了全国首张微信身份证"网证" | 2018年6月，签发全国第一张具有法律效力的出生医学证明电子证照 | 2019年1月，广州市行政规范性文件统一发布平台上线运行 | 2020年7月，全市市直部门政府网站全部完成集约化建设 | 2020年3月，"穗好办"App正式上线 | 2020年5月，成立数字政府运营中心 |

图6-11　近三年广州市数字政务发展大事记

资料来源：笔者整理。

（三）政务服务平台

广州市积极融合线上线下业务，探索多渠道服务的模式，将多个业务接口整合至一个平台，实现一体化的数据治理。2018年起，广州市除了加强推广"粤省事""粤商通""粤政易"等系列省级政务服务平台外，还设有12个政务服务自助终端，58个政务微信，31个政务微博，6个App应用，以及4个政务小程序。广州正着力打造"穗系列"数字政务平台，将政务服务延伸到"指尖办"，着力提升市民办事的体验感。

随着广州市数字政府建设的持续推进，群众获取政务服务渠道更多样，政务服务普及化程度不断提高。广州市线下办事大厅覆盖市、区、街、村四级，统一了全市网上政务服务入口；综合性政务服务一体机集成多项服务业务，方便市民业务办理；广州市政务服务网依然是群众办事的主要渠道；"穗好办"App于2020年3月上线，已经推出近600项民生高频服务；"穗康"小程序上线对广州市疫情的防控防治以及疫情后的复产复工起着重要的助推作用；广州12345政府服务热线系统整合了全市的大部分热线，打造"有呼必应"的服务体系，疏通社会治理的堵点。各平台相互连通，组成便民利企的一体化政务服务体系（见图6-12）。

图 6 - 12　广州市一体化政务服务体系

资料来源：笔者整理。

二、发展特点

作为全国数字政务改革的先驱，广州市从机制体制、战略思路、管理模式上创新了政务服务新模式。在广东省的战略目标指导下，广州市深化"政企合作、管运分离"的模式：首先，对信息化部门进行组建，成立了广州市数字政府运营中心，专门负责数字政府建设工作；其次，在战略设计上，广州市始终将数字经济的发展需求作为数字政府改革的内在动力，数字政务协同数字产业发展；最后，政府借助数字产业的发展成果，充分利用市场的新兴技术和发展经验，与市场合作，助推智慧政府的建设，由此构建政企合作、互利共赢的良好生态圈。

（一）机制创新——打造集约化整体型政府

为加强政府部门对数据的协同治理，广州市对部门机构进行组建改革，撤并调整部门内的信息化机构，2019 年成立广州市政务服务数据管理局作为负责数字政府改革建设的行政主管机构，着力解决全市信息技术中心统筹协调不足、业务重复、各自为战的局面，推动构建一体化的数字政府协同运营体系，从机制上创新服务模式。2020 年 5 月，在广州市政务服务数据管理局下又单独成立广州市数字政府运营中心，专门负责数字政府建设工作，发挥全市政务信息化建设和运行管理的核心作用，以技术创新为引领，推动智慧政务的大数据建设。广州市通过组建起上下融通的信息化管理队伍，形成了线上线下协同的集约化管理体制，致力于打破各部门间系统不通、业务不通、数据不通的僵局。

目前广州市政务服务数据管理局下设有三个直属机构：广州 12345 政府服务热线受理中心，负责政务服务热线事项的受理工作，对民生民意进行调查；广州市数字政府运营中心，负责全市的政务信息化规划和建设，以及公共平台的运维和升级；广州市政务服务中心，主要负责线下的业务办理和审批。[①] 广州市政务数据管理局结构精简、职责清晰，三个中心相互协作，共同打造广州市数字政务标杆。

（二）战略创新——数字政务与数字产业协同发展

广州市以数字政府建设作为数字经济发展的切入点和突破口，以数字产业发展作为数字政务改革的重要目标和内在动力。数字政府协助数字产业发展，数字产业发展反哺数字政府建设，两者协同共进，相辅相成。

2019 年 6 月，广州市政府印发《2019 年广州市 5G 网络建设工作方案》，提出了"建成全国领先的 5G 网络，率先实现 5G 试商用"的战略目标。[②] 为推广 5G 在产业领域的应用，政府部门也注重 5G 在政务服务领域的应用。例如琶洲政务服务分中心为配合数字经济试验区琶洲片区发展领先的数字产业，开展"5G + 市区联动"的审批服务改革，加快 5G、人工智能、区块链等新一代信息技术在政务服务领域的推广，降低群众和企业的办事成本，提高办事效率。

2020 年上半年，广州市人民政府、广州市工业和信息化局发布多项有关区块链领域的文件，如《广州市加快打造数字经济创新引领型城市的若干措施》《广州市推动区块链产业创新发展的实施意见（2020—2022 年)》等，加快区块链等新技术在数字经济中的应用。同年 7 月，广州市政务服务数据管理局发布了《广州市政务区块链 + 营商环境工作方案》，指出将区块链技术运用到数字政务领域，深入推进"政务区块链 + 营商环境"模式。[③] 从众多文件中可以看出，广州市数字政务改革始终以数字经济的发展为目标和向导，以数字产业需求推动顶层制度设计，再利用数字产业发展的技术红利，反哺数字政务发展。数字政务与数字产业发展统筹协作，密不可分。

（三）模式创新——政企合作，管运分离

随着政务的信息化发展，政府在政务处理过程中产生了大量数据，数据的协同、共享、安全性等问题随之产生。我国政府在数字化建设过程中，面临着核心技术缺失、专业人员不足等问题。与此同时，我国数字经济发展迅速，商业模式不断创新，市场上已出现了先进的信息技术以及协同管理经验。基于此，广东省开创了政企合作新模式，成立数字广东网络建设有限公司，充分利用市场资源以降低成本，协助政府完成数字化转型。

广州市深入推进政企合作的模式。目前广州市的政务服务平台基本都通过在市场上招标的形式，寻找合作企业，采购数字服务。例如 2019 年 7 月，广州市政府与亿航智能签署合作协议，携手致力于将广州打造为全国首个空中交通试点城市。亿航智能是一家智能

---

① 广州市政务服务数据管理局：《广州市政务服务数据管理局直属机构》，http：//zsj. gz. gov. cn/gkmlpt/content/5/5729/post_5729621. html#838，2020 年 3 月 12 日。

② "广州工信"微信公众号：《〈2019 年广州市 5G 网络建设工作方案〉正式印发》，https：//mp. weixin. qq. com/s/qRJAHdbxKuRT_9TM6qGiZg，2019 年 6 月 5 日。

③ 广州市政务服务数据管理局：《广州先行探索"区块链 + 营商环境"，释放 9 大政务应用场景》，http：//zf-sg. gd. gov. cn/xxfb/dsdt/content/post_3042494. html，2020 年 7 月 10 日。

飞行器科技公司，掌握着全球领先的无人机技术。广州市政府与亿航智能协作，创新空中交通运行新模式，寻求建立无人机配送的运输体系。广州市政企合作模式主要由以下三方构成：政务服务数据管理局提出项目需求；数字政府运营中心负责规划设计、整理需求、管理监督和组织实施；第三方招标的数字公司承担项目设计、电子政务软硬件供给以及体系建设运维工作，提供平台管理、数据集存、安全机制等专业化的综合服务。政府部门依然是政务服务体系的管理决策者，对业务需求和服务评价负责。双方互派人员，政府部门派员到第三方数字公司跟进需求、优化流程等，第三方数字公司派员进驻政府部门，提供运维升级、安全保障等服务。管理和运营的分离，能够降低政府运营成本，并且能够更准确地对平台绩效进行评估，提升用户的体验感。

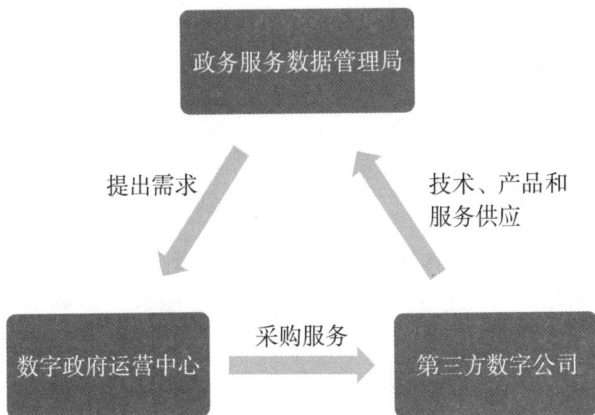

图6-13　广州市数字政府运营模式示意

资料来源：笔者整理。

三、典型案例

（一）一网通办的移动政务总门户——"穗好办"

2020年3月27日，"穗好办"App正式上线。"穗好办"依托广东省一体化网上政务服务平台，充分运用移动互联网"便、易、捷"的优势，推动政务服务事项从"线下办"向"指尖办"拓展，大大提升了政务服务水平。该平台始终坚持以用户为中心，以市民生活需求和企业生产经营需求为导向，汇聚了全市的公共服务事项，致力于打造"政务服务最好办、公共服务最好找、政民互动最便捷、服务体验最优"的移动政务App。截至2020年11月，"穗好办"App上线1 000多项个人及企业服务事项，实名注册用户量突破250万。[①] 平台可提供社保、教育等个人办事服务项目以及企业开办、融资贷款等企业办事服

[①] 《广州日报》：《广州着力打造"穗好办"政务服务品牌　让"数据多跑路""群众少跑腿"》，http://www.gz.gov.cn/xw/jrgz/content/post_6950105.html，2020年12月4日。

务，设置了民生服务一站式办理、区块链专区、12345 专区等 10 个特色专区，实现社区依申请行政事项 100% 网上办，进一步方便群众和企业办事。平台还不断完善优化，增加了越秀区、荔湾区等 5 个区域的服务专区，并且在全市的 11 个区街道、社区政务服务大厅等设置了 1 000 多台自助服务机，使政务服务"下沉"基层。

"穗好办"App 可提供千人千面的个性化服务，提升用户体验。用户通过简单的人脸识别和身份核验，即可登录平台一站式办理业务。该 App 运用大数据和区块链技术，分析用户的需求特征和关系网，为每个用户打造专属的数据中心，实现客制化、精准化服务。该平台还关联了身份证、驾驶证等高频电子证照，市民扫码亮证即可办理业务，实现"一机在手，办事不愁"。

移动平台简化了企业办事手续，优化了营商环境。"穗好办"App 通过体系和数据的互联互通，整合了企业开办过程中涉及的企业注册登记、公章刻制等 6 大环节，大大简化了企业开办流程。企业只需在移动端进入"开办企业"服务专题，即可轻松完成开办程序。同时，该 App 还提供融资贷款、服务外包、营商政策查询等一系列生产性服务，成为企业生产经营的贴心管家。

（二）共治共享的社会治理平台——"越秀人家"小程序

2019 年，广州市印发实施《深化越秀区基层减负便民工作方案》，将越秀区作为广州市基层减负便民工作的试点区。广州市人口密度大，基层人工数据统计又存在重复上报的问题，大大加重了基层干部的负担。为破解该难题，越秀区政府开发了"越秀人家"小程序，通过简化基层服务流程、加强数据的协同共享，压缩报表数量，减轻基层工作人员的负担。该小程序依托"粤省事"等政务服务平台，对基层服务事项进行梳理，简化审批流程，让数据代替群众和基层工作人员"跑腿"。小程序自上线以来，已取得了显著成效，解决了民众"材料多、办理繁、时间长"的难题，大大提高了办事效率，切实减轻民众和干部的负担。

"越秀人家"秉承"群众与基层干部共治共享"的理念，着力提升居民的幸福感。"越秀人家"下设 18 个街道微信小程序，每个街道都有自己的特色子模块，用户登录一个站点，即可联通自己所在的街道，浏览社区里的最新资讯和活动。平台将各街道分散的业务事项整合到"越秀人家"平台，并且联通了"粤税通""粤省事"等小程序，居民可以通过该界面跳转到其他小程序办事办证，真正实现"一平台"通办。"越秀人家"还为用户提供了家政服务、养老服务、金融服务等涵盖范围广阔的社区服务，居民在享受社区服务的同时，还可以报名参与社区的志愿活动和党建服务，投身于社区建设，增强居民的主人翁意识。越秀区政府也通过小程序鼓励街道和辖区内的各集团单位和社会组织共同加入社区治理，在"社会协同"板块里可参与信息沟通、资源共享和事务协同服务。此外，小程序还为居民个人以及社会组织等提供了互动交流的平台。居民可以通过在线提供建议、参与投票等方式，参与到街坊管理的热点议题讨论中，如垃圾分类工作、电梯安装工作等与个人生活紧密相关的民生问题，有助于搭建共治共享的社区。

（三）粤港澳大湾区服务专区——广州市政务服务中心琶洲分中心

为推动大湾区政务服务互联互通，2019 年 2 月，广州市政务服务中心琶洲分中心率先加挂"粤港澳大湾区广州琶洲政务服务中心"牌子，成为全省首家为粤港澳居民和企业提供服务的政务服务平台。广州市政务服务中心琶洲分中心聚焦粤港澳大湾区建设，致力于推动大湾区经济的互融互通，打造具有大湾区特色的"一站式"政务服务中心。

广州市政务服务中心琶洲分中心设立了"数字广东政务服务一体机""粤港澳大湾区政务通""智税平台"等智能服务一体机，为大湾区9市居民提供社保、税务、港澳通行证续签等16大类84项涉港澳业务通办服务。① 中心还创新服务模式，为港澳居民提供精准化、个性化的贴心服务：一是在服务中心设立港澳服务专窗，为港澳企业和居民在广州居住、就业、创业等提供政策咨询和服务指引，大力支持港澳青年赴粤就业创业；二是在中心设置港澳政务专员，解答企业办理审批难题，为大湾区企业代表和居民提供专属服务；三是整理汇集了港澳居民和企业业务办理事项及政策，在政府门户网站等系统上开设大湾区—港澳服务专栏，规范了涉港澳服务政策咨询和发布的统一出口，不断丰富完善大湾区企业政务服务体系。2020年9月，广州市政务服务中心琶洲分中心还获评"全国最具标准化管理政务服务大厅"，该分中心后期将强化对粤港澳大湾区服务，打造国际化政务服务新引擎。

（四）疫情防控小助手——"穗康"小程序

为防控本地疫情，广州市在全国首先上线"穗康"小程序，小程序依托互联网大数据的分析，以对疫情进行防控、分析和判断，开创国内口罩线上预约新模式。该项服务主要由三个部门负责：广州市工信局负责组织管理，腾讯公司提供平台建设，广药集团主要负责线下发货等工作，这是广州市政企合作的典范之一。市民在线成功预约购买口罩后，即可享受免费邮寄到家服务。一方面解决了市民"口罩荒"问题，另一方面也避免了人群聚集的交叉感染，自"穗康"小程序口罩预约购买系统上线以来，已经为近1 500万位居民提供近3亿个口罩。"穗康"小程序俨然已成为疫情期间供应口罩等抗疫物资的重要渠道。"穗康"小程序口罩预约系统运用大数据技术，根据后台数据实时分析市民的口罩需求，结合市场供给情况迅速调整供给策略。从前六天先到先得的免费供应，到随机摇号购买，调整市民口罩购买的数量和申购时间，以平衡市场供需。

除了口罩预约系统，穗康码也发挥了重要的作用。在疫情期间，广州市政府迅速推出穗康码，实时共享全市的疫情动态。本地群众和来穗人员通过"穗康"小程序，上报健康状况，即可获取穗康码。政府通过用户的申报登记信息，开展地毯式排查。"穗康"小程序还率先推出海外版穗康码，为境外抵穗的外籍人士提供英、日、韩等5种语言版本的穗康码，方便来穗和在华的外籍人士。广州市人民政府网站显示，截至2020年11月底，"穗康"小程序累计注册用户数3 780万，累计访问量12.71亿次，穗康码累计亮码6.41亿次。"穗康"小程序为疫情期的防控以及疫情后的复产复工做出了突出贡献。

随着国内疫情的好转，"穗康"小程序在功能上也发生转变，从疫情的防控升级为集健康生活、社会服务等于一体的城市生活平台。平台已上线了医保、社保、劳动就业区块链服务等更多优质的服务，成为市民的智慧生活"掌上管家"。

---

① 资料来源：广州市政务服务中心琶洲分中心，http://wsbs.gz.gov.cn/pz/index.html。

（五）倾听民生民意——广州 12345 政府服务热线

作为国家级社会管理和公共服务综合标准化试点项目，广州 12345 政府服务热线在 2019 年荣获"全国十佳热线奖"，政务服务成效得到了社会的好评。该热线整合了全市非紧急类政府服务专线，各职能部门和公共服务单位作为责任主体，负责事项的接听、办理、回复等工作，为公众提供业务咨询、建议诉求、投诉举报等公共服务，打造精准化、专业化的政务服务。

1. 多样化的倾听渠道，多形式的信息传递

广州 12345 政府服务热线开通了电话、网页、手机 App 以及微信等多个渠道，为市民提供多样化的服务方式。电话渠道是最快速、便捷的服务渠道，居民拨打 12345 即可接通在线客服。广州市政府门户网页也设置了"12345 热线专区"互动栏，用户可以点此专栏进入相应的服务界面。广州 12345 政府服务热线同时开通了微信公众号和小程序，市民可以通过立拍下单，将社会治理中存在的问题通过图片、视频和语音等多媒体信息反映给相关的政府部门。政府部门在收到诉求后，根据用户提交的主题信息及其相关定位，更加精准、迅速地处理问题，服务百姓。热线还联通了"穗好办"等政务服务平台，让市民和企业在各类渠道快速获得热线服务。

2. 精准化的服务内容，智能化的数字治理

为了更专业地服务企业，优化营商环境，广州 12345 政府服务热线针对企业开通了服务专栏，并且对企业服务队列进行了细分。企业可以在该平台上表达对一网通办等政务事项，公积金缴纳、商务贸易等多项服务的诉求和建议。截至 2020 年 11 月，企业服务列队已受理企业服务事项 45.34 万件，实现企业"有呼必应"。广州 12345 政府服务热线利用智能化工具，构建智能热线服务平台，提高了服务事项的办事效率。平台通过智能转派服务事项，减少派单时间，提高转派的准确率。此外，热线运用大数据分析技术，实时分析民众和企业的诉求，为政府决策提供重要的参考依据。

（六）全域数字领域办公平台——海珠区政务微信

在地方政府数字化转型过程中，往往面临着各部门条块分割、部门间业务管理难以统一协作、沟通成本高等问题。以海珠区为例，海珠区一共有二十多个村、两百多个经济合作社、过万的村民，庞大又分散的服务群体对基层管理造成了挑战。针对这种现象，海珠区政府于 2019 年 3 月与腾讯公司合作，携手打造广东省首个全区覆盖、人人使用、时时在线的政府数字化协同办公平台，为海珠区的区直委局办、街道的上万名公职人员打造高效、便捷的移动办公平台，着力解决信息资源碎片化、部门服务割裂化等问题。

第一，集约化的协同办公平台大大减轻了基层工作人员的负担，降低了跨部门的沟通成本。该平台统一以海珠区政务微信为入口，将条块分割的部门资源整合为扁平化的协同网络，打破部门间的信息壁垒，联通信息孤岛。不同部门之间通过微信平台，实现跨层级、跨部门、跨系统的畅通沟通和协同办公。政府运用大数据分析技术，在微信平台上即时精准地共享部门政务、政策、评价等数据，实现数据在多场景的共享应用，使政府机构内部信息传递更加同步。此外，平台统一整合了业务报表，将各部门以及社区的业务信息

集合到一个平台，实现数据"一次收集，重复利用"，大大压缩了报表数量，减轻了基层的工作量。

第二，便捷的移动平台提高了居民的办事满意度。海珠区制定了全省首个"区—街—社区"三级全覆盖的基层政务公开标准体系，居民打开政务微信平台，即可随时随地获取政府资讯，政府办公更加透明。该平台还整合了各部门的特色服务，方便群众一站式办理各项政务。

（七）数字产业联手数字政务——黄埔区"区块链+政务服务"模式

近年来，广州市黄埔区抢抓区块链发展风口，先后印发《广州市黄埔区　广州开发区促进区块链产业发展办法》《广州市黄埔区　广州开发区促进区块链产业发展办法实施细则》以及"区块链10条2.0"等政策文件，在全市率先布局区块链产业，聚集了全市近2/3的产业，开创了区块链发展的黄埔模式。[①] 为更高效地服务黄埔区区块链产业的发展，政府将区块链技术应用到政务服务领域，建设"区块链+政务服务"的创新模式，探索建立以区块链技术为核心的新型政务信息共享平台。

黄埔区率先在税务、政策兑现、智慧城市等领域引入区块链技术。在税务领域，为解决传统电子发票真伪难辨、容易篡改、重复报销等难题，2018年6月，黄埔区推出了全国首个"税链"电子发票区块链平台，创新推出"链上开具"区块链电子发票功能，破解了发票的防伪难题，有效降低了征税成本，保障了纳税人的合法权益。"区块链+税务"模式对接了"区块链10条"产业政策，有助于优化税收营商环境，推动数字经济的发展。

2019年4月，黄埔区开创全国首个"区块链+AI"企业开办服务模式，上线了"商事服务区块链平台"，通过建立统一的数字身份信用体系，提高信息数据的使用率。该平台着力解决企业开办耗时、耗财、耗力等问题，实现企业开办"随时办""容易办""一次办""一天办"。企业通过微信小程序录入和申办，由人工智能全程辅导，以"点选式"的形式进行信息录入，将企业开办各环节原来的140多个填报项压缩至20多个填选项，信息填报量减少近85%，大大压缩了企业申办时间，简化了开办流程。[②] 黄埔区政府推动数字产业与数字政务协同发展，以"区块链+政务服务"的模式来优化营商环境，以区块链产业的技术成果反哺数字政务改革，推动区块链发展走在全国前列。

第四节　广州市数字政务发展的制约因素及对策建议

广州市虽然在数字政务发展上已取得了显著的成果，但是仍然处于政务智慧化的转型探索期，在平台建设、政企合作、数字治理、民众数字参与、协同治理等方面仍存在改进的空间。本节基于对广州市数字政务发展存在的问题的剖析，为政府提出相应的对策建议：一是注重移动政务平台的推广、线上管理和运维升级，提升用户的体验感；二是加强

---

① 广州市人民政府：《勇立潮头敢为先　打造区块链风口"黄埔样本"》，http：//www.gz.gov.cn/zwgk/cssj/content/post_6855378.html，2020年10月16日。

② 《广州日报》：《首创"区块链+AI"企业开办服务，闯出区块链发展黄埔模式》，https：//www.gzdaily.cn/amucsite/web/index.html#/detail/1398496，2020年10月16日。

与合作企业的交流和对其的监管，确保合作项目供需相符，完善企业退出机制；三是提升政府组织成员数字治理能力，保证公共数据安全可控；四是提高包括基层工作人员在内的公众数字参与的广度和深度，构建自下而上的改革机制，减轻改革的阻力；五是统筹治理区域间的政务服务，缩小发展差距，打造一体化的集约型平台。

一、加强移动政务应用管理，提升用户体验感

近年来，随着移动互联网的发展，移动政务成为政府提供服务的主流方式。在政务服务"好差评"体系中，移动端服务质量成为衡量政府服务完备度的重要参考因素。为实现数字政务在技术上的升级，越来越多的地方政府投入资金于移动政务的建设，存在的问题也日益凸显。

首先，移动平台推广不足。由于政务服务应用一般都需要用户身份认证，关联着重要的个人信息，这就拔高了公众使用政务 App 的门槛。在移动应用上线后，政府部门主要依靠政府网站引流或线下海报等被动的宣传方式，推广的效果不理想，用户使用率低。而在华为应用商店、百度手机助手等主流应用商店里，尚无政务服务应用的分类，能搜索到的政务服务 App 较少，且下载量低，用户评分低。因此政府要通过官方渠道对移动政务加强宣传，减少信息的不对称，消除民众对移动政务的疑虑，从而提高相关 App 的下载量。政府应充分利用互联网的传播优势，变被动为主动，以多样化的方式建立政务 App 主流下载渠道。

其次，对移动政务应用的管理不足。随着移动技术的发展，平台开放的难度和成本下降，越来越多的移动应用，包括各种基层服务小程序等出现在民众视线。这就要求政府在移动应用上建立统一的管理体系，在移动应用上线之前，建立政务 App 的统一技术标准，对政务 App 和小程序的认证、下载和推广渠道加强监管。并且提前做好移动应用故障的应急处理方案，及时对各类 App、小程序以及 H5 等的功能性、兼容性、安全性进行分析和记录，确保平台运行的流畅和安全。

最后，移动应用体验感欠佳。政府应避免将平台本身作为数字政府建设的目标，而忽视公众的真正需求和建议。移动政务建设存在"重建设，轻体验；重开发，轻运维"的问题，软件服务仍待提升。以华为应用商店里的"穗好办"为例，其用户评分只有 2.3 分（满分 5 分）。在用户评价中，部分用户觉得政务平台系统不够流畅，存在闪退的问题，业务办理无法提交，反复折腾反而"事难办"，给用户留下不好的印象。如此不仅难以形成用户黏性，培养用户长期使用的习惯，也对政府的公信力造成影响。数字平台终究只是一种便民的办事途径，提升用户体验感的最终落脚点还是政府的服务质量。

二、明确企业权责，保证政企供需相符

随着广州市政企合作模式的深度推进，企业参与数字政府建设的范围和程度加深，也产生了一系列问题。企业与政府的利益冲突成了政企合作矛盾的根源。政府的社会性质决定了其以社会的福利为导向，而企业追求自身营业利润的最大化，这就从根本上影响了双

方合作的稳定性。例如企业的营利性要求接手项目数量多，这可能导致重复性投资，浪费大量的公共资源，而数字政府要求集约化建设，这难免造成目标上的冲突。数字政府建设存在着多个利益主体，潜藏着目标冲突的风险。但是在网络空间里，政府与企业的边界越来越模糊，增加了明确政企权责的难度和监管企业的难度。例如企业在运营平台的同时，也掌握着大量的公共数据和用户的信息，政府难以对数据的流向实现全程管控，一旦发生问题，责任难以追究。因此政府在战略合作的协定中，应确定企业的权责范围，明确数据以及运营过程中产生的其他附属品的所有权、使用权、管理权，提高企业违规的成本。企业未经许可决不能对数据进行开发，用于自己的营利需求。

政企双方之间的信息不对称的存在，可能导致合作模式失灵。一方面，政府对合作伙伴缺乏了解，在选择的时候存在盲目性。并且由于政府对技术和专业知识的不了解，难以通过货币来衡量服务的价值，导致价格难以对企业发挥激励效应、施加约束力。另一方面，数字公司由于缺乏合作经验而难以把握政府的项目需求。由于政府和企业的社会性质差异，风险规避型的政府要求其在实际的业务操作过程中符合规范。而企业对政府业务流程不熟悉，难以把握系统建设的需求，造成供需结构性失衡，因此可能设计出不符合预期的系统。因此政府后期应完善服务项目的评估体系，建立多样化的付费方式，以达到评估和激励的效果。在政企关系上，政府要充分信任数字公司，把技术建设放权给企业，形成良好的合作氛围，又不能放松监管，应通过互派人员加强两部门之间的交流，尽量保证供需平衡。

此外，由于政府往往采取招标的制度，在合约期满后，可能导致缺乏专业性的团队来跟进项目。因此政府还要健全企业的进入和退出机制，项目的合约期满后，政府要做好平台的转手和对接工作，保证项目运营的持续性和升级换代。对于已经运行的项目，构建原承建商和新招标企业的联合体，确保不同企业在技术和管理模式上实现良好的对接，以充分利用现有资源和平台。

三、提高数字治理能力，确保数据资产安全可控

数据资产是国家重要的战略资源，数字治理能力是国家现代化治理能力提升的关键。由于政府在数字建设方面的技术专业性不足，将技术服务外包成为主流模式。但是在数据治理过程中，尤其是在政企合作的模式下，存在着数据可控性和安全性风险。例如，在政企共建平台的模式下，企业掌握着大量的公共数据和用户的信息。政府作为技术平台的购买者，责无旁贷地承担着对信息的管理和保护义务。但是由于管运分离的模式，政府并不能一手并且排他性地获取核心的公共数据。企业出于自身的利益，可能私自开发政务数据，而政府却难以监管。因此，政府要培养熟稔信息技术的工作人员，积累数字政府建设的人力资本，减少对私营企业的技术依赖。对于涉及国家机密的项目，由国有企业和行政部门协作完成。

数据开放共享是数字政府建设的重要工作。但是在数据开放共享的体系下，安全性和开放性存在着一定的冲突，对数据权责的界定更具挑战。一方面，政府部门对数据的安全性保护责无旁贷，不得随意泄露信息；另一方面，数据的开放共享性又要求数据的公开，让数据取之于民，用之于民。这就要求政府对数据的分类和属性加以区分，界定所有权、

使用权和管理权。国内外的数字政府建设经验表明，个人数据的产权暂时难以从法律上明确，但是可以将数据分为公共资源、企业资源和个人资源，从法律制度上明确不同资源的使用权和管理权。在数据开放过程中，明确各部门的权责，既要尽到数据保护的职责，又要推进数据开放共享。将不涉及国家安全和个人隐私的数据向公众开放；涉及国家安全和个人隐私的数据进行加密保护。政府应明确数据的责任主体，规范数据开放的清单和数据交换规则，加大对盗取数据、侵犯个人隐私等行为的惩罚力度，确保政务系统信息数据由政府掌控，提高数据资产的安全性和可控性。

四、扩大民众电子参与，强化基层数字认同

数字政府建设需要政府和企业双方共同参与。目前广州市政府为民众提供了 12345 政府服务热线，上线的基层政务小程序也重视居民参与社区治理，但是尚未实现电子决策的深度参与。一方面群众尚未养成通过信息化渠道参与社会治理的习惯；部分残疾人士、老年群体由于对信息技术的不熟悉而被孤立，难以跨越数字鸿沟。另一方面政府组织成员也未形成"政民共治"的理念，仍秉着"以部门为中心"的固化思维。政府还应多方面鼓励民众的公共参与，尤其要关照特殊人群，对民众的建议和诉求积极应答，并将电子参与融入政治决策中，通过政策制定过程反映人民当家作主的地位，从而激发民众的政治参与热情，增加数字参与的广度与深度。

基层工作人员是数字政府建设的主力军，基层认同为数字政府建设奠定基础。由于我国数字政府建设是自上而下的，因此在政策的推行过程中难免对基层工作人员的工作造成挑战。首先，部分政府基层工作人员数字能力落后，习惯了传统的业务办理流程，对新技术的操作熟练度低；有些工作人员将技术平台视为累赘，而不是减轻工作负担的工具。其次，数字治理对政府部门间的协调统筹要求较高，这就要求各政府部门不能仅考虑本部门的需求，还须与其他部门沟通协调，这给工作人员增加了额外的沟通成本、协调成本和共享成本。最后，数字政务还提高了干部工作的透明度，工作人员需承受更多社会的监督和舆论的压力，导致其对数字政府建设产生抵触心理。

因此在数字政务建设的过程中，除了注重用户的体验感，还需关注政府基层工作人员的需求。一方面，应提升政府工作人员的数字素养，转变数字理念。由数字公司的专业技术人员定期开展新信息技术相关知识的辅导培训，提高政府工作人员对技术平台的使用熟练度，提升数字技能，创建对公民和政府基层工作人员都友好的操作平台；对于上层的管理者，要提高数字治理能力和数字领导能力，能够把握数字时代发展潮流，依托大数据来科学决策。另一方面，应完善政府工作人员的激励机制，激发基层工作人员参与数字政府建设的积极性和内在动力，建立自下而上的改革体系，减少数字化变革的阻力。

五、加快区域协同治理，打造一体化集约平台

虽然从整体平均水平分析，广州的网上政务服务水平全国领先，并且政务服务体系也已经覆盖了区、街、社区和村镇四级，形成了密集的"一张网"，但是广州各区的政务服

务水平之间仍存在着发展不均衡的问题，一些地区的政务服务水平仍有待提升。广州市政务服务网"好差评"数据显示，2019年9月到2020年12月，白云区的政务服务好差评平均分为9分，荔湾区平均分则为6.5分，地区间的政务服务满意度仍存在较大的差距。在"穗好办"平台上，区级服务目前仅覆盖了越秀、荔湾等五区，尚未实现全市覆盖。并且部分数字政务发展成果仅存在于试点地区，未在全市普及。例如有些区的基层服务小程序、"区块链＋政务服务"等，仅服务本区的居民，在其他区并未普及。

由于广州市在智慧政务的打造方面尚处于探索阶段，需要建立试点区域进行前期的摸索和建设，这也造成数字政府发展短期内存在区域发展不均衡的问题。因此政府在后期应加快成功经验的复制和推广，发挥非试点地区的后发优势，缩小地区间的数字政务服务水平差距，加速数字政务的协同发展。

此外，政府部门之间在资源整合与信息共享方面的问题也较为突出。尽管广州市早在2016年就提出构建统一开放的政府数据平台，但仍有一些部门将数据私有化，不愿意开放共享，信息共享整体成效还不够明显。部门间缺乏协同分享的机制，跨区域的事项标准存在不统一的现象，仍有大量的政务数据、公共数据分散在不同部门和不同地区。并且，由于不同职能或地区的部门可能与不同的数字公司合作，导致了各自为政的条块分割现象，数据难以全面融合。政府后期应致力于实现跨部门、跨地区的数据源统一管理，避免分散建设和资源浪费，充分利用现有的资源，建设一体化集约平台。

第七章 广州市数字经济发展战略①

本章旨在探讨广州市数字经济发展战略，将从以下七节展开：第一节聚焦数字化支撑，从信息基础设施建设、重大科技设施建设和融合基础设施建设三个方面提出推动广州新型基础设施建设的相关建议，以期为广州的数字经济发展提供较为完备的数字化支撑；第二节聚焦数字化技术，从新一代信息技术的发展环境、融合使用、核心研发以及创新应用四个方面提出推动广州新一代信息技术发展的相关建议，以期加快新一代信息技术在广州经济社会的全面渗透与广泛应用；第三节聚焦数字化产业，从新一代信息技术产业、传统制造业、服务业、数字内容产业以及产业跨领域融合五个方面提出推动广州产业升级与改造的相关建议，以期促进广州的数字化产业发展；第四节聚焦数字化治理，从智慧城市、数字政府以及多元化治理主体三个方面提出提升广州城市治理水平的相关建议，以期促进广州的城市治理水平，使其与数字经济发展需要相适应；第五节聚焦数字化人才，从人才培养、人才引进以及人才支持三个方面提出增加广州数字化人才储备量的相关建议，以期为广州市数字经济发展提供数字化人才支持；第六节聚焦数字化安全，从数据权属、网络安全控制以及网络信息道德三个方面提出强化广州数字化安全水平的相关建议，以期为广州信息数据的流通优化网络环境并提高安全保障能力；第七节聚焦数字化合作，从广州市、国内外两个方面提出加强广州数字化合作的相关建议，以期有效提高广州数字经济发展水平并不断拓展广州数字经济发展空间。

第一节 数字化支撑

在数字经济时代到来之前，主要由传统基础设施为我国经济社会的平稳运行提供坚实的基础性支撑，但是随着互联网的迅速发展，以及数字技术的快速兴起，传统基础设施对经济发展的边际作用正在逐渐减弱。在这种背景下，中共中央、国务院于2018年12月在北京召开中央经济工作会议，重新定义了基础设施建设，提出"新型基础设施建设"（以下简称新基建）这一概念。随着新基建概念的提出以及相关政策的持续出台，新基建成为国家基础设施建设的重点方向。

2020年4月20日，国家发改委在新闻发布会上首次明确了新基建的范围，包括信息基础设施建设、融合基础设施建设以及创新基础设施建设三大部分。新型基础设施具有鲜明的数字化特征，对于数字经济时代下传统产业和现有企业的数字化转型升级将会产生强

---

① 本章由暨南大学产业经济研究院王统统执笔。

有力的推动作用。

在数字经济浪潮下，广州应持续发力于新基建。虽然广州目前在新基建领域取得的成绩显著，但是仍存在诸多不足。如果从基础设施建设方面来看，截至 2020 年上半年，在广州市基础设施建设年度投资总额中，新基建投资额占比不足五分之一，这表明仍需要进一步增强对广州新基建的投入力度，以切实完善广州数字生态系统，有效支持广州进行数字化城市更新。从设施类型方面来看，广州更侧重于发展新型信息基础设施建设，而在智慧医疗、智慧交通以及智慧教育等融合基础设施建设方面存在相对发力不足的情况；而创新基础设施建设存在技术难度大、科研成本居高不下等特点，其在广州的实质性发展有着较大的局限性。因此，当前应该清醒地认识到，广州现有的具有重大影响力的科学基础设施以及科技合作与创新平台尚不足以完全支撑广州数字经济的快速发展，广州的融合基础设施也有待政府进一步完善。

对此，本节将从信息基础设施建设、重大科技设施建设和融合基础设施建设三个方面提出相关建议。

一、夯实信息基础设施建设

（一）5G 基站建设

截至 2020 年底，广州市已累计建成 5G 基站 4.8 万座，基站建设数量与建设速度均领先于全国平均水平。在今后的发展过程中，广州仍须持续加快 5G 基站的建设进程，增加 5G 基站数量，力争未来三年内，在行政中心区域、商业贸易核心区域、居民主要生活区域以及工业重点发展区域等集中区域实现 5G 信号连续覆盖，切实满足行政、商贸、工业及生活对 5G 网络的有效需求。此外，还可以在广州的重点行业和领域，比如电网、数字化专业园区等建设 5G 专网，针对性地实现专网专用。

（二）大数据中心建设

截至 2020 年上半年，广州大型数据中心数量已经超过 200 个，包括中国电信沙溪云计算数据中心等。大数据中心在数字经济发展的过程中扮演着至关重要的角色，因为广州的传统产业以及现有企业要想成功完成智能化转型与数字化升级，必然要能够充分利用大数据中心实现对数据信息的全面收集、科学处理、安全存储与精准应用等。因此，要持续推动广东交通集团大数据中心以及南香谷云数据中心等在建项目的建设进程，积极鼓励以市场主体参建为主，多种主体共同参建，同时科学布局不同类型的大数据中心，避免数据中心重复浪费。

（三）人工智能建设

作为一项新兴的战略性技术，人工智能将会对广州的经济发展和产业升级转型起到重要的引领与推动作用。为此，广州市政府首先应鼓励与支持企业提高其核心技术能力，推动诸如云从科技人机协同开放平台等人工智能基础平台建设，并适当开放部分相关平台的关键应用，积极与建设同类型平台的企业交流探讨相关人工智能平台建设与应用的经验。其次，要推动建设人工智能的产业发展载体，集聚高水平人工智能研究机构与科技企业。例如，加快推动广州的智慧交通产业园以及人工智能价值创新园等产业园区的建设进程，进一步加快人工智能与数字经济试验区在琶洲核心片区（含广州大学城）、鱼珠片区和广州国际金融城片区的建设进程，以期为人工智能的发展创造良好的空间环境和基础支撑，构建有助于广州数字经济发展的人工智能生态产业。最后，广州各级政府还应在政策上扶持人工智能创新中心的建设，集聚科技、人才等核心要素。

（四）物联网建设

截至2020年上半年，广东省窄带物联网（Narrow Band Internet of Things，NB-IoT）基站已经超过6.5万座，移动物联网连接次数也超过了1.38亿。其中，物联网基站建设方面，广州市白云区的建设成果最为显著。在新兴的数字化技术对现代城市产生的冲击下，智慧城市将会成为广州未来的演变形式，物联网将会在智慧城市的建造与发展应用中起关键作用，是打造智慧城市的核心技术。一方面，广州应切实遵循上级政府的相关指示，大力建设窄带物联网基础设施，不断增加窄带物联网基站数量，持续提高窄带物联网的连接次数与使用频率，为广州加快建设智慧城市提供坚实的物联网设施支撑；另一方面，广州应和物联网相关的企业通力合作，积极打造物联网技术研究平台与物联网产业园，力争最终以完备的物联网基础设施和先进的物联网技术迎接"万物互联"时代的到来。

（五）工业互联网建设

工业互联网是有助于促使数字化技术与传统工业进行有机融合的一项新兴技术，对于广州传统制造业的智能化以及现有工业企业的数字化升级具有重要的推动作用。因此，广州应首先加速建设工业互联网标识解析节点等数字化设施，进一步增加二级节点的接入数量，同时不断推动广州具有重大影响力的互联网中心建设进程，进一步完善广州的工业互联网基础设施布局。其次，广州还应继续大力推进工业互联网的相关平台建设，鼓励更多相关平台提供数字化转型升级方案，促成广州规模以上企业对工业互联网的创新应用。最后，广州应重点打造具有影响力的工业互联网应用示范基地与产业集群，并且各区应出台相应的发展工业互联网的专项政策，为各区工业互联网的进一步发展作出政策指引与规范。

（六）区块链发展

自广州先后获批全国首个以区块链为特色的"中国软件名城示范区"、首个国家"区块链发展先行示范区"以来，广州一直在着重发展区块链产业，并陆续出台了相关政策给予区块链有关企业在技术和平台等方面的支持，打造了众多具有重大影响力的区块链空间载体，这些举措为广州进一步研究与应用区块链技术建立了较为完备的空间场所。区块链有助于科学量化与利用信息资源，进而实现数据的价值增值。广州应持续关注区块链的运用与创新，并且不断发力于区块链相关基础设施的建设与完善。首先，应进一步推动区块链空间载体的建设进程，加速创建区块链国际创新中心等空间载体，力争早日在广州建成以区块链深度应用为鲜明特征的新兴产业群体。其次，应依靠黄埔区的区块链研究院和鱼珠片区的人工智能与区块链研究院，持续吸引如贝富（广州）新技术有限公司和得安信息技术有限公司等众多知名区块链企业入驻，加快建设具有广州特色的区块链数字基础设施资源地。最后，应加快推动广州市的区块链生态产业项目的打造进程，积极建设关于区块链的"四大平台、一个基地"项目。

（七）城际高速铁路与城际轨道交通建设

随着城市化进程的持续加快，轨道交通，特别是城际高速铁路网络的完备程度与城际轨道交通的布局状况，在进一步推动城市未来发展中扮演着十分重要的角色。这两者不但有助于推动城市化进程，能有效满足逐渐增长的城市居民的出行需要，还能为城市交通信息化、数字化、网络化与智能化提供基础性支撑，显著增加城市对数字经济发展的适应性与可变性。根据广州市政府对广州轨道交通体系的规划，广州未来将进一步推动广州城际高速铁路与城际轨道交通的建设进程，加速粤港澳大湾区数字轨道枢纽城市的建设进程，积极促进广州与周边重点城市的轨道交通早日实现互联互通，持续致力于广州轨道交通的智能化转型与数字化改造，进而为广州市数字经济发展提供智慧化的轨道交通体系支撑。

（八）新能源汽车充电桩设施建设

为科学有效地节约资源，充分提高能源利用率，我国与时俱进地制定并提出了新能源战略，其中新能源汽车的出现与使用就是对该战略的积极响应。当下，新能源汽车主要指电动汽车，其具有自行充电和更换电池两种能源续存方式。随着新能源汽车的逐渐发展与应用，自行充电模式逐渐受到新能源汽车使用者的青睐，这也就意味着要配备充足的充电桩以满足电动汽车的充电需求。截至2020年上半年，广州已经建成的公用专用充电桩超过2.6万个，初步形成了能对电动汽车充电与换电的网络布局，但是仍须进一步增加电动汽车充电桩数量并完善电动汽车充换电网络。首先，应加快电动汽车充电桩的建设进程，推动在建或将建的充电桩投入使用，以尽快满足充电需要；同时要积极使用较为前沿的数字化技术，将需充电的电动汽车与待用的充电车进行有效连接，并为车主规划充电路线，尽可能短时、高效地实现对电动汽车的充电。其次，应科学布局充电桩网络。电动汽车的发展固然离不开充电桩的投入，但是也应避免盲目增加充电桩数量，造成闲置浪费的局面。再次，应着重完善重要地区的充电桩设施，着重提高对重点地方充电设备的建设强度。加大主要高速道路的服务区以及重要交通枢纽的公共停车场等重点位置的充电桩建设力度，重点关注新能源汽车密集停放区域的充电桩建设情况，以求重点区域重点建设，增加充电桩建设的针对性。最后，应支持打造信息化充电后的相关服务市场。鼓励相关企业发掘新能源汽车充电后的市场机遇，创立信息化的充电后服务市场，为之后的充电桩设施及网络布局的改进与完善，消费者对新能源汽车的购置、更换与售卖等环节提供相关服务。

二、加强重大科技设施建设

为响应国务院号召，布局和建设科技设施与装备相对集中区域，充分集聚科创资源并发挥集聚优势，广州市政府在 2018 年就提出应提高重大科技基础设施投入强度，为广州的科技发展和人才集聚提供基础性支撑。2020 年 6 月，广州市发改委正式发布了《广州市 2020 年重点建设项目计划》，提出广州市将在 2020 年投入约 103 亿元用于支持 29 个科创基础设施项目的实施，以有效推动粤港澳大湾区的建设与发展。

随着广州市政府关于重大科技设施建设相关政策的不断出台，广州市各区也陆续开始了对重大科技设施的布局与建设。作为推动技术进步与革新、集聚高端科技人才，以及促进相关产业发展的重要基石，广州市的重大基础科技设施将对其数字经济发展产生不可忽视的作用。对此，笔者提出三点主要发展建议。

（1）进一步推动广州重大科技基础设施集群的建设进程。以医疗、化学以及生物等重要研究领域作为突破口，紧紧抓住国际科技创新中心的建设标准与建设要求，科学规划重大科技基础设施发展格局，对其有效实现重点引进并且切实落地。同时，着重在广州建设高水平、具有重要影响力的科研实验室以及科技研究创新中心等重要科技创新载体，如广东省实验室和技术创新中心，从而为广州能够在全国率先开展基础科技研究提供较为完备的空间场所。

（2）不断密切相关高等院校以及重点科研机构与重大科技基础设施建设之间的联系。充分发掘广州地区具备科研条件的高等院校和具有一定科研实力的科研机构，鼓励其共同参与广州重大科技基础设施的建设过程，不断完善科技创新载体。在高等院校方面，切实利用广州大学城等高校学科领域涉及广泛以及科研队伍稳定等优势，将部分广州市政府资源合理配置给相应高校，让广州的高等院校不断助力对广州重大科技创新平台的深入探索建设。在科研机构方面，广州应进一步强化和中国科学院广州分院等的科研合作与交流，积极探索科技研究的创新平台建设方案，遵循高标准、高要求、高水平的理念，与中国科学院共同打造广州第二所科学城——南沙科学城，并且鼓励和吸引中国科学院的重要科研任务落户南沙科学城，力争将南沙科学城建设成为广州前沿科技领域研究以及技术革新的新高地。

（3）吸引多元化投资主体参建重大科技基础设施。截至 2020 年 9 月底，广州在新基建领域的计划投资总额约为 1 665 亿元，虽然整体新基建投资规模未来还有很大的提升空间，但是仅一个重大科技基础设施建设项目的资金投入却相对巨大，其平均投资额高于 20 亿元，因此，要想进一步落实重大科技基础设施的建设，将不能仅依赖于政府单方面的力量，还应引入其他投资主体共同参建。除广州市政府参与投资建设外，一方面，应积极研究广州国有企业对重大科技建设的参建方式，比如可以适当引入非公有制经济成分；另一方面，广州市政府应对非国有企业参与重大科技建设出台相应的鼓励政策，如技术入股、建设用地优惠等政策，以提高非国有企业对共建广州市重大科技基础设施的参与度和积极性。

三、推动融合基础设施建设

融合基础设施的主要作用在于通过深度应用由信息基础设施提供的平台与技术，积极推动传统基础设施实现数字化升级并有效促进数字化技术与传统的产业实现有机融合。因此，大力推动新型基础设施中的融合基础设施建设是促进传统产业数字化转型与传统基础设施智能化升级的重要利器。

正是因为融合基础设施可以为广州的经济社会实现数字化发展提供基础设施支撑，广州近几年也在布局和建设融合基础设施上频频发力。2020 年，广州市政府提出要以试验区建设、龙头企业引入为着手点，深度应用数字技术，在广州建设产业融合发展的创新地。

2020 年 4 月 20 日，国家发改委在新闻发布会上对融合基础设施作出了阐释，提到其主要包括智慧交通设施和智慧能源设施等。[①] 而在 2020 年 10 月，广东省政府发布了《广东省推进新型基础设施建设三年实施方案（2020—2022 年）》，对融合基础设施涵盖的范围作了进一步扩大。除了交通和能源两大领域外，融合基础设施还涉及城市、医疗、农业、环保、物流、教育、水利以及应急八个领域。由此可见，广州致力打造的"新基建"下的融合基础设施具有鲜明的跨领域、跨部门以及跨行业等特征，这也就意味着建设融合基础设施并不仅是将新一代信息技术简单应用于改造传统产业，而且要根据行业特点与行业未来发展需求，结合数字化技术，分别为其专门制定数字化升级策略，从而能够充分挖掘和释放传统产业与传统基础设施在数字经济浪潮下的服务潜力。例如，交通领域智慧化建设的关注点应在于运输过程更具智能化，能源领域智慧化建设的关注点应在于能够对电网、燃气以及充电桩等实现智能检测，而水利领域智慧化建设的关注点在于应能有效利用数字化技术尽可能改善其信息化水平较低的劣势局面。此外，由于融合基础设施具备鲜明的跨领域、跨部门、跨行业等特性，也意味着融合基础设施的成功建设不能仅依靠广州市政府的"一己之力"，而且需要相关政府部门统筹与协调融合基础设施的建设，同时要积极遵循"以政府为主导，以市场为主体"的建设模式，引导多方共同参与建设，以最大化地拓宽传统基础设施对于广州发展数字经济所能提供的服务领域，合力为广州建设高水平的融合基础设施。

第二节　数字化技术

人类社会的发展历程从最初的游牧和农耕经济时代转向工业经济时代，进而向信息经济时代演变，而推动经济时代不断变迁和演进的主要力量就是新技术的产生和深度应用。在工业经济时期，新技术的典型代表是电力，并由其催生了以规模经济为显著特征的钢铁行业与能源行业等；而到了信息经济时期，新技术的典型代表则是 IT 技术，并由其催生了以范围经济为显著特征的 IT 行业。无论是工业经济时代，还是信息经济时代，各时代相对应的新技术对其产生的影响都是广泛且深刻的，并从根本上改变了百姓的日常生活习惯以及企业的生产流程，塑造了具有各时代鲜明烙印的经济形态。

随着互联网技术的发展以及阶段性革新，如今，以数字经济为特征的经济形态已经开始全面显现，并且涌现出了以 5G 以及工业互联网等作为典型代表的数字化技术。与以往的技术相比，数字化技术具有易于开放共享、多种技术跨领域融合应用，以及迭代更新速

---

① 澎湃新闻：《一锤定音！国家发改委首次明确"新基建"范围》，http：//www. thepaper. cn/newspetail_forward_7066116，2021 年 4 月 21 日。

度更快等特点，并且将会进一步拓宽经济发展空间，促使生产力又一次实现质的飞跃。作为国家重要的中心城市，广州不仅着力于发展与广泛应用数字化技术，而且将新一代信息技术产业列为"IAB 行动计划"① 中三大重点发展产业之一，并在税收、资金等方面对其出台了一系列扶持政策，以力争紧紧抓住数字经济时代下数字化技术的革命风口。

为进一步扩大数字化技术对广州经济发展产生的正向溢出效应，同时尽可能消除由新一代信息技术带来的不确定性，下文将对广州如何进一步发展以 5G、大数据以及人工智能为代表的数字化技术提供几点建议。

一、营造开放共享的数字化技术发展环境

传统技术基于其产生背景，往往具有一定的封闭性，多被大型公司或者具有重大影响力的组织垄断而占有，加之这些公司或组织为进一步巩固自身专有技术的垄断地位，往往围绕其独有技术建立专门的生态体系，形成难以跨越的技术壁垒。在以往的经济时代，这些公司或组织对自己独有技术做出的封闭行为，有其一定的适应性；但是在数字经济浪潮的巨大影响下，若要实质性地运用数字化技术，则需要避免使用传统技术的发展模式，因为以大数据、工业互联网等为核心的数字化技术正是以通过打破传统技术的封闭壁垒，逐步走向开放共享的发展新模式来促进经济社会发展的。因此，需要有效打破对数字化技术具有重要研发能力的主体之间"各自为政"的不利局面，避免各主体为研究数字技术产生的重复投入与不必要投入。在这样的背景下，广州市政府应有效发挥其组织协调职能，同时加强并不断优化相关的顶层设计，创建出有助于数字经济逐步实现开放与共享的外部环境，争取实现数字资源优先开放、多向开放，积极调动各个社会主体与其共同发展和完善数字化技术，共同促进数字化技术的研究不断取得实质性进展，从而极大地赋能广州市的数字经济发展。

二、大力推动多种数字化技术融合使用

数字化技术以 5G 以及大数据等前沿技术为核心，其中每一种前沿技术对于数字经济的发展都起到十分重要的作用。5G 的迅速崛起将会进一步加快"万物互联"时代的来临，而大数据则能够对纷繁复杂的信息数据进行有效的收集、整理、加工与储存。这也意味着，单项数字化技术的应用无法有效满足数字经济时代下经济社会发展的需要，而是需要将多种数字化技术进行有机融合，进而深度应用于产业与经济的发展。如数字经济时代下提倡 5G 向规模化商用方向发展，而人工智能则有助于拉开智慧化商业时代的帷幕，所以通过实现 5G 技术与人工智能深层次的融合以及交互使用，不仅可以使两者相互成就，有效挖掘各自对推动经济与社会进一步发展的应用潜力，还可以克服某些产业发展的局限性，从而为该产业的变革与转型提供强有力的技术支持。例如，在数字经济时代，"5G +

---

① "IAB" 是对新一代信息技术（Information Technology）、人工智能（Artificial Intelligence）以及生物医药（Bio-pharmacy）的简称。

AI"的融合应用模式将会广泛渗透于能源、制造业以及水利等传统产业，降低其数字化转型门槛。此外，两者的有机融合也会积极作用于医疗、教育及交通等重要民生领域，影响到百姓生活的方方面面。因此，广州在进行单项数字化技术研发的同时，也应重点关注多种数字化技术的基础融合研究，取得实质性研究成果，实现从单项数字化技术的"单打独斗"到各项数字化技术"1＋1＞2"的跨越。

三、重点关注数字化技术核心研发的关键突破

随着数字经济浪潮席卷全球，各国纷纷抢占以5G、大数据以及人工智能为典型代表的数字化技术的风口，着力于发展数字化技术，促使世界经济向以数字技术深度应用与广泛渗透为主要特征的经济活动转变。世界各国根据数字化技术发展趋势以及本国经济发展的实际情况，开始制订发展数字化技术的总体规划，并对数字化技术广泛应用的重要产业与领域出台相应的优惠政策。例如：德国建立两个大数据中心，用于促进大数据在医疗以及生命科学等重要领域的创新应用；英国通过出台扶持政策吸引全球具有重大影响力的科技创新型企业落户，从而为本国处于发展期的本土企业营造科技创新氛围以及塑造科创生态体系。由此可见，世界各国之间关于数字化技术的竞争不仅局限于数字技术对经济发展的基础应用，更强调跨领域融合、综合创新以及关键技术突破等特性。

因此，在这种情形下，广州应以身作则，主动走在数字化技术的应用前沿，为我国数字化技术的研究进展与应用成果能走在世界前列贡献出"广州力量"。首先，面对广州经济发展的核心需要，要以突破数字技术的关键研究为首要任务，进一步加大政府对核心技术研究的鼓励程度与支持力度；其次，吸引多元化研究主体共同参与核心技术的研发，同时政府部门要积极发挥其引导与协调职能，并且要以具有重大研发实力的企业以及具有重要影响力的科研机构为主导；最后，依靠广州的人工智能与数字经济试验区等数字化技术研发与应用载体，加速创建产学研协同发展的数字化技术融合创新发展生态体系，以进一步确立广州在新一代信息技术的核心研发方面在全国各城市中的领先地位。

四、着力于创新应用数字化技术

加快推进数字化技术的研发进程只是具体手段，其最终目的是将数字化技术的研发成果不断应用于广州市居民的生活领域以及企业的生产领域，进而能够有效满足数字经济时代下广州市经济进一步向前发展的需要。在以往的经济时代，传统技术更多情况下是促进经济发展的辅助工具，而不是核心要素。而在数字经济时代，这种情形将会逐步被颠覆，因为数字化技术的全面渗透和广泛应用将会极大地推动经济社会的发展，然而若要使数字化技术能够成为数字经济时代下促进广州市经济高质量发展的关键驱动要素，则应该从以下四点出发，着力于创新应用数字化技术，以最大地发挥其驱动效应。

（一）助力传统生产方式革新

在传统的生产方式中，由于生产者和消费者之间存在距离障碍以及信息不对称等问

题，产品价格和产品质量在经过多个流通环节之后到达最终需求端时，往往无法获得消费者较高的满意度，也不利于消费品的再生产和再销售。数字化技术的出现恰恰可以有效解决这一问题：创新运用工业互联网等前沿数字化技术，对产品的最终需求方、生产方以及中间零售流转环节的相关信息数据进行广泛搜集、高度整合、科学处理、细致分析以及有效应用，一方面，可使位于该产品产业链上的上下游企业同时获得有关产品的相关信息，压缩提价空间，保证产品质量；另一方面，也可为消费者和生产者提供高效率、便捷化的沟通与交流方式，使得产品更具有针对性和目的性，从而在有效解决其库存积压问题的同时，还能准确迎合市场需要。此外，在数字经济时代下，如果数字化技术实现进一步的广泛渗透与高度运用，产品的个性化与定制化生产也必将成为企业重要的生产方式之一。

（二）助力传统企业商业模式革新

在传统企业的商业模式下，"供给决定消费"才是商业发展的主流方向。传统企业往往先生产出产品，然后由消费者进行买单，这在信息时代到来之前的经济时代有其本身的适应性与合理性，但是如今消费者对产品的定制化以及多元化需求正在不断涌现并且开始快速增长。在这种情形下，生产者的商业模式与思维模式也要与时俱进，进行变革。数字化技术的出现则为传统企业的商业模式革新提供了便利。如工业互联网，不仅可以助力传统企业有效实现"上云上平台"，从而加快转变其商业发展模式，而且有助于企业积极适应数字经济浪潮冲击下市场环境发生的重大变化，并对其作出快速反应。此外，还可以积极利用"互联网＋"的发展形式，在鼓励和支持创新与创业活动中创造具有数字经济时代鲜明烙印的新的商业发展模式。

（三）助力传统产业形态革新

当下，在全国的产业发展过程中出现了诸多亟待解决的问题，如产能明显过剩、部分产业结构有待优化与完善等，这些问题同样也发生在广州市的产业发展过程之中。如今，随着经济发展的"三驾马车"对广州市经济发展的促进与带动作用明显下降，广州市急需数字化技术为城市的产业发展与产业转型升级注入强大活力。因此，应将5G、大数据以及人工智能等数字技术深度应用于广州市的传统产业，在医疗、教育、交通以及制造业等重要领域着重发力，并依据各领域特点以及发展趋势，创造出智能医疗、智能教育以及智能交通等符合数字经济时代发展趋势的新型产业形态，从而为广州市的经济发展赋能加码。

（四）助力城市治理方式革新

传统城市的治理主要是以政府作为城市治理的主导部门，将立法作为城市治理的制度保证，且以线下人员的监管为主要治理方式。然而数字经济时代的到来对以往的城市治理方式提出了不容忽视的挑战，如知识产权问题。伴随数字经济时代到来的数字化技术具有虚拟性、迭代更新速度快等特点，而在其深度应用于知识产权领域后，各种商标以及专利等不断涌现。在这种情形下，若仅依靠政府中的相应部门管理人员进行人为监管，不仅监管效率低下，还会极大地阻碍数字化技术在知识产权领域的进一步应用与发展。因此，在数字经济时代下，应该清楚地看到数字化技术对于城市治理的重要性，并在城市治理的过程中积极利用5G、大数据及人工智能等前沿数字技术，其应用领域小到百姓生活所用煤电、燃气等情况，大到产业发展趋势以及相应产业政策的制定。在数字经济时代下，通过将大数据等前沿数字化技术深度运用于广州市的城市治理过程之中，能有效提高广州市的城市治理能力，尤其是"智"理能力，提高广州市政府对城市发展变化的反应速度，顺应数字经济时代下城市治理方式变革的趋势。

第三节 数字化产业

纵观人类文明发展历程，蒸汽机的出现与应用拉开了经济社会第一次技术革命的序幕，电力的产生以及广泛应用意味着经济社会第二次技术革命的到来，而信息技术的横空出世则直接促使经济社会产生了第三次技术革命。每一次技术革命的产生与演变，都显著地改变了经济社会的生产方式，塑造了崭新的产业形态，进一步促使生产力产生了质的飞跃。随着技术的持续发展与演进，以5G、大数据等作为核心的新一代信息技术应运而生，推动经济社会产生新的转变，并将引发一场新的技术革命。

传统经济的发展日渐疲软，如今经济若想进一步稳定发展并保持高质量增长，则迫切需要寻找和培育能够推动经济增长的新动能，而数字经济时代的到来无疑给传统经济的革新注入了一剂强心针。在传统经济的发展与增长模式中，主要是依靠"三驾马车"的带动作用，并且将投资作为主导地位，因此可以将"投资驱动"理解为传统经济发展模式的核心特征。而数字经济则强调"数字驱动"，并由此来推动经济高质量发展和产业结构优化。因此，数字经济时代的到来将会促使经济发展模式由"投资驱动"向"数据驱动"转变，从而为推动经济的进一步发展，特别是实体经济的发展提供"新引擎"。

如今，实体经济的发展面临着融资难、经营成本高、产品创新不足等诸多难题，明显阻碍了实体经济的发展进程，甚至可能致使许多企业无法维系目前的发展状况，因此迫切需要寻找新的出路以有效摆脱当下的困境。而以5G、大数据等为核心的前沿技术所催生的数字经济，则正好能够为实体经济的转型与升级提供技术便利。

在数字经济时代，信息数据将无时无刻不在产生，并且广泛存在于各个行业领域之中。数字化技术正是通过科学化、系统化、效率化利用来自各个领域、各个行业的信息数据，来对实体经济的发展进行"数据驱动"，进而高效赋能于实体经济，催生出符合今后经济发展趋势的崭新经济形态——"新实体经济"，即数字经济。与传统实体经济相比，数字经济具备鲜明的"三新"特点，即新的技术（指数字化技术）、新的生产要素（指可量化的信息数据）以及新的基础设施（指信息基础设施）。

数字经济作为我国现代经济发展体系中的一大组成部分，其主要包括"数字产业化"和"产业数字化"两大部分。[①] 其中，"数字产业化"侧重于将数字化技术进行具体化、实体化，如构建新一代信息技术产业，更像是发展数字经济的"手段"；而"产业数字

---

① 搜狐网：《传统产业数字化转型的趋向与路径》，https://www.sohu.com/a/359226685_120439173，2019 年 12 月 9 日。

化"侧重于与传统产业进行高度融合，为传统产业的智能化转型提供技术支持，如教育领域以及交通领域的智能化转型，更像是发展数字经济的"目的"。因此，数字经济的发展也可以分为两个方面，一方面是构建数字经济基础，促使信息数据能够落地成为产业，另一方面则是数字经济融合，积极促使数字化技术高度运用于传统产业的转型过程之中，助力其完成数字化改造。

如今，广州已在数字产业方面取得了众多成果，但也应该注意到，从长期发展角度来看，"激流更应稳进"，不仅要考虑到数字产业发展所需要的条件支持，还须结合广州的客观情况。就数字经济的"目的"——产业数字化而言，其发展过程远比数字产业化要更复杂、更艰难，且更容易受到各种因素影响。因此，在考虑到发展数字产业能为广州经济发展注入新活力的同时，广州也应审慎而行，科学布局新兴产业，统筹推进与全面谋划传统产业的数字化转型。

一、大力发展数字化技术产业

进入数字经济时代以后，以深度运用数字化技术为主要经济活动的相关产业将会成为促进经济持续稳定发展的"新引擎"。因此，在这样背景下，为使广州能够紧抓新一代信息技术应用的革命风口，笔者提出以下发展建议：

（1）着重发展以及优先扶持数字化技术产业中的重点产业。大力发展电子信息制造业以及信息技术服务业等相关的重点产业，并且科学制定出有助于促进重点产业发展的相关支持政策，比如"新基建发展40条"以及"数字经济二十二条"，在税收补贴、融资支持以及发展成果奖励等方面进一步加大对数字化技术产业发展的优惠力度和扶持力度，并且紧紧依托发展数字化技术的重点工程与重点项目，进而为能够繁荣数字化技术产业切实奠定基础。

（2）加快打造有助于发展数字化技术产业的相关平台。进一步推动广州市黄埔区鱼珠片区的"中国软件名区"的建设进程，强化区块链特色，并加强区块链、大数据等前沿核心数字技术的研发，促进数字化技术的场景应用逐步全面化以及不断增强其渗透性。紧紧依托并且积极利用人工智能与数字经济试验区建设的有利条件，吸引具有科研实力的企业以及具有重大影响力的科研机构落户广州，不断完善与建设能够促进广州的数字化技术产业快速繁荣的相关载体，加快培育具备重大影响力的相关产业集群。

（3）加强与数字化技术产业相关的高等院校、科研机构以及企业等数字技术研发主体的交流与合作。在高等院校方面，充分利用高等院校数字技术学科领域广泛等优点，对具有数字技术创新科研能力的高校，合理分配数字技术科研任务，并配置相关资源。同时，支持相关高校对数字化技术产业的未来发展趋势以及应对方案进行课题攻关，对出色的课题研究成果进行资金奖励，从而鼓励高校人员为广州数字化技术产业的未来发展建言献策。

在科研院所方面，要不断加强与加深和数字化技术相关的科研机构的合作交流，并对科研机构的发展进行相应的政策扶持。比如，广州可以进一步强化与中国科学院广州分院等的合作与交流，积极推动科研院所的建设进程，以吸引科研院所更多的与数字化技术相关的科研任务与科研资源落地广州，从而在广州打造具有高水平以及重大影响力的数字化技术科研院所。

在企业方面，鼓励相关企业积极探索和创新研发数字化技术，尤其是重点关注其场景应用问题。如加强与华为公司的合作；鼓励并且大力支持中国联通、中国电信以及中国移动三大电信运营商不断探索信息通信技术，主动寻求并创新其应用场景。

二、加快传统制造业数字化转型与智能化升级进程

2009 年，我国政府开始对外正式宣传"中国制造"这一概念，而我国制造业自改革开放以来，在生产总量以及生产技术两个方面均取得了显著的成就。在数字经济时代到来之前，以劳动密集型产业为主的制造业对我国经济社会的发展作出了巨大贡献，亦是我国的支柱产业，它不仅创造了众多就业机会，有效缓解了就业压力，而且极大地促进了经济增长，加速推进了城市化进程。然而在数字经济浪潮的颠覆性影响下，传统制造业对经济发展的促进作用逐步减弱，并且对由数字经济引起的市场环境变化的适应性也开始减弱。一方面，由于互联网的广泛普及，以开放、共享等为特征的互联网思维逐渐形成，直接促使人们的购买需求随之发生转变。在这种背景下，人们开始追求个性化与定制化的消费模式，并且消费需求日趋多样化的情形也逐渐开始成为消费的主流趋势，这必然对以"供给决定需求"为主要生产模式的传统制造业提出了严峻的挑战。另一方面，由于新一代数字化技术对制造业的不断渗入一举打破了产品生产过程中存在的"交流障碍"，使得生产企业在内部生产环节、与其他企业，以及与消费市场之间，可以通过信息数据的有效流动而实现有机联动，促成了产品生产的上下游环节之间更加紧密的联系，而且还进一步密切了产品供给端与最终需求端之间的联系。

传统制造业以供给端作为生产驱动力，以电力等作为主要生产投入要素，以"研产销"流程相分离为典型生产特征，而由数字经济时代到来所引起的市场需求变化以及生产思维革新，不仅会对传统制造业提出严峻挑战，还可能对传统制造业产生全方位的颠覆，以新制造取而代之。不同于传统制造业，新制造以需求端作为生产驱动力，以信息数据作为主要投入要素，同时以"研产销"流程为一体作为典型生产特征，并通过充分运用数字化技术，为企业变革出新的生产方式，进而生产出新的消费品，从而有效满足新的市场需求。

以往，传统制造业是竞争最为激烈的行业，而如今，新制造将会成为竞争最为激烈的主战场。广州作为我国发展制造业的重点大市以及国家先进制造业重点基地，对于数字经济引发的传统制造业全新变革，应责无旁贷地进一步落实其制造业数字化转型与智能化升级方案，并且因地制宜和因时制宜地制定新的相关发展举措，全面谋划其在传统制造业的升级布局，科学统筹传统制造业转型进程，以促使传统制造业早日顺利完成数字化改造与智能化升级，助力我国新制造在世界范围内取得领先优势。对此，笔者提出以下建议：

（1）聚焦广州"智能制造"，力争实现重点突破。数字化技术对传统制造业的推动作用主要是推动其逐步走向数字化、智能化以及信息化，这也意味着未来广州制造业在数字经济的驱动下，其演变方向将从"广州制造"转向"智能制造"，其中全面数字化将是完成这一演变进程的核心所在。因此，若要推动广州传统制造业顺利过渡成为智能制造业，

就要积极利用技术提供的技术便利，有效促进其与广州传统制造业实现高度融合，全面挖掘传统制造业的潜在制造能力，不断拓宽传统制造业的服务范围，助力数字经济早日催生新制造。在这种情形下，广州应紧紧背靠制造业创新中心以及人工智能等重大科创平台，基于新制造的发展需要，广泛汇聚数字技术资源，吸引数字技术人才。同时，积极提倡与支持具有重大影响力的智能制造试点示范项目的落地实施，鼓励先行先试，以不断积累相关的智能制造经验，并对试点成果突出的相应项目提供资金奖励。紧密依托工业互联网的相关发展平台建设，积极鼓励和支持广州具有一定条件的企业"上云上平台"，并对成功"上云上平台"的企业进行政策扶持以及提供资金支持，进而促进广州的传统制造业企业能够成功实现数字化改造。

（2）围绕工业互联网的建设要求，重点建立工业互联网发展平台。随着5G、大数据等新一代信息技术对传统制造业的全面渗入以及广泛应用，工业互联网的主要作用在于能够提高新一代信息技术渗透度以及应用层次，所以，工业互联网既是数字经济时代下数字化技术的核心代表，更是推动广州制造业实现智能化改造的重要基石与关键基础设施。因此，广州应着重发展工业互联网并不断完善其相关基础设施，建设具有高水平的工业互联网相关发展平台。通过充分利用工业互联网天然的信息优势，能够有效实现工业生产信息互联、互通、互享，从而既能避免制造业基础设施的重复建设又能减少不必要的生产投入。同时，利用该平台优势和信息优势，明确广州市天河区、黄埔区和白云区等区域优势，以及处于相应行业的行业特点，分别对传统制造业制定具有针对性的数字化升级策略，有效实现分区域、分行业的差异化转型方案。此外，广州应进一步加速《广州市深化"互联网＋先进制造业"发展工业互联网的行动计划》的实施，加快应用"互联网＋先进制造业"的全新生产制造模式，完善制造业上下游环节的对接流程，促进信息资源在广州各个制造业之间更快速地流动，并不断提高各个制造业之间的协同生产水平，力争充分利用工业互联网对改造传统制造业的优势，加快广州迈向具有世界影响力的先进制造中心的步伐。

（3）重塑制造业"研产销"流程，倡导制造业柔性生产。由于数字经济浪潮的席卷以及数字化技术的广泛运用，提倡开放、共享、共赢的互联网思维方式日益进入消费领域，并开始为消费者所普遍接受。同时，以阿里巴巴以及腾讯为典型代表的互联网企业也随之兴起，这些企业秉持互联网思维，革新了传统消费方式和生活方式，如微信、支付宝等移动端App不断深耕消费市场，打造了新时代的消费领域。由于互联网成功变革了传统的消费时代，通过满足日新月异的市场需求创造了巨大的价值，一些互联网企业欲将发展重心转向生产领域，希望通过变革传统生产领域以及创新再造生产链条来进一步拓宽价值空间。这一发展理念的转变为传统制造业的数字化转型与智能化升级提供了思路，而数字经济时代下的数字化技术则为此提供了技术上的便利。

在数字经济时代，传统制造业的数字化转型是不可能独立进行的，而应通过深度利用数字化技术不断加深传统制造业"研产销"各环节之间的联系，实现各环节的协同升级。在研发环节，应摒弃以制造企业单向研发占据全面主导地位的研发模式，积极利用"互联网＋"等数字平台，与产品消费者主动进行双向交流，甚至可以鼓励消费者直接参与企业对新产品的研发攻关，力争从源头环节更高效和更精准地满足市场对产品的新需求。在最为重要的生产环节，制造企业应开始逐渐摆脱对"供给决定需求"这一主要生产模式的依赖，重点转向"柔性化"生产模式，即为满足市场用户的个性化需求与定制化需求开始蓄力。这同样需要借助大数据以及工业互联网等前沿的信息技术，一方面有助于企业生产精准对接用户需求，有效吸引新的消费群体，并留住原有的消费用户；另一方面还有助于企业革新生产链条，积极发展柔性化生产以及不断提高生产效率，以有效应对市场环境变化对传统制造业的生产制造方式提出的新挑战。在销售环节，应充分利用电子商务等网络平台，尽可能减少消费品的供给方与最终需求方之间不必要的中间环节，压缩消费品的价格提升空间，增强消费品对外公开的透明度，以保证消费品本身的质量。

三、大力推动服务业数字化升级，不断塑造服务业新业态

近年来，广州也一直在致力于推动服务业的转型升级，尤其是现代服务业，并在这个过程中塑造了新的服务业态，创造了新的服务模式。2015年，广州市政府正式对外公布了《关于促进广州市服务业新业态发展的若干措施》，明确指出要从健康服务、互联网金融、电子商务以及产业设计等十大重点领域着重发力，以进一步优化与升级广州的产业结构，加快塑造广州服务业的新兴业态。如今，由于数字化技术对广州服务业的持续渗透与应用，未来广州更多的服务业细分行业将会逐步并且加速走向数字化转型，服务业也将会继制造业等行业之后真正迎来属于自身的数字化时代，并在数字经济的催生下，塑造新的服务业形态与服务模式。但是，也应该注意到当前服务业数字化水平和数字化进程都分别有待进一步提高与加快，服务业各细分行业的数字化程度也存在不充分、不平衡等发展问题，且支撑服务业数字化转型的载体有待进一步建设与完善，这些问题同样也多少存在于广州服务业的数字化发展过程之中。

因此，为推动数字化技术在广州服务业转型升级过程中的有机运用，稳步提高其数字化升级的质量与速度，笔者提出以下若干举措：

（1）持续加速建设与改善广州的新型基础设施，尤其是信息基础设施，为广州服务业的数字化升级提供较为完备的空间载体和设施保障。

（2）注重提供人性化服务，以消费者的真实需要为方向，高度应用数字化技术，切实掌握消费者的真实需求与有效需求，积极创新新型服务模式，不断推动服务业应用场景的试点工程建设与示范项目实施，逐步提高消费者对服务的参与感、代入感与体验感。

（3）在着重发展现代服务业之外，积极利用数字化技术打破传统服务业与其他行业之间的"行业壁垒"，有效促进服务业与数字化技术产业等相关产业的有机融合，不断培育能为广州经济发展提质增效的新型服务形态。

（4）对有利于塑造新兴服务业态的重大项目或重点工程，应当出台相应政策，对其在融资、用地以及相关补贴等方面提供相应扶持，以加速服务业新业态群体的集聚。广州市政府应深化顶层设计并且强化对服务业数字化升级的政策指导，提高对服务业转型过程中的监管力度，进一步改善数字化服务业的市场进入机制，并对某些服务业细分行业设置数字化门槛，优先发展以及重点发展迫切需要数字化转型升级的细分行业，稳中求进。

四、积极推动数字内容产业发展

目前，数字内容产业尚未有明确的国民经济类别归属，是我国的新兴产业，但是其所涉及的行业却是十分广泛，遍布文娱、动漫以及电竞等各个领域，如今整体上已经初步形成了以泛娱乐化为典型特征，以移动内容服务为主要供给的数字内容产业发展格局。同时，我国还积极向国外市场不断布局数字内容产业并且逐步延伸数字内容产业链。虽然在我国数字内容产业目前尚且属于新兴产业，但是随着数字经济时代的到来以及数字化技术的广泛渗透，数字内容产业在未来将有广阔的发展前景，并且将会极大地促进经济的繁荣与稳定。

因此，除了通过利用制造业与服务业两大产业的数字化改造来布局数字经济，广州还可以将数字内容产业作为新的着力点，重点布局数字内容产业，加快数字内容产业园区的建立进程，积极促进数字化技术与广州的文化产业相融合，创造出具有非凡活力的新型文化产业业态。

具体来说，广州市可以采取如下举措来发展数字内容产业：

（1）鼓励数字内容产业中的细分产业进行个性化发展。发展数字内容产业，应充分彰显出其产业的鲜明特色以及着重突出其核心优势，进而挖掘出其产业发展潜力，从而塑造出既具有竞争力又能不断迸发活力的新兴产业形态。

（2）引导数字内容企业集聚，加强数字内容园区建设。吸引具有重大影响力的数字内容企业落户广州，充分发挥广州高水平数字内容企业的领头作用，并且进一步密切数字内容企业之间的交流与协作，有效推动广州的数字内容产业实现专业化、协同化的发展格局。同时，继续加快数字内容产业园区相应配套设施的建设进程，完善产业园区周边环境，为数字内容企业集聚提供较为完备的空间场所。

（3）加强对广州数字内容产业发展过程的监管力度以及相应的服务体系建设，以期为数字内容产业的进一步发展创造出适宜的市场环境。

（4）为数字内容产业的发展进一步建立并且完善投资与融资体系，创新与应用其投融资模式，充分发挥广州政府对数字内容产业相关投融资的引导与规范作用，并且提倡以企业作为投融资主体，同时鼓励社会民众或者组织广泛参与其中。

（5）数字内容产业的竞争最终也会是数字内容人才的竞争，因此也要大力培育与引进数字内容人才，切实完善相应人才机制。

五、助推产业跨领域融合成为新常态

为顺应数字经济发展趋势，我们应提倡以 5G、大数据以及人工智能等前沿技术作为典型代表的数字化技术的融合使用，如"5G + AI"应用模式。此外，还应积极促使新兴的数字化技术深度运用于实体经济的发展过程之中，进而实现两者的深层次融合，以催生"新实体经济"。由上可知，所提到的"两个融合"的关键要素是数字化技术，而且正是数字化技术在各个行业的广泛渗透与深度应用使得第一产业、第二产业与第三产业之间的产业界限逐渐模糊，并开始显现相互转变以及相互融合的趋势。例如，广州的现代服务业开始呈现与传统制造业相融合的趋势。

不同产业之间的跨界融合是高度运用数字化技术大力发展数字经济结果的重要体现之一，有利于变革原有产业形态，重组现有的产业链条，提高产业运作效率，拓展新的产业发展领域，进而为经济的高质量增长提供源源不断的驱动力。例如，数字化技术产业与传统制造业的深层次融合将会极大地推动传统制造业的数字化转型与智能化升级的进程。因此，广州应明确数字经济时代下产业的发展路径与革新方式，积极探索产业融合模式，整合产业资源，助推产业跨界融合成为发展数字经济的新常态。

第四节　数字化治理

如今，依托于互联网的快速发展以及广泛使用，数字经济开始逐渐向百姓生活、企业生产和公共治理等重要领域进行全面渗入，并对其产生了深刻的影响。网上购物、电子支付等新消费模式的不断出现，极大地改变了百姓的生活方式；智能电子设备等新产品的快速迭代，促使企业的生产技术不断进行升级与更新；数字贸易等新业态的日渐形成，也在逐步重塑社会经济格局。但是，数字经济在对经济和社会产生深刻影响的同时，也对社会治理能力产生了一系列不可忽视的挑战。考虑到数字经济本身所具备的虚拟性以及创造性等鲜明特点，传统的监管方式以及监管模式显然已经不能有效应对数字经济时代下的社会治理问题。

近几年，广州在政务服务、医疗服务和交通服务等领域均取得了耀眼的数字化治理成果。然而，数字经济时代也将对广州的数字化治理能力以及数字化治理体系提出更严格的要求以及更高的标准。因此，在这种情形下，广州应顺势而为、科学部署，不断提高其数字化治理能力，以及完善其数字化治理体系。

一、建设智慧城市，赋能城市治理

智慧城市是数字经济发展过程中不可或缺的载体之一。智慧城市的目标可以总结成为"三个新"，即提供新的城市发展模式、新的政府治理模式，以及新的居民生活方式，而实现这一目标则需要借助以5G以及大数据等为核心的数字化技术，所以智慧城市的建设与数字经济的发展应该是同步的。

为进一步推动广州市打造智慧城市的进程，赋能其城市治理能力，笔者提出以下建议：

（1）建设智慧城市应该着重加强以及充分优化政府的相关顶层设计。广州市政府通过制定相关政策进行整体规划与科学引导，科学规划智慧城市的建造布局，为广州市智慧城市的打造方向作出了宏观指引。在此基础上为了能充分打造智慧城市，广州市各区政府应结合各区实际状况，如文化特色、产业布局等，有侧重点地配合广州市完成高水平的智慧城市建设工作，合力构建出高水平、高质量、高标准的"广州城市大脑"。

（2）建设智慧城市的关键是要注重数字化技术的利用，以技术促建设。5G、云计算、物联网、卫星导航与定位以及大数据等数字化技术对智慧城市的建设起着至关重要的作用。高效利用数字化技术，在政务、交通、医疗、生态以及公共管理等领域重点发力，不断深化数字化技术的应用并更多塑造智慧城市应用场景，以信息技术的不断革新来推动广州智慧城市的建设进程，进一步打造智慧政务、智慧医疗、智慧交通以及智慧民生等工程，为智慧城市建设下广州的治理发展赋能加码。

（3）建设智慧城市更应关注城市居民需求。虽然需要借助数字化技术去实现智慧城市新模式、新治理和新生活的发展目标，但是究其根本，打造智慧城市的最终目的还是希望智慧城市能够用于民、便于民、利于民，所以广州在开展相应建设前以及建设时，均应切实了解广州城市居民的实际需要，把智慧城市的打造与广州市民的实际生活需要相结合，不断打造便民项目和利民项目。

二、打造数字政府，整合治理资源

由于数字经济的逐步兴起到持续发展，政府信息化和数字化转型已经是现阶段政府建设的必然趋势。数据、信息等要素如今已经遍布城市的各个角落，小到某小区某家庭的用电、供水和燃气使用等数据，大到某行业的规模、盈亏等数据。面对当下数字经济对于各个行业的全面渗入，政府要想实现有效治理，必然要进行数字化转型，其关键途径就是实现互联网与政府政务的有机结合。

建设数字政府，需要依靠人工智能、大数据等新兴科技去协助政府管理和公共治理，而治理的前提则是要先整合整个城市的数据资源。广州市的数据来源极其丰富，要想有效整合这些数据资源，则需要主动打破各行业之间以及各部门之间存在的阻碍信息数据有效流动的"数据壁垒"，在政府层面实现数据资源的统一汇聚与科学整合，进而通过实现相关信息数据的交换以及共享，推进政府治理的大数据建设，从而为实现对广州市的精细化治理提供坚实和完备的数据基础。

三、引入多元主体，实现协同治理

数字经济促使新的商业模式以及新的行业形态不断涌现，正在重塑着经济结构。这些新兴产物与传统经济在发展特点与发展机制方面具有很大差异，有些甚至已经远远超过了传统的认知水平。当下，如果仍然遵循政府监管的监管理念，仅采用线下监管的方式，则无法迎合当下数字经济的发展趋势，甚至会对其产生阻碍。因此，应当变革传统的监管理念和监管方式，积极寻求从"管理"到"治理"的转换方式，力争让数字经济催生的数字化技术成为提升广州政府治理能力的新技术、新方式和新途径。同时，在广州城市治理中引入多元化治理主体，力争实现协同治理。

在数字经济背景下，实现协同治理的关键在于确定治理主体，并且明确各主体权责。本书所指的数字经济下的治理主体共分为政府、企业和社会三大类。

首先，广州市政府的数字经济治理角色应该由领导向引导、由主导向推动进行转变。传统的社会治理情形下多由政府部门占据绝对的主导地位，但是如今为满足数字化城市治理的需要，政府将不再仅仅是社会治理的领导者，而是作为协同治理的主体之一，和其他协同治理主体建立协商、平等与共同治理的治理关系。但这并不意味着政府将完全失去社会治理的主导地位，例如，在关于广州数字经济未来发展方向的决策，以及进行相应的数字经济立法，以防范数字经济风险等危机，政府仍是其最终决定者，但是在决定过程中政府应和其他治理主体进行沟通与协商，采纳有效建议。此外，政府还需积极引导和推动其他主体参与社会治理，为其他主体能够参与协同治理提供便利条件。

其次，广州市企业是广州市数字经济协同治理主体的关键一员。数字经济企业在数字经济的发展进程中对数字经济协同治理具有不可或缺的作用。一方面，该类型企业本身就具有技术及信息优势，而且在数字经济时代下技术不断迭代升级，信息数据更是纷繁复杂，加之其特有的技术壁垒，在未经数字经济企业许可的情形下，其他主体很难获得对数字经济企业有价值的最新数据，这尤其会给政府治理带来一大难点。因此，除了政府，也应该重视企业的治理作用，并明确企业的治理权责。另一方面，企业要想进一步发展，创造更多收益，也离不开公平、公正、安全、稳定的外部环境，而这一外部环境需要各方主体共同创造。因此，企业也应该意识到自身在数字经济发展过程中应承担的社会责任，主动加入广州数字经济协同治理的队伍之中，积极贡献自身的"治理力量"。

最后，社会主体主要分为行业组织和城市居民两类。行业组织是广州市数字经济治理的重要载体之一。区别于政府主体的强制执行力，行业组织更多是依靠行业本身制定的规范来约束行业中的企业，并为其提供相应服务，以及争取相应合法利益。由于行业组织本身所具有的公益性、专业性、中立性和非营利性等特点，行业组织具有一定的社会动员能力，可以为各治理主体以及利益关联方提供协商交流、解决矛盾的治理平台，所以将行业组织纳入数字经济治理主体，不仅可以规范行业发展环境、约束行业企业行为，还可以弥补政府在数字经济治理中的不足，合理分担部分政府职能，从而与政府主体在协同治理的过程中充分实现优势互补。比如广州市软件行业协会、广州市环卫行业协会以及广州市电子行业协会等，在广州数字经济协同治理的过程中均可在宣传行业法律法规、制定行业规范、约束企业行为以及解决企业发展问题等方面发挥至关重要的作用。如今，随着互联网已逐渐走进广州的家家户户以及广州市民的社会活跃度不断提高，广州城市居民开始成为协同治理的新生代力量。广州致力于推行的政务数字化、医疗服务数字化以及交通服务数字化，无一不显著影响着广州城市居民的生活方式。此外，很多广州市民不仅是数字经济产品或者服务的消费者，也是数字经济产品或者服务的提供者，这显然也会提高广州市民参与数字经济治理的意愿与能力。因此，应将城市居民纳入数字经济治理主体行列，有效发挥广州市民对于数字经济城市治理过程以及治理结果的社会监督作用。

第五节　数字化人才

当下，在数字经济浪潮的巨大影响下，各城市纷纷吹响发展数字经济的号角，但是要想真正发展数字经济，还应是数字化人才先行。数字化人才既是衡量一国家或地区数字经济发展水平的重要依据，也是带动其经济发展的根本源动力。在当今数字化时代背景下，无论是传统制造业的数字化转型，还是现有企业的智能化升级都需要数字化人才与数字化团队的有力支持。

　　高层次数字化人才的培育与引进是一项系统工程和长期战略。造就高层次数字经济人才，既需要人才自身的天赋与勤奋，也在一定程度上依赖于人才所处的发展环境。因此，绝大部分人才都倾向于选择能使自身获得发展机会并取得质的进步的落户城市和平台。然而广州在数字化人才方面存在着一定的短板，所以在这种情形下，为了提高广州市数字化人才储备量，广州当下需要加速培育和引进高层次数字化人才。

一、人才培养

（一）改革教育体系，增大预算投入

　　一方面，广州市政府可以改革与数字经济发展相关的教育体系与教学方式，增强与新型基础设施领域相关学科的完善程度与建设力度，从而使得数字化教育与数字经济实际相匹配。例如适当增加数字经济应用场景教学有助于学生快速适应企业或行业数字化发展所引致的工作需求变化。另一方面，广州市政府应加大与数字经济有关的教育预算，使广州市高校在增设大数据和人工智能等前沿学科时可以得到经济上的保障，最终能够吸引研发中心与数字经济企业在高校落户。

（二）推动校企合作

　　广州市虽然有中山大学等多所重点院校，但是高校对数字经济的带动作用仍有待进一步利用与发挥。为有效发挥广州市高校对数字经济发展的带动作用以及有效满足企业对数字化人才的需求，广州市应该在数字化人才的需求端与供给端同时发力，鼓励相应高校与目标企业进行积极合作与交流，以共同培育优秀的数字化人才。通过校企合作，不断推进产教融合，构建产学研一体化的数字化人才成长平台，积极培养具备跨领域研究能力以及复合能力的数字化人才；同时打破产学研之间的壁垒，使得高校和数字经济人才与企业进行有效对接，并密切彼此之间联系。

（三）重视数字化人才，提高数字化人才存量

　　由于数字经济对企业的生存与发展产生了一定程度上的不利冲击，致使企业亟需数字化人才参与经营活动，而由于数字化人才储备不足，使得企业难以有效应对数字化转型的挑战。对此，企业应该适当提高其内部对数字化人才的培养与扶持力度，结合企业自身的经营业务与人才需求情况，自行建立与完善企业内部的数字经济人才培养体系以及相应的晋升体系，支持数字化团队建设，力争从需求端提高数字经济人才储备量。

二、人才引进

　　广州除自行培养数字化人才之外，还可以进一步制定更加开放的引才政策，以集聚高层次数字化人才与数字化企业。笔者认为广州市可以从以下几点入手打造人才高地。

（1）吸引人才落户，打造人才项目。紧紧围绕"珠江人才计划"等人才引进工程，不断吸引高水平的数字化人才落户广州市，并且为其提供相应的"一站式服务"项目，加快建立数字化人才发展高地。比如广州市南沙区政府实行的"人才＋平台"项目，通过实施"集聚千亿级 AI 产业"以及"99 类数据资源无条件开放"等措施，以吸引数字化企业与人才不断入驻南沙区，且目前已经卓有成效。

（2）创建科学的数字化人才引进以及相应的评审机制。不仅既要优化人才引进的审批流程，更要把好评审数字化人才的关口，不盲目引才，确保为广州引进数字经济领域的真才、实才。

（3）提高数字基础设施完备度。数字基础设施的完备度与数字经济企业的数字化水平也是影响广州市吸引高层次数字经济人才的重要因素。因此，广州市政府应该要加速建设并且主动改善数字基础设施，积极创造出有利于数字化产业链整合与创新的外部环境，在吸引众多数字经济企业入驻广州市以及促使原有企业进行数字化升级的同时，同步吸引大批优秀的数字化人才汇聚广州，让数字经济企业与数字经济人才共同为广州的数字经济发展添砖加瓦。

三、人才支持

广州市在数字经济发展方面，不仅要育才、引才，更重要的是要能留才，防止数字化人才的流失，所以广州市也应该要注重强化对数字化人才的支持。广州市应进一步落实"广聚英才计划"等相关政策，对于符合数字经济新型基础设施建设范围内相应条件的高端人才、创新人才或者相应团队等提供一定额度的资金资助；对于国内外高层次数字化人才或者团队来广州市进行创新或创业的，基于"一事一议制度"，发放创新创业补助资金；对于专门引入的在大数据以及人工智能等新一代信息技术领域从事基础研究或者应用研究等相关类型的数字化人才，满足相应人才项目申报要求的，鼓励其进行积极申报并给予其对应的资助；对于发展广州市数字经济所需要的数字化人才或研发团队，除了资金支持外，在医疗、住房以及教育等方面也要有相应的政策扶持。

第六节　数字化安全

当下，以 5G 以及大数据等作为核心的数字化技术正加速向各个行业进行广泛渗入，并且逐渐开始与交通、医疗、教育以及制造业等传统产业高度融合，由此催生了智慧交通以及智慧医疗等诸多新型产业形态，深刻地影响了人们的生活方式，极大地变革了企业的生产方式，但同时也带来了诸多的潜在风险。

在数字经济的影响下，会使得越来越多的信息数据被输进信息网络并且经由网络平台进行全面流动。这些信息数据来自"四面"，亦通过互联网平台流向"八方"，然而在这个过程中将会产生数据权属不明以及个人隐私泄露等网络安全问题。就数字经济时代下的个人隐私来说，网络用户通过互联网平台进行购物、浏览网页或者下载应用软件等网络行为，在此之前或需要向商家登记个人相关信息，或需要点击同意相应的网络协议、隐私条款，否则将无法进行网络行为。对于互联网商家来说，通过收集网络用户的相关信息数据来为网络用户实现精准画像，提供针对性产品和服务，从而挖掘潜在客户群体并增强原有客户的忠诚度的行为，更多是出于为自身创造个人利益的目的，同时也并未对网络用户产生直接和明显的不利影响。但是，诸如网络用户数据泄露引起的网络诈骗以及黑客蓄意攻击等问题却会对网络用户的财产乃至生命安全产生危害。

在数字经济时代，无论是在经济增长方面还是在城市治理方面，均提倡信息数据互联、互通、互享，并由政府作为引导，吸引百姓、企业以及其他行业组织等主体广泛参与其中，这自然也会引发个人隐私保护、企业商业机密保管以及政府信息数据安全等问题。如果在没有对这些问题制定有效的应对措施的情况下大力发展数字经济，以寻求经济的进一步发展，则可能会适得其反，这对正在大力发展数字经济的广州而言尤为如此。因此，广州市在发展数字经济的同时，也应采取多项举措，保护数据安全。

一、明确数据权属，加强网络安全立法

数字化技术在对信息数据的收集、处理、分析以及储存的过程中，会涉及对于相关数据的收集权、处理权、分析权以及储存权等问题，因此，广州市政府可以成立专门部门，积极开展对数据流动过程中的数据权属问题的深入研究，以尽可能明确数据归属权问题，从而进一步促进信息数据在网络平台的开放和共享。比如，可借鉴英国、新加坡、日本等国的先进治理经验，通过尝试设立限制性条件和实施管理措施，积极探索"沙盒监管"模式在明确数据产权问题上的应用。同时，进一步创建与改善网络安全的立法与监管体系，提高信息数据相关方的风险意识与法律意识，为数字经济时代下的网络信息安全提供法律支持与制度保障。

二、提高网络安全控制能力，切实保护个人信息

数字经济与信息网络安全，犹如一鸟之两翼，必须同步推进，力争实现两翼齐飞。网络安全问题由数字化技术引起，也可以积极利用数字化技术进行有效应对：加快推动信息基础设施建设的进程，并可以此作为突破口，探索信息网络空间控制体系建设，比如 Ipv6 以及高速光网等；积极应用区块链技术消除信息流动过程中的安全隐患，增强信息数据相关方之间的信任程度，进一步密切彼此之间联系并提高相互合作的安全程度；通过有效应用数字化技术以及新型基础设施，探索建立智能检测与监管平台，掌握对信息数据的主动控制权，提高对信息网络的安全控制能力。

对于个人隐私信息，可通过高度应用数字化技术与信息基础设施建设，提高对隐私数据与敏感信息的技术保密程度，以有效保护网络用户的隐私信息安全，从而增强网络用户对加强网络安全控制的参与度。

三、强化信息道德，规范信息行为

信息安全政策与信息保护法律具有强制性，而信息道德更多是从人们的生活习惯以及

社会各界的舆论来对信息行为进行约束与规范。信息道德虽然没有一定的强制性，但也是数字经济时代下提高网络安全与保护隐私信息必不可少的重要利器，是对信息政策与信息法律法规的有力补充。在这种情形下，广州市政府可以适当提高对信息道德的宣传力度，强化社会大众的信息道德意识，这不仅有利于减少网络谣言、网络欺诈等不良事件的发生，还可以为广州的信息网络安全建设提供"软"支撑。

第七节　数字化合作

自20世纪末美国率先提出"数字地球"这一概念以来，以数字化形式发展经济的理念引起全球范围的热烈探讨。而随着美国大力加快新型基础设施的建设进程，以及着重发展与应用新兴的数字技术，数字经济向全球范围广泛渗透的帷幕逐渐拉开。如今，以5G以及大数据等作为核心的新一代信息技术已经广泛应用于世界各国的经济发展过程之中，而通过大力发展数字经济以促进经济高质量发展的模式已经得到了各国的认可。以美英等国为典型代表的西方国家已经率先发展起数字经济，其发展数字经济的方式与历程，可以为广州以至中国的数字经济发展提供可借鉴的经验。

在数字经济浪潮的巨大影响下，我国政府亦顺势而为，通过出台相应的支持政策与文件加快中国数字经济的发展进程。根据这些相关政策与文件的指引，我国各省份及城市也因地制宜、因时制宜地制订了发展数字经济的相关方案，并积极落实，纷纷取得了相应的发展成果。比如浙江省注重其数字经济发展方面相关政策体系的完善程度，而江西省则是着重强化顶层设计。同样，我国各省份以及相应城市对于数字经济发展模式的应用以及相关发展举措，也能够为广州的数字经济提供相应的发展思路。

广州市大力发展数字经济时，绝不能"闭门造车"，一味地自己"埋头苦干"，应强化合作与交流意识，而合作与交流对象既可是广州市各区之间，也可以是国内其他城市，乃至其他国家或者地区。

一、积极推动广州各区分工协作，充分发挥各区比较优势

广州市目前重点发展数字经济的区域主要有天河区、番禺区、黄埔区以及海珠区。这四个区域各具优势，所以在广州市政府制定与公布发展数字经济的相关政策后，各区政府应该根据广州市政府的政策指引，综合考量自身区域的优势与劣势，再进一步制订具有区域特色的差异化发展方案以有效利用各区发展数字经济的比较优势。比如，天河区可聚焦金融业等现代服务业，着重发展数字金融、数字创意等产业，不断开创数字经济发展新业态和新模式；番禺区可积极利用大学城各高校资源，着重培养高层次的数字经济人才；黄埔区可依托中国软件名城示范区建设，聚焦研发与应用区块链技术，积极引入相关企业与科研院所入驻，以加快促进区块链等新技术与实体经济的有效融合。

二、不断深化国内外合作，提高广州数字经济影响力

在与国内其他城市的合作与交流方面，广州市应紧密跟进粤港澳大湾区的建设进程并

且不断深化与香港、澳门的合作与交流，持续吸引港澳地区优秀的科创人才以及具有重大影响力或科创实力的实验室、科研机构等落户广州，充分利用其科创资源与要素，实现数字经济资源共享，力争加快落实与应用一批数字化创新成果。同时，对于国内其他城市，比如上海、北京等，积极与其开展投资合作，并学习其数字经济发展经验。

在与国外其他城市的合作与交流方面，广州紧紧依靠国际交流合作中心的地位，举办具有重大影响力的数字经济论坛或者数字经济学者交流会等，以精准把握数字经济发展的最前沿以及国际视野。紧密依托"一带一路"建设，积极推动广州市的数字经济企业与"一带一路"沿线国家或者地区在数字技术应用以及数字经济平台建设等方面的交流与合作，以不断提高广州数字经济发展成果在国际上的影响力。进一步扩大与加强广州在数字经济领域的对外开放范围以及合作程度，丰富数字经济发展方面的合作内容，并且创新广州与国外其他城市开展数字经济合作的方式，不断拓宽中外双方在数字经济发展方面的合作以及交流空间。

参考文献

［1］ Department of Economic and Social Affairs Public Institutions. *E-Government Survey 2020*：*Digital Government in the Decade of Action for Sustainable Development*（*with Addendum on COVID-19 Response*），https：//publicadministration. un. org/en/research/un－e－government－surveys，2020.

［2］ Milakovich，M. E. *Digital Governance*：*New Technologies for Improving Public Service and Participation.* London：Routledge，2012.

［3］ Purtova，N. Property in Personal Data：A European Perspective on the Instrumentalist Theory of Propertisation. *Law and Technology*：*Looking into the Future—Selected Essays*，2009.

［4］ Tapscott，D. *The Digital Economy*：*Promise and Peril in the Age of Networked Intelligence.* New York：McGraw-hill，1996.

［5］ 安小米、王丽丽、许济沧：《欧盟数据经济战略分析与启示》，《电子政务》，2019 年第 12 期。

［6］ 贝多广、李焰：《数字普惠金融新时代》，北京：中信出版社，2017 年。

［7］ 崔荣光：《互联网经济新时代：行动计划＋企业转型＋实战法则》，北京：人民邮电出版社，2016 年。

［8］［美］达雷尔·韦斯特著，郑钟扬译：《数字政府：技术与公共领域绩效》，北京：科学出版社，2010 年。

［9］ 逄健、朱欣民：《国外数字经济发展趋势与数字经济国家发展战略》，《科技进步与对策》，2013 年第 8 期。

［10］ 韩剑、蔡继伟、许亚云：《数字贸易谈判与规则竞争——基于区域贸易协定文本量化的研究》，《中国工业经济》，2019 年第 11 期。

［11］ 何枭吟、候淑娟：《数字贸易政策国际比较与中国数字贸易政策的思考》，《对外经贸实务》，2019 年第 10 期。

［12］ 胡税根、杨竞楠：《新加坡数字政府建设的实践与经验借鉴》，《治理研究》，2019 年第 6 期。

［13］ 黄益平、黄卓：《中国的数字金融发展：现在与未来》，《经济学（季刊）》，2018 年第 4 期。

［14］ 江小涓：《大数据时代的政府管理与服务：提升能力及应对挑战》，《中国行政管理》，2018 年第 9 期。

［15］ 蓝庆新、窦凯：《基于"钻石模型"的中国数字贸易国际竞争力实证研究》，《社会科学》，2019 年第 3 期。

［16］蓝庆新、窦凯：《美欧日数字贸易的内涵演变、发展趋势及中国策略》，《国际贸易》，2019 年第 6 期。

［17］李钢、张琦：《对我国发展数字贸易的思考》，《国际经济合作》，2020 年第 1 期。

［18］李良艳：《P2P 网贷平台发展演进及反思》，《中国经贸导刊（中）》，2020 年第 4 期。

［19］李洋洋：《银行活期存款与余额宝投资比较研究》，《经济技术协作信息》，2020 年第 24 期。

［20］李艺铭、安晖：《数字经济：新时代　再起航》，北京：人民邮电出版社，2017 年。

［21］刘洪愧：《数字贸易发展的经济效应与推进方略》，《改革》，2020 年第 3 期。

［22］刘祺：《当代中国数字政府建设的梗阻问题与整体协同策略》，《福建师范大学学报（哲学社会科学版）》，2020 年第 3 期。

［23］马述忠、房超、梁银锋：《数字贸易及其时代价值与研究展望》，《国际贸易问题》，2018 年第 10 期。

［24］美国商务部报告，姜奇平等译：《浮现中的数字经济》，北京：中国人民大学出版社，1998 年。

［25］欧阳日辉、文丹枫、李明鸿：《大数字时代》，北京：人民邮电出版社，2018 年。

［26］任志宽、韩莉娜、李妍：《美国近年来推进新基建发展的布局及启示》，《广东科技》，2020 年第 9 期。

［27］王振、惠东斌主编：《全球数字经济竞争力发展报告（2019）》，北京：社会科学文献出版社，2019 年。

［28］石静霞：《数字经济背景下的 WTO 电子商务诸边谈判：最新发展及焦点问题》，《东方法学》，2020 年第 2 期。

［29］孙世芳、周超男主编：《2018 数字经济大会报告》，北京：经济日报出版社，2018 年。

［30］汤潇：《数字经济：影响未来的新技术、新模式、新产业》，北京：人民邮电出版社，2019 年。

［31］汪晓文、宫文昌：《国外数字贸易发展经验及其启示》，《贵州社会科学》，2020 年第 3 期。

［32］王益民：《数字政府》，北京：中共中央党校出版社，2020 年。

［33］夏杰长：《数字贸易的缘起、国际经验与发展策略》，《北京工商大学学报（社会科学版）》，2018 年第 5 期。

［34］徐晨、吴大华、唐兴伦：《数字经济：新经济　新治理　新发展》，北京：经济日报出版社，2017 年。

［35］徐金海、周蓉蓉：《数字贸易规则制定：发展趋势、国际经验与政策建议》，《国际贸易》，2019 年第 6 期。

［36］闫德利：《数字英国：打造世界数字之都》，《新经济导刊》，2018 年第 10 期。

[37] 闫德利等：《数字经济：开启数字化转型之路》，北京：中国发展出版社，2019 年。

[38] 姚水琼、齐胤植：《美国数字政府建设的实践研究与经验借鉴》，《治理研究》，2019 年第 6 期。

[39] 于施洋、王建东、郭鑫：《数字中国：重塑新时代全球竞争力》，北京：社会科学文献出版社，2019 年。

[40] 袁国宝：《新基建：数字经济重构经济增长新格局》，北京：中国经济出版社，2020 年。

[41] 张冬杨：《俄罗斯数字经济发展现状浅析》，《俄罗斯研究》，2018 年第 2 期。

[42] 郑淑伟：《国际数字贸易壁垒的现状和我国的应对策略》，《对外经贸实务》，2019 年第 7 期。

[43] 郑夕玉：《互联网时代我国数字经济发展策略研究——基于美国和欧盟发展经验的启示》，《西南金融》，2019 年第 12 期。

[44] 中国电子信息产业发展研究院：《中国大数据发展水平评估蓝皮书（2019）》，北京：电子工业出版社，2019 年。

[45] 钟莉：《数字治理视域下地方政府政务服务效能提升策略研究——以广州"一窗式"集成服务改革为例》，《地方治理研究》，2020 年第 2 期。

[46] 周锦昌、许思涛：《重构：新经济　新生态　新思维》，北京：中国经济出版社，2017 年。

[47] 周念利、陈寰琦：《基于〈美墨加协定〉分析数字贸易规则"美式模板"的深化及扩展》，《国际贸易问题》，2019 年第 9 期。

[48] 周蓉蓉：《我国数字经济发展战略与路径研究——基于国际经验的考察》，《西南金融》，2020 年第 4 期。

[49] 周雅颂：《数字政府建设：现状、困境及对策——以"云上贵州"政务数据平台为例》，《云南行政学院学报》，2019 年第 2 期。

[50] 朱建良、王廷才、李成、文丹枫：《数字经济：中国经济创新增长"新蓝图"》，北京：人民邮电出版社，2017 年。

[51] 北京大数据研究院：《2020 中国大数据产业发展指数》，http：//www. cbdio. com/BigData/2020 – 10/13/content_6160828. htm，2020 年 10 月 13 日。

[52] 北京市经济和信息化局：《2020 北京软件和信息服务业发展报告》，http：//jxj. beijing. gov. cn/jxdt/gzdt/202008/P020200804631627435847. pdf，2020 年 7 月 28 日。

[53] 北京智源人工智能研究院：《2020 北京人工智能发展报告》，http：//www. 199it. com/archives/1158609. html，2020 年 11 月 14 日。

[54] 中华人民共和国工业和信息化部：《2019 年软件和信息技术服务业统计年报》，https：//www. miit. gov. cn/jgsj/xxjsfzs/xyyx/art/2020/art_7431516acb7944b38db842281c7eebba. html，2020 年 10 月 29 日。

[55] 国家工业信息安全发展研究中心：《2020 长三角数字经济发展报告》，http：//www. cics-cert. org. cn/web-root/webpage/articlecontent-102005-1321702697488879617. html，

2020 年 10 月 29 日。

［56］国家行政学院电子政务研究中心：《移动政务发展报告》，https：//dzzw. ccps. gov. cn/art/2019/8/2/art_194_6197. html，2019 年 8 月 2 日。

［57］国家行政学院电子政务研究中心：《省级政府和重点城市网上政务服务能力（政务服务"好差评"）调查评估报告（2020）》，http：//zwpg. egovernment. gov. cn/art/2020/5/26/art_1329_6260. html，2020 年 5 月 27 日。

［58］国脉互联：《数字政府白皮书 2.0》，http：//www. echinagov. com/report/271760. htm，2020 年 1 月 7 日。

［59］广州日报：《新基建催生新场景，广州抢跑数字经济》，https：//gzdaily. dayoo. com/pc/html/2020 - 12/08/content_868_735914. htm，2020 年 12 月 8 日。

［60］广州市发展和改革委员会、广州市工业和信息化局：《广州市数字经济发展情况》，http：//www. gz. gov. cn/zwgk/cssj/content/post_5609280. html，2019 年 11 月 26 日。

［61］广州市市场监督管理局：《广州知识产权发展与保护状况（2019 年）》，http：//scjgj. gz. gov. cn/zwgk/zwwgk/jggk/content/post_5817784. html，2020 年 5 月 6 日。

［62］广州市商务局：《广州人工智能与数字经济产业投资合作交流会在杭举行》，http：//www. gz. gov. cn/ysgz/xwdt/ysdt/content/post_6949309. html，2020 年 12 月 3 日。

［63］广州市统计局：《2019 年广州市国民经济和社会发展统计公报》，http：//tjj. gz. gov. cn/tjgb/qstjgb/content/post_5746648. html，2020 年 3 月 6 日。

［64］广州市政府研究室：《2020 年广州市政府工作报告》，http：//www. gz. gov. cn/zwgk/zjgb/zfgzbg/content/post_5894347. html，2020 年 6 月 6 日。

［65］南方日报：《黄埔区广州开发区　集成信息技术，开辟产业新路》，https：//www. 163. com/dy/article/F946ORP50550037C. html，2020 年 4 月 1 日。

［66］南方日报：《竞逐数字经济新赛道　广州试验区如何出招？》http：//epaper. southcn. com/nfdaily/html/2020 - 08/28/content_7901511. htm，2020 年 8 月 28 日。

［67］赛迪顾问：《2020 中国数字经济发展指数（DEDI）》，http：//www. mtx. cn/#/report？id=684266，2020 年 10 月 12 日。

［68］中华人民共和国商务部电子商务和信息化司：《中国电子商务报告（2019）》，http：//www. gov. cn/xinwen/2020 - 07/02/content_5523479. htm，2020 年 7 月 2 日。

［69］数字经济发展研究小组、中国移动通信联合会区块链专委会、数字岛研究院：《2019—2020 中国城市数字经济发展报告》，http：//www. cbdio. com/BigData/2020 - 05/09/content_6156160. htm，2020 年 5 月 9 日。

［70］腾讯研究院：《2020 数字中国指数报告：未来经济，数字优先》，http：//www. cbdio. com/BigData/2020 - 09/16/content_6160194. htm，2020 年 9 月 26 日。

［71］搜狐网：《李礼辉：数字经济面临四大挑战　占领高地关键在人才》，https：//www. sohu. com/a/423437298_120000911，2020 年 10 月 9 日。

［72］羊城晚报：《区势观察：穗产第一块柔性曲面屏幕点亮》，https：//news. ycwb. com/2020 - 12/20/content_1361908. thm，2020 年 12 月 20 日。

［73］中国工业互联网研究院：《工业互联网产业经济发展白皮书（2020 年）》，http：//www. caict. ac. cn/kxyj/qwfb/bps/202003/P020200324455621419748. pdf，2020 年 3 月 24 日。

［74］中国工业互联网研究院：《工业互联网发展应用指数白皮书（2020 年）》，http：//www. cbdio. com/BigData/2020 – 11/02/content_6161188. htm，2020 年 11 月 2 日。

［75］中国信息通信研究院：《中国数字经济发展白皮书（2020 年）》，http：//www. caict. ac. cn/kxyj/qwfb/bps/202007/t20200702_285535. htm，2020 年 7 月 3 日。

［76］中国互联网络信息中心（CNNIC）：《第 47 次中国互联网络发展状况统计报告》，http：//www. cnnic. cn/hlwfzyj/hlwxzbg/，2021 年 2 月 3 日。

［77］中国信息通信研究院：《全球数字经济新图景（2020 年）——大变局下的可持续发展新动能》，http：//www. caict. ac. cn/kxyj/qwfb/bps/202010/t20201014_359826. htm，2020 年 10 月 14 日。

［78］中国信息通信研究院：《中国数字经济发展白皮书（2020 年）》，http：//www. caict. ac. cn/kxyj/qwfb/bps/202007/t20200702_285535. htm，2021 年 4 月 23 日。

［79］中国信息通信研究院广州分院：《粤港澳大湾区数字经济发展与就业报告（2020 年）》，https：//www. thepaper. cn/newsDetail_forward_6397342，2020 年 11 月 26 日。